财政部“十三五”规划教材
新编管理学系列教材

初级会计学
Fundamental Accounting

（第二版）

刘慧凤　主编

中国财经出版传媒集团
经济科学出版社
Economic Science Press

图书在版编目（CIP）数据

初级会计学/刘慧凤主编．—2 版．—北京：经济科学出版社，2019. 1

新编管理学系列教材

ISBN 978 -7 -5218 -0199 -6

Ⅰ．①初…　Ⅱ．①刘…　Ⅲ．①会计学 - 高等学校 - 教材　Ⅳ．①F230

中国版本图书馆 CIP 数据核字（2019）第 010632 号

责任编辑：宋　涛
责任校对：蒋子明
责任印制：潘泽新

初级会计学（第二版）
刘慧凤　主　编
鞠雪芹　王德建　张健梅　副主编
经济科学出版社出版、发行　新华书店经销
社址：北京市海淀区阜成路甲 28 号　邮编：100142
总编部电话：010 - 88191217　发行部电话：010 - 88191522
网址：www. esp. com. cn
电子邮件：esp@ esp. com. cn
天猫网店：经济科学出版社旗舰店
网址：http：//jjkxcbs. tmall. com
北京密兴印刷有限公司印装
787 ×1092　16 开　17. 25 印张　320000 字
2019 年 1 月第 2 版　2019 年 1 月第 1 次印刷
印数：0001—2000 册
ISBN 978 -7 -5218 -0199 -6　定价：42. 00 元
（图书出现印装问题，本社负责调换。电话：010 - 88191510）

《新编管理学系列教材》编委会

总　序

人类告别经验管理时代进入科学管理时代，已有一百多年的历史。在这一百多年的时间里，管理理论经历了古典管理理论阶段、行为科学阶段和现代管理理论阶段的演进，管理思想、管理方法和管理手段也在不断的创新中发生着日新月异的变化。从法约尔的“管理的十四项法则”、泰罗的“科学管理”、戴明的“全面质量管理”、德鲁克的“目标管理”到波特的“战略管理”、哈默的“企业流程再造”、戴尔的“供应链管理”，每一次管理理论和思想的创新，都对企业的管理实践和社会经济文化产生了巨大的影响。

管理学研究源于实践，又服务于实践。因此，管理学只有永恒的问题，而没有终结的答案。进入21世纪以后，尤其是2008年全球金融危机以来，全球的经济技术环境、社会文化环境和政治法律环境的变化让人目不暇接，全球经济增长持续低迷，英国“脱欧”，美国推行新贸易保护主义，全球化进程遭遇挫折。与此同时，网络技术、信息技术、数字技术乃至仿生技术却在飞速发展，新的商业模式也在不断涌现。这一切，既对原有的管理学研究带来了巨大的挑战，也为管理学研究拓展新的空间带来了前所未有的机遇。而对兼具管理学研究和管理学教育双重职能的高等院校管理学科来说，如何利用新的历史机遇创新管理学研究和管理学教育，培育出更多的能够适应新时代要求的管理学人才，则是一个必须做出回答的重要命题。

中国当代的管理学研究者和教育者是非常幸运的。一方面，我们可以借鉴西方管理学一百多年来所积累的知识和经验，结合中国改革开放以来的管理实践，创造和传播具有中国情景的管理学理论和管理模式。另一方面，我们又可以汲取具有鲜明文化特色的中国传统管理思想的精华，站在全球市场的舞台上，对中国式管理做出新的诠释。当然，现代高等教育理念、方法和技术手段的不断创新、管理学科教育的实践性特征，也对中国的管理学教育提出了更高的要求。因此，立足中国改革开放的实践，面对全球化竞争的现实，实现中西结合、古今相融，践行当代教育理念，创新管理学教学方法和技术，既是我们编写本套系列教材的出发点，也是我们希望能够达到的目标。

《新编管理学系列教材》主要服务于管理学科各专业的本科教学，亦可作为管理学科、经济学科专业学位和学术学位研究生教育的参考书目。基于此，本系列教材的编写主要遵循了五个原则：第一，既要反映管理学理论发展的历史，又要体现当代管理学理论的最新前沿。第二，既要借鉴已有的管理学研究成果，又要注重基于管理现实的理论创新。第三，既要重视管理学理论体系的传承，又要引领适应新竞争时代的管理实践。第四，既要满足学生对知识和信息数量的要求，又要为教师的教学创新和自由发挥留有空间。第五，既要遵循纸媒教材的编写规范，又要体现信息技术在教材编写中的应用。

本系列教材是山东大学管理学院老师们多年从事管理学教学和研究所取得成果的总结。教材编写委员会统一制定编著计划，选择确定各本教材的主编，指导各本教材的编写，严格审查各本教材的内容与编写质量，力求达到编写的目标。

编写这套能够充分反映管理学科各领域发展历史和前沿理论的教材，编写者需要参考国内外已有的大量研究成果，汲取古今中外管理思想和管理理论的精华。丛书编写委员会谨向所有为管理学科理论研究做出贡献的前辈和同仁表达诚挚的谢意，向那些勇于创新、敢于竞争和善于进取的管理实践者致以崇高的敬意！

杨蕙馨

2017 年 3 月 20 日

前　言

初级会计学，又称基础会计学，是会计的入门课，是会计专业基础课。因此，会计的基本概念、原理和方法是初级会计学的主要内容。这是初级会计学编写者的共识，也是这本教材大同小异的原因。

初级会计学是为没有任何会计基础的阅读者编制的教材。会计的专业性常常令初学者难以在短时期内接受会计概念和原理，感到学习困难。可等到学过以后，学生又会表现出记住了方法，但不明白原理，更缺少基本的会计理论知识。这点在硕士入学面试时表现得非常明显。所以，初级会计学讲点儿会计理论也是必要的，尤其是会计原理。

如何吸取已有教材的优点，编写一部语言通俗且有点趣味，说理透彻，难点、重点突出，使用方便的教材，这是我和我的同事们的共同愿望。

我们以在会计讲台近30年的经验为基础，以小心谨慎的态度，参与了互联网+系列教材之一——《初级会计学》的编写，本书编写特色有如下几点：

1. 要素设计完整，符合学习新知识的节奏和规律

每一章开头都有问题导入和本章学习目标。问题导入面向会计的初学者，提出本章要学习的问题，预期学习后的收获，并且利用生活化场景语言，以激发同学们的学习兴趣。而随后的本章学习目标直接指出学习要求。正文内容之后有本章小结、关键术语、延伸阅读、资料链接等，帮助总结课后要点。最后思考与复习分三种题型，帮助大家进一步巩固本章的重点内容。其中思考题包括本章基本内容；案例题是检查章节重点概念、原理和方法的应用能力，锻炼学生的逻辑判断能力和批判性思维能力；而练习题则是巩固会计方法

的应用。

2. 内容简练、完整，重点突出，讲理透彻

各章内容力求简练，逻辑清晰，但重点概念、原理、方法和强调、总结性内容，以文本框和右侧插入边框突出显示。文本框和右侧插入边框内容使教材涉及的原理更为透彻，可以作为在课堂中讨论的问题。课后案例与练习也是围绕重点设计。而延伸阅读的内容则帮助大家扩大知识面，关注行业发展新闻。

3. 内容表述严谨，导入和提示语有趣

教材不同于通俗阅读物，不能戏说会计。内容正确、用词严谨，这是教材编写的基本要求。我们不能在这方面创新。但问题导入，边框提示则可以采取通俗活泼的语言。这点你翻翻这本教材就能体会到我们的努力。

4. 重点章节设计打破常规

所有初级会计学教材都将借贷记账法应用、账户分类和成本计算内容分为两章。第一种做法是，将成本计算和经济业务账务处理放到一章，账户分类单独为一章。按资金运动过程讲账务处理，容易被学生接受。这种处理方案是大多数教材采用的设计。但这种处理使账户分类内容的学习与账务处理分离。而且，教材本来是按会计核算方法展开，账户的分类单独为一章，并不是一种独立的会计核算方法。这导致了教材的逻辑结构不够严谨。在使用过程中，教师要重点讲前一章，后面账户分类则常被略讲。学生对账户的用途和结构规律掌握不好。第二种做法是经济业务账务处理为一章，成本计算为另一章，账户分类则在借贷记账法后讲。这种处理方法的特点是突出了成本计算，避免将成本计算湮没在账务处理中。教材编写有创新，但是阅读起来略有些别扭。

我们是将账户设置、账务处理和成本计算一体化处理，分为上下两章。这样既保留了按资金运动过程学习账务处理的习惯，同时上、下两章设计了不同重点，上章强调费用归集与成本计算，引入成本计算方法的学习；下章以损益计算、利润为重点。这体现了企业会计的两个关注点。

另外，内容设计考虑了初级财务会计与中级财务会计的衔接。初级会计学为入门课程，需要普及一点会计的历史、会计准则、会计等式和会计报表的原理。经济业务核算与中级财务会计的六大要素核算有重叠。我们把初级重点界定为账户的学习和借贷记账法应用。比如在采购过程中，我们重点讲采购成本计算和账户应用，经济业务以实际成本法为主，但以文本框方式介绍采购成本控制下的“材料采购”账户应用，到中级财务会计时，可以把重点放到存货计量上。

分两章讲授企业经济业务的核算，侧重成本核算方法和损益计算

原理，内容按资金运动的逻辑循序展开，既保留传统教材的习惯做法，又突出成本核算和损益计算的重要性。到中级财务会计学习阶段，重点是交易和事项的确认与计量，则不需要再重复这些基础知识和方法。

5. 辅助学习信息网络化，使用方便

本书按知识点拍摄了视频课程，慕课也于2019年开始运行。章后题目随着课程进度，可安排随堂讨论，可以在实验室进行实训练习。

本书由初级会计学资深教师编写，全书由刘慧凤规划设计，第一、第二、第三章由刘慧凤负责编写，第四、第五章由鞠学芹老师负责编写，第六、第七章由王德建老师编写，第八、第九、第十章由张健梅老师编写，全书由刘慧凤总纂、修改、编辑定稿。

本书在编写过程中参考了国内同行编写的精品教材，深受启发。在此向有关作者表示感谢。

编　者

2019年1月于山东大学

目 录

第一章 总论

问题导入

小张是一名大学生。在专业选择时，父母特地向亲朋好友咨询，给他选择了会计专业，理由是会计可以坐办公室，就业范围广。

当小张查看会计专业课程时，发现主干会计课程既有财务会计，还有管理会计、成本会计、税务会计和政府会计等，特别是财务会计还有初级、中级和高级之分。小张不明白，到底什么是会计？为什么说每个单位都需要会计？会计学到底有多少分支？企业和政府会计一样吗？

对于就业，小张目前没有多少想法。他的表哥在普华永道工作，收入不错，但是很辛苦。更让他不解的是，表哥是会计硕士毕业，而且在读会计博士，工作多年，还要坚持会计学习。表哥说，会计、审计准则经常变化，新业务、新问题不断出现，要想胜任工作，获得职位升迁机会，必须持续学习。对此，他想问：学了会计就应该会做会计工作吗？如果学习会计专业，究竟有哪些职业角色可以选择？

小张遇到的问题具有普遍性。这学期学校开始开设会计学专业的第一门课——《初级会计学》（或称《基础会计学》）。本章从说文解字认识“会计”入手，让大家了解会计活动、会计学科和会计工作。小张的以上疑问，都可以在本章学习和阅读资料中找到答案。

通过本章的学习，希望大家能够认识到，会计具有广泛用途。会计参与了社会再生产活动过程，创造了价值。对个人而言，学习会计不仅是帮助你找个好工作。即使你不想成为一个会计师，也不想涉足商务，会计思维和会计知识也将使你受用一生。如果你想在会计相关领域有所作为，那么恭喜你，你生正逢时！个人的人生不可能超越时代，中国经济社会的复兴必然带来会计的繁荣发展。选择这个专业，就进入一个不断上升的行业，将拥有一个施展个人才华的人生舞台！

学习目标

了解会计的由来和会计学分支，理解会计本质和职能；掌握会计的方法和对象。

第一节　会计的含义

一、会计的由来

什么是会计？会计的本质是什么？会计教科书中有不同的解释，其中会计系统论与会计管理活动论影响最大。著名的会计史学家郭道扬教授在《会计史研究》中说“人类思维活动中所形成的每一个概念的背后总是包含着物质的活动”①，会计概念和会计思想需要从会计活动的产生和发展说起。从“会计”说文解字出发可以更好地了解什么是古代会计活动，然后顺着会计发展的历史，即可认识会计的本质和特点。

会计活动有古老的历史。“会计”之命名代表人类对古代会计活动的认识。物质资料的生产是人类社会存在和发展的基础。会计活动是人类在物质资料的生产、消费和分配中自然产生的。原始计量活动就是基于人类生产活动管理需要产生的。人们在进行生产的同时，总是希望以尽可能少的劳动投入生产出尽可能多的物质财富，这就必须对所投入的各种耗费和所取得的成果进行观察、计量、记录和比较，其目的是为了实现投入产出的最大化。

在原始社会，没有独立的会计活动。会计史研究发现，直到夏商时期，才开始出现独立会计意义的账目。在当时“简册”上记录是单式簿记的早期形态。虽然当时已经有了初级的会计记录和结算活动，但未形成清晰的会计概念。直到西周时期，随着农业、手工业和商业的发展，周王朝在征纳贡赋和财物管理中，广泛使用“简册”记录，奴隶主庄园“家计”也受到重视。甲骨文的出现，开始了文字发展的新局面，原始的会计活动意义被进一步所认知。“会计”一词的使用，彰显了人们对会计活动的早期认识。

根据郭道扬教授的研究，“会”字的繁体为“會”，在商朝有其造型和应用。东汉经学家许慎解释道：“會”由“合”和“曾”分别取上部和下部合成。“会”字的基本含义也是由这两部分合成表达。“合”为“合起来”的意思，“曾”通假于“增”。如此，“會”就有多个含义。一是有合起来数量增加、增多之意，为“kuài”；二是聚会，会合之意，读“huì”。因此“会 kuài”字表达了合计数量的

① 郭道扬：《会计史研究》第一卷，中国财政经济出版社 2004 年版，第 115 页。

意思。在历史上“會”曾经被加上不同偏旁，以表达对核算对象的不同理解，比如金字旁、走字旁、双人旁等。

“计”直到西周没有发现其单字应用，但其构成“言”和“十”早就有应用。郭道扬教授在《会计史研究》中考证了这两部分含义。“言”从“口”表达，含“真实”“正确无误”之意。“十”形象描述了原始社会部落以居住地为中心，分工劳动，集中分配消费的生活场景。部落首领要记录计算每次劳动分工和劳动成果，比较劳动成果和需求的差距，以更好地组织劳动，安排消费。在这一活动中，劳动投入和劳动成果的之“算计”是部落首领管理活动的组成部分。随着生产力的发展，劳动效率不断提高，会计活动的范围不断拓展，尤其是文字的发明，剩余产品的出现，会计才慢慢发展为一种独立职能，并出现专门描述会计活动的术语。

西周时期“会计”连用，表达最初对会计活动的认识，并且有了独立的会计岗位——司会。会计二字都有计算之意，但计算功用有所区别。我国清代的焦循在《孟子正义》一书中也曾解释道：“零星算之为计，总合算之为会”。当然，“会”与“计”的区别是相对的。在“周礼”中，就有“岁会、月要、日成”之会计学说。在西周到春秋战国时代，还出现“计会”之说，表达对零星计算和总合计算程序的不同认识。

会计与管理

从“会计”的起源可以看出，会计起源于生产实践，它是伴随着人们的生产实践而产生的一种活动。人们对生产过程中劳动所得和所费的关心程度，亦即对这种所得与所费进行记录和比较的要求，正是会计产生的前提。这是个在任何社会条件下都会得到十分关心的问题，也是不同社会形态下劳动生产的共同要求。因此，马克思在《资本论》中所说的：“在一切社会形态下人们对生产生活资料所耗费的劳动时间必然是关心的，虽然在不同的发展阶段上关心的程度不同”①。

正是在会计参与下管理活动、劳动效率得到了不断改进。在原始社会末期，一方面，出现了剩余产品，为从事会计活动的社会分工提供了物质条件，从而使会计“在生产时间之外附带地把收支，支付日期等等记载下来”，逐渐“从生产职能中分离出来，

① 《马克思恩格斯全集》第23卷，人民出版社1972年版，第88页。

成为特殊的、专门委托的当事人的独立职能。”① 另一方面，由于文字、数字和货币的出现，使生产所费与所得进行记录和比较成为可能。正如马克思所说，会计原来是“生产机能的一个附带工作”，只是以后由于生产活动日趋复杂，会计才成为独立于生产之外，而又和生产紧密联系的管理活动。

马克思这段话，清晰地说明会计的产生过程、特点、目标和管理的关系，有助于我们理解现代会计的本质之争。会计的特点是关注再生产中“量化”指标，通过记录投入与产出量，评价投入产出的效果和效率，为优化管理提供信息。因此，可以说：会计的目标与管理的目标是一致的，即追求经济效益的最大化；会计是管理活动的重要组成部分，主要作用是为管理提供量化经济管理信息。

二、会计的发展

随着社会经济、政治、科技等各要素的变化，会计对象、会计思想、会计方法和会计职能也在不断发展变化，经历了一个由简单到复杂，由低级到高级，由不完善到逐步完善的发展过程。会计经古代会计（原始社会至15世纪）、近代会计（15世纪至20世纪30年代）、现代会计（20世纪30年代至今）三个发展阶段。

原始社会，会计处于萌芽状态，会计活动是生产活动附带的部分。会计行为是简单的、零星的。当人类进入奴隶社会和封建社会，农业经济仍然是基本的经济形式。官厅会计和庄园会计分别适应了国库收支和奴隶主、地主管理和控制财产的需要而得以发展。会计成为专门职能后，因会计记录的系统性、连续性和完整性被关注，因会计信息的有用性而被广泛应用，记账方法也逐步完善。在我国春秋战国末期，开始使用“入”“出”作为记账符号，采用单式簿记，创立了用于登记会计事项的“簿书”或称“籍书”，来反映经济收支事项。宋朝还出现了“四柱清册”的对账方法，“四柱清册”把一定时期内财务收付的记录，通过“旧管 + 新收 = 开除 + 实在”这一平衡公式加以总结，既可检查日常记录的正确性，又可分类汇总日常会计记录，在一定程度上使之起到系统、全面和综合的反映作用。明末清初比“四柱清册”更加完备的“龙门账”便应运而生。在这种会计核算方法下，把全部账目由原来的按“四柱”分类，改为按“进”（相当于“全部收入”）、“缴”（相当于“全部支出与费用”）、“存”

① 《马克思恩格斯全集》第24卷，人民出版社1972年版，第151页。

（相当于“财产及债权”）、“该”（相当于“业主投资和负债”）四项分类，其关系式是：“进－缴＝存－该”。年终结账时，一方面根据有关“进”与“缴”两类账目的记录编制“进缴表”（相当于“损益表”）；另一方面根据“存”和“该”两类账目记录编制“存该表”（相当于资产负债表）。会计在财物收支管理、提高经济管理的效率和效果方面发挥了重要作用。

中国会计在唐宋时期，在世界会计发展中处于领先地位。尽管如此，由于社会经济环境限制，中国会计缺乏广泛应用的空间，会计发展相对缓慢。从明末清初始，随着社会经济逐步落后于西方，中国会计也开始逐步落后于西方。直至改革开放后，中国会计又开始向西方学习。随着中国经济的改革和发展，会计也迎来了繁荣发展的新机遇。

西方会计的快速发展与经济社会变革也是密切相关的。随着资本主义的萌芽和科学技术的进步，地中海地区的商业和银行得以发展，促进当地商业会计和金融会计发展。在意大利，金融业使用多年的人名账户发展成为有组织的复式簿记。15 世纪，这种复式簿记在威尼斯一带已相当流行，其记账方法也比较完备，后来发展成为现在的借贷记账法。在借贷记账向西方世界传播的过程中，资产负债表和收益表也慢慢成熟，成为会计信息披露格式。会计界通常将借贷记账法著文传播的时间（1494 年）看作是近代会计的起点。

18 世纪后期欧洲产业革命后，机器大工业出现，公司制企业组织出现，会计核算的前提、对象和目标产生深刻变化。尤其股份制出现，导致会计快速发展，并形成日益完善的体系。19 世纪会计由簿记扩展为会计，此后出现了成本会计，形成了现代会计的前提假设和原则。此外，为防止公司经营者的舞弊行为，保护投资者的利益，出现了外部审计和独立的职业会计师。

20 世纪 30 年代，经济危机之后，会计监管开始出现，美国公认会计原则的制定，以会计报表提供财务信息的传统会计演变成在公认会计原则指导下的财务会计，成为现代会计的核心。会计从传统会计阶段发展到财务会计阶段，审计的地位彰显。第二次世界大战以后，随着企业管理思想的变革，管理会计出现，在 50 年代形成独立的管理会计。60 年代后，随着计算机出现、国际投资和贸易发展，系统论、计算机、社会责任、衍生金融工具、人力资源等新思维、新内容不断推动现代会计的创新，电算化会计、国际会计、社会责任会计、绿色会计、人力资源会计、金融工具会计等会计相继出现。会计活动内容日益丰富，促成会计学分工越来越细，形成了日益丰满的会计学科体系。国际会计准则委员会成立，会计的国际化协调为跨国投资和贸易提供了信息基础。会计国际化与全球资本市场的发展形成互相影响相互促进的关系。在民间会计发展的同时，古代的官厅会计也演变成为现代政府会计。

进入 21 世纪后，企业会计和政府会计已经成为当代会计的两大分支。资本市场全球化促进会计国际化和趋同化，国际会计准则在全球的影响越来越大。以公允价值会计为代表的会计变革标志着财务会计正在进入前所未有的大变革时期。企业管理的创新和发展，也呼唤着管理会计再展新姿。市场经济推进政府职能和政府职责的转变，政府会计地位日益重要。

综上所述，会计活动的历史是古老的，会计是随着社会环境的变化、经济管理的客观要求而产生和发展的。但会计学却是年轻的。如果把第一部论述复式借贷记账法的著作《算术、几何及比例概要》（Luca Paciolio，1494）作为会计学产生的正式标志来看的话，会计学从产生到现在，已有整整五百年的历史了。在这期间，会计作为一门独立的学科得到了很大的发展。

会计学分支

会计学按照研究对象空间可以分为宏观会计学和微观会计学。宏观会计可以以一个国家和地区的资金营运为研究对象。微观会计以具体组织和家庭资金为研究对象。微观会计学按照研究主体的性质不同、资金运动的目标不同，分为企业会计、政府会计和非营利组织会计。企业会计按照其服务对象不同，分为财务会计、税务会计和管理会计三大分支。财务会计按照其内容和重点不同，分为初级财务会计学（又称基础会计学、会计学原理）、中级财务会计学和高级财务会计学。成本会计是财务会计中一个专门领域。此外，审计学是与财务会计密切相关的学科。

本教材是初级会计学，主要讲授会计的基础知识，包括基本概念、基本原理和基本方法，为继续学习会计、特别是中、高级财务会计学打基础。

从会计发展过程中可以看出最早出现的会计职业是私营和政府部门的账簿核算会计，随着会计的发展，才有会计师、审计师和理财师的区分，会计师内部也有细分，并有了专门的会计管理协会。会计师在社会承担的职业角色日益多样化，在社会价值创造中贡献率越来越高。大家可以通过链接本章的延伸阅读资料获得相关详细信息。

三、会计的本质

我国会计界对会计的本质存在着两种具有代表性的观点，即信息系统论和管理活动论。

1. 信息系统论。这种观点认为，会计是“旨在提高经济效益、加强经营管理和经济管理，而在每个企业、事业、机关等单位范围内建立的一个以提供财务信息为主的经济信息系统”。①

会计信息论的观点是在20世纪60年代出现在西方会计职业界。该观点至今影响广泛。我国在改革开放后，以余绪缨和葛家澍教授等为代表，率先接受这一观点，并写进教材。信息系统论把会计活动看成一个业务数据输入、加工、会计信息输出的系统，是目前被会计界广泛接受的观点。会计行业也被归为信息服务业。

2. 管理活动论。这种观点认为，会计是“通过收集和利用经济信息，对经济活动进行组织、控制、调节和指导，促使人们权衡利弊、比较得失、讲求经济效果的一种管理活动。”②

管理活动论是改革开放后，在中国急需全面恢复和重建经济秩序、加强经济管理的背景下提出的。最早由杨纪琬和阎达五两位先生倡导，影响甚广。

如何理解这两种观点？

从会计的产生看，会计最初是管理活动的一部分。后来，随着经济发展，会计慢慢成为独立专业活动，而且会计活动分工越来越细，但是其基本目标没变。会计是为实现管理目的、提高经济效益、提高经济效果而服务的。所以，会计管理活动论是合理的。但是，在管理过程中，会计具有具体的职能分工，其目标是确定的，为管理活动和经济决策提供财务信息。为此，会计分支越来越细，会计理论和方法日趋完善，会计信息在经济管理中的作用不可替代，甚至于印证了马克思的断言“经济越发展，会计越重要”。所以，会计信息论也被广泛接受。二者只是观察会计的视角不同，管理活动论将会计活动嵌入经济管理过程中认识它，信息系统论是将会计活动看作经济管理中一个相对独立的系统。二者不矛盾。

四、会计的特点

会计产生和发展的历史证明，会计对任何社会的生产都是必要

---

① 葛家澍：《会计学导论》，立信会计图书用品社1988年版，第24页。

② 阎达伍：《会计理论专题》，中央广播电视大学出版社1985年版，第27页。

的，因此，会计作为一种管理活动，在任何社会形态下，都是管理经济所必需的。相对于其他学科，会计的基本特点有以下几个：

第一，以货币作为主要的计量单位。

会计从数量方面反映经济活动，可以采用三种量度，即实物量度、劳动量度和货币量度。运用实物量度（如重量、长度等），只可以分别反映不同物质的实物数量，但不能用来汇总各种不同类别的物资，更不能综合反映各种不同的经济活动。运用劳动量度（如劳动日、工时等），虽然可以反映经济活动中消耗的工作时间数量，计算某一经济活动过程中的劳动量耗费，但是，在商品货币经济条件下，再生产过程所耗费的劳动量，还不能广泛利用劳动计量单位进行计算，仍要利用价值形式来表现。货币量度是为了按统一的、同样的表现方式来综合计算各种不同的经济事物而采用的。只有借助于统一的货币量度，才能计算出各项财产物资、费用、成本、利润等综合性经济指标，才能全面核算和比较生产经营中的消费及其成果。所以，这就决定了会计在三种计算量度中，以货币作为主要的计量尺度。

第二，对经济活动和财务收支进行连续、系统、全面、综合的记录、计算和分析。

会计核算具有连续性、系统性、全面性和综合性。所谓“连续性”，是指对经济活动中每一个具体事项，必须按其时间的发生顺序，从始至终不间断的反映；所谓“系统性”，就是对各种经济活动进行会计处理时，必须采取一套专门的方法，进行互相联系的记录和科学的正确分类，最终提出系统化的数据和资料；所谓“全面性”，就是指对于一切经济业务都要无遗漏地进行登记入账，予以反映和监督；所谓“综合性”，就是通过统一的货币量度，以求得各种总括的价值指标，考核经济效益。

第三，以凭证为依据。

根据真实、正确的凭证进行账簿登记，是会计的基本要求之一。为此，会计在核算任何交易或事项时，都必须取得或填制合法的凭证，并按有关规定对凭证进行严格的审核，经审核确定无误的凭证，才能作为会计核算的依据。

关于财务会计

财务会计是最具有上述会计特点的会计分支。企业财务会计以向外部信息使用者提供决策有用的财务信息为具体目标。会计信息的主要使用者是现有和潜在的投资者、债权人。会计信息使用者利用会计信息评价企业资源利用效率和效果，评估管理层绩效，预测企业发展前景，评估企业收益、风险和投资价值，做出对该主体的资源配置决策。信息使用者反应和决策直接影响社会资源的配置和资本市场的稳定，财务会计信息披露具有经济后果。因此，为了保证财务会计信息的质量，财务会计报告的生成和披露被纳入会计监管之下。由此，财务会计就有了其他会计没有的特点——在会计准则约束下运行。即财务会计除了上述特点外，还有以会计准则为依据，对外提供财务报告信息的特点。

第二节 会计的职能与目标

一、会计的基本职能

职能是指一个事物所具有的基本功能，而会计的职能则是指会计在实践中的客观功能，即会计在整个经济管理中能够干什么。这种客观功能是伴随着会计的产生而产生，又随着会计的发展而发展的。我们研究会计职能，一是可以更深入地理解会计的含义；二是可以更准确地揭示和把握现代会计所能达到的目标。

早在100多年前，马克思就对会计的职能做过科学的概括，指出“生产过程越是按社会的规模进行，越是失去纯粹个人的性质，作为对过程的控制和观念总结的簿记就越是必要；因此，簿记对资本主义生产，比对手工业和农民的分散生产更为必要，对公有生产，比对资本主义生产更为必要。”① 马克思在这里所指的“过程”是指包括生产、分配、交换、消费在内的社会再生产过程；“过程的控制”就意味着会计对企业的生产经营活动进行调节、监督和指挥，把生产经营活动纳入社会所要求和人们所希望的轨道，并在最有利的条件下完成预期目标。这一含义体现了会计管理的本质和目的，因而在会计学上称为“控制”职能。所谓“观念总结”一般是指会计以货币为计量单位，反映经济活动情况，为经济管理提供数据资料，并通过对这些数据资料的分析和总结，对经济活动的经济效益进行考核和评价。这一含义，充分体现了会计管理的特征及其赖以存在的条件，因而在会计学上简称为“反映”的职能。所以有的教材将会计的基本职能表

① 马克思：《资本论》第2卷，人民出版社1975年版，第157页。

述为反映和控制。

《中华人民共和国会计法》明确规定了“会计机构、会计人员依照本法规定进行会计核算，实行会计监督。”从实质上看，反映和控制职能的表述与核算和监督职能没有区别，本书将会计的基本职能表述为核算和监督。

1. 会计的核算职能。会计的核算职能就是对企业、事业单位的经济活动要在取得原始凭证的基础上，填制记账凭证，登记会计账簿，编制财务会计报告。会计的核算是连续、系统、全面和综合地记录、计算和分析会计主体的经济活动过程，以价值指标客观地反映经济活动过程及其结果，从而为经济管理提供信息。

《中华人民共和国会计法》明确规定，各单位在办理以下会计业务时，必须进行会计核算：（1）款项和有价证券的收付；（2）财产、物资的收支、增减和使用；（3）债权、债务的发生和结算；（4）资本的增减和经费的收支；（5）收入、费用、成本的计算；（6）财务成果的计算和处理；（7）其他需要办理会计手续、进行会计核算的事项等。

会计核算职能有如下特点：一是主要利用货币计量单位对经济活动的数量方面进行核算。只有以客观发生的经济事项为依据，才能如实地反映经济过程的情况，从而为国家国资管理部门、财税、金融、投资人、股东等各个方面的决策需要提供资料保证。二是对已经发生的经济活动进行事中、事后的核算，同时也为预测未来提供信息。三是会计核算具有完整性、连续性和系统性。

2. 会计的监督职能。会计的监督职能，就是在全面系统地反映经济活动的同时，对经济业务是否符合法规制度、会计准则、单位内部管理制度等进行审核和控制。会计监督是一种业务监督，是在会计核算程序中设定必要的审核过程，通过对各项业务发生情况进行监督，对各单位经济活动全过程的合法性、合理性和有效性进行的监督。

会计监督是会计人员必须履行的职责，被重笔写入我国《会计法》：会计机构、会计人员对不真实、不合法的原始凭证，不予受理；对记载不准确、不完整的原始凭证，予以退回，要求更正、补充；会计机构、会计人员发现账簿记录与实物、款项不符的时候，应当按照有关规定进行处理，无权自行处理的，应当立即向本单位行政领导人报告，请求查明原因，作出处理；会计机构、会计人员对违反国家统一的财政制度、财务制度的收支，不予办理等等。这些都是会计监督职能的具体体现。

会计监督不仅应对经济活动进行事中和事后监督，随着生产的发展和管理要求的不断提高，还应上升到事前监督。通过事前的计划和预测，促使经济活动取得最大的经济效益。

尽管如此，会计监督作为一种业务监督方式，具有一定的局限性，不能替代单位和各级部门的专门监督。

综上所述，会计的反映职能，主要是为经济管理提供经济信息，就这点来说，会计是为经济管理服务的；会计的监督职能，则要对经济活动加以控制、考核，就这点来说，会计又是经济管理的重要组成部分，是经济管理的一个重要方面。会计的这两个基本职能是密切结合、相辅相成的，没有“核算”，“监督”就会失去存在的基础；没有“监督”，“核算”也就失去了可靠的保证。

应该指出，“核算”和“监督”是会计的两大基本职能，并不是全部职能。随着社会生产力水平的不断提高，生产过程的复杂化和生产关系的日益复杂，会计职能所涉及的范围和内容都在发生很大的变化。因此，会计职能还有三职能直至九职能说。目前，在国内会计学界比较流行的是“六职能”论。这一论说认为会计具有“反映经济情况、监督经济活动、控制经济过程、分析经济效果、预测经济前景、参与经济决策”① 六项职能，并认为这六项职能也是密切结合、相辅相成的。其中，前两项职能是基本职能，后四项职能是两项基本职能的延伸。

正是由于会计具有专门的职能，会计在社会经济活动中可以发挥重要会计的作用。概括有以下几个方面：

第一，加强经济核算，及时、正确地提供经济信息。

任何一个企业、事业单位，为了要做好经济管理工作，必须对企业、本单位的经济活动情况做到胸中有数。会计正确及时地为经济管理提供所需的会计信息，可以综合反映各单位资金运动过程，监督财务收支活动。

第二，反映和监督企业对国家有关方针、政策、法令、制度的贯彻执行情况，维护国家财经纪律。

为发展和完善社会主义市场经济，国家制定了一系列的财经政策、法令和制度，其中包括了一系列的会计制度和法规，它们是进行会计核算和会计监督的主要依据。《中华人民共和国会计法》第五条明确规定：“会计机构、会计人员依照本法规定进行会计核算，实行会计监督。”根据这一规定，会计部门应对经济活动是否合理、合法、有效要进行审核，对财务收支是否按照财经纪律和财务制度执行要进行监督，对单位的资金、成本、利润的发生和形成情况要进行控制，制止不法行为，维护财经纪律，保护国有资产的安全与完整。

① 陈国辉：《会计理论研究》，东北财经大学出版社 2001 年版，第 46 页。

第三，积极参与拟订经济预算，考核、分析预算的执行情况。

会计运用一定的技术方法对企业价值运动的各个方面的发展趋势或状况进行估计和测算，有效地参与拟订财务预算、业务计划和经营决策，同时通过对预算的事中、事后的考核分析，借以控制和监督企业、事业单位的经济活动，从而保证管理目标的实现。

第四，加强经济核算、完善企业管理，提高经济效益。

提高经济效益是企业组织生产经营活动的根本宗旨。要提高经济效益，必须从各个方面加强经济管理，其中一个很重要的方面，就是要加强经济核算，讲究生财、聚财、用财之道，以尽可能少的人力、物力、财力的消耗，取得尽可能大的经济效果。这就要求会计既要反映和监督各单位已发生的各项收支和经营成果，提出改进工作的建议；又要分析、预测各项增产，增收和节约等措施的经济效果。只有发挥会计的综合管理职能，才能使企业、事业单位在更好地完成各项工作任务的同时，加速资金周转，切实提高生产经营和财务收支活动的综合经济效益。

二、会计的目标

目标，又称目的，是指人们在从事某项活动时预期所要达到的境地或结果。会计的目标是期望会计达到的目的，是评价会计系统合理性、有效性的标准。会计作为一个信息系统，是在会计目标的引导下运行的，会计改革也是会计随着环境的变化，为了更好地实现会计目标，发挥会计的作用而进行的自我创新和变革。所以，会计目标既是一个理论问题，又是一个实践问题。

会计目标有基本目标和具体目标之分。会计的基本目标与其他经济管理活动的基本目标一致，即以尽可能少的劳动耗费取得尽可能大的经济效益。会计的具体目标集中地表现为会计工作在提供信息资料方面所要达到的境地或标准。会计信息系统论的观点将会计目标定位于向信息使用者提供会计主体相关的财务信息。具体包括四个方面的内容：向谁提供信息、为何提供信息、提供什么信息以及如何提供信息。

搜索一下：管理会计的目标是什么？

由于会计学科有不同分支，会计信息系统也有不同的子系统。不同子系统的会计具体目标不同。其中，在企业会计中，财务会计是最重要、最受关注的一个子系统。财务会计的目标是向企业外部信息使用者提供企业经济活动过程和结果的信息。在会计理论中，财务会计目标被表述为“受托责任观”与“决策有用观”。

公司是依法建立在一系列契约基础上的企业。利益相关者将资源投入企业，企业受托经营管理资源，实现企业价值的持续增长，以回报利益相关者的资源投入。公司制企业典型的特征是两权分离、信息不对称、产权市场化。由于企业的所有者拥有企业的终极所有权和剩余收益权，为了保护自己的权益，客观上要求企业经营者——资源管理的受托者，及时提供企业财务信息。通过这些信息，企业所有者可以了解企业的资源和权益及其变化，企业的经营成果、现金流转情况。如此，财务会计信息披露就成为现代企业委托代理关系的必然产物，是维护企业产权关系的重要条件，是资源的所有者与企业经营者之间沟通和信任的中介。所以，财务会计的目标有了受托责任观。

“受托责任观”认为，财务会计的目标是反映受托责任的履行情况，因此，财务会计应以提供反映代理人受托管理资源及其资源使用情况、经营业绩的信息，财务信息应该具有客观性和可靠性。

“决策有用观”则着眼于资本市场背景下企业资源提供者和经营者之间的关系。财务会计信息的主要使用者是资本市场上的投资者，包括股东、债权人和潜在投资者。构建和维护资源提供者和企业经营者之间的信任关系，签订和履行各类企业契约，离不开会计信息。财务会计信息是决策的重要信息来源。因此，会计准则认为，会计的目标是为了向财务会计使用者提供有助于他们做出合理的投资、信贷及类似决策的信息。根据信息使用者的决策需求，财务会计应以提供决策相关的信息为目标，财务信息要具有决策有用的质量特征，比如相关性、可靠性、及时性等。

其实，受托责任观和决策有用观并不矛盾。国际会计准则委员会在其发布的《关于编制和提供财务报表的框架》中对上述两种观点作了综合性描述：（1）财务报表的目标是提供经济决策中有助于一系列使用者的关于企业财务状况、经营业绩和财务状况变动的资料；（2）财务报表还反映企业管理当局对交付给它的资源的受托管理责任、经营成果。使用者之所以评估企业管理当局的受托管理工作，是为了能够做出经济决策。新修订的国际财务会计概念框架仍然保留这一表述。

我国企业会计准则对财务报告主要目标表述是：（1）向财务会计报告使用者提供决策有用的信息。企业编制财务报告的主要目的是为了满足财务报告使用者的信息需要，有助于财务报告使用者做出经济决策。因此，向财务报告使用者提供决策有用的信息是财务报告的基本目标。财务会计报告使用者包括投资者、债权人、政府及其有关部门和社会公众等。（2）反映企业管理层受托责任的履行情况。财务报告应当反映企业管理层受托责任的履行情况，以有助于评价企业的经营管理责任以及资源使用的有效性。

注　意

初级会计学书中详细介绍的会计目标是财务会计目标，是国外财务会计概念框架或我国基本会计准则规定的企业财务报告目标，即从社会理性的角度提出的会计系统的目标。会计目标是会计在企业和资本市场发展中的地位和使命所决定的。这有别于从企业个体理性角度对会计目标的选择。

第三节　会计的对象

会计对象

一、会计对象的概念

会计对象是会计反映和监督的内容。会计是对会计主体的经济活动过程进行核算和监督，但是，我们不能直接把会计主体的经济过程和结果作为会计对象。

经济活动过程可以从物流和资金流两个方面描述。以制造业为例，其物流过程表现为由利益相关者将资金以投资和借款方式投入企业，形成企业的资源，在企业内部经过供、产、销三个阶段，向社会提供产品和服务，或者通过资本运作，实现企业财富增值。因此，企业才能归还借款，并向利益相关者分配财务收益。

从资金流的角度看，企业从利益相关者获得资源投入的过程是资金筹集过程。通过经营过程的三个阶段（供应、生产和销售），企业资金由货币资金转变为储备资金，再由储备资金转变为生产资金和成品资金，最后又回到货币资金，随着分配、交税和还贷等活动，会有资金退出企业。随着企业持续重复经营过程，资金运动如此周而复始，形成资金的周转。会计正是通过对资金运动过程进行核算和监督，提供反映企业物质资源运动过程和结果的财务信息。所以，会计的对象是资金运动过程，即抽象的价值运动，通过提供价值运动信息反映物质资源的运动过程和结果，为信息使用者提供决策相关的信息。二者关系如图 1 - 1 所示。

在供应过程中，企业要用货币资金购买材料、物资，并按照等价交换的原则支付货款及采购费用，结转材料采购成本。这时资金将从货币资金形态转化为储备资金形态。

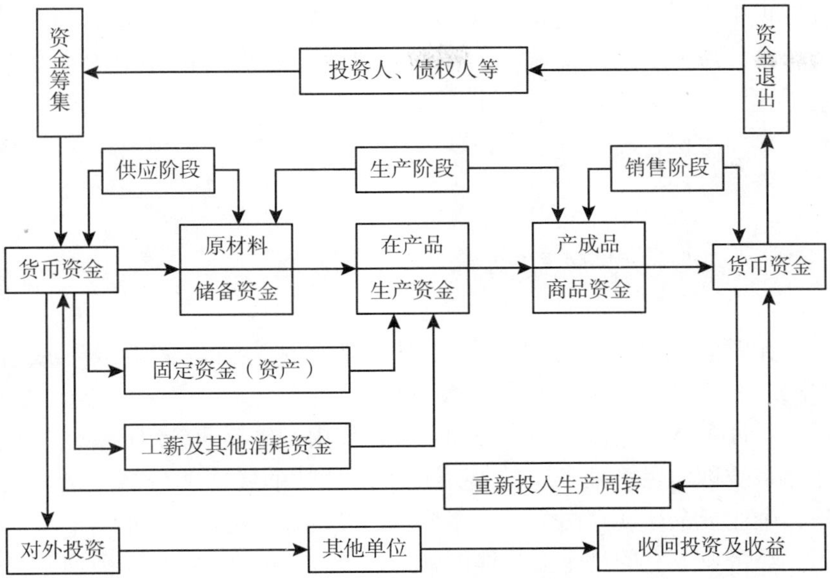

图1－1 制造企业资金运动过程

在生产过程中，企业通过劳动者制造产品，发生固定资产和材料等物化劳动和劳动者活劳动的耗费，这些生产费用要归集和分配到各种产品上去，形成产品生产成本。随着生产费用的支出，资金就从储备资金形态转化为生产资金形态。产品完工以后，资金又从生产资金形态转化为成品资金形态。

在销售过程中，企业通过出售产品，并根据等价交换原则收取货款，这时资金又从成品资金形态转化为货币资金形态（其中包括新创造的纯收入）。企业将一部分货币资金以税金等形式上缴国家，归还借款，以利润形式分配给投资者，部分资金就退出企业。

此外，企业有时还会发生对外投资和接受投资等经济业务，使企业的资金发生投入和退出企业的增减变动，这些资金的增减变动同样也是企业的资金运动。

同理，其他行业会计也是如此。在行政事业单位中，其主要活动不是经营活动。但是，行政事业单位业务的发生，也必然伴随资金运动。这些资金主要是列入财政预算，由国家拨给，并按批准的预算来支出，一般称为预算资金。这样，行政事业单位一方面按预算向国家取得货币或其他形式的资金；另一方面又按预算以货币资金支付各项费用，形成一收一付的预算资金运动。这就是行政事业单位中会计所要反映和监督的内容。

思考：商贸企业和金融企业资金运动过程与制造业的区别是什么？

总之，由于市场经济条件下，产品与服务的生产、交换、分配和消费都可以通过货币形式计量和反映，所以任何单位的经济活动和财务收支，也都要广泛运用一系列价值指标进行核算和监督，因此，在社会再生产过程中，就客观地存在着一种资金运动，即价值运动。因此，会计所要反映和监督的对象应该是社会再生产过程中的资金运动。这种资金运动具体到企业，即为企业经营资金的运动；具体到行政、事业单位，即可概括为预算资金运动；具体到一个国家，可以是国家资金运动。

二、会计交易和事项

在财务会计中，会计核算的对象常被称为“经济业务”或者“交易与事项”。它们之间有什么关系呢？

会计主体的经营活动过程和资本运作由一笔笔业务组成，这些业务通常被称为经济业务。能够用货币来计量的经济业务属于会计对象，企业资金运动是由会计主体相关的经济业务构成的集合。

经济业务有的是企业与外部单位和个人之间发生交易，比如企业从银行获得一笔借款 80 万元，这笔经济业务在财务会计中又被称为“交易”。有的经济业务是在企业内部发生的，不涉及与外部的关系，比如，生产车间从仓库领出一批材料 200 千克，价值 4 000 元。这笔经济业务就被称为事项。所以，经济业务也可以称为“交易和事项”。

在会计工作中，会计核算监督的对象就是企业发生的交易和事项。会计对每笔经济业务的会计处理就是对资金运动的核算和监督过程。

第四节　会计方法

一、会计方法体系

会计方法是用来反映和监督会计对象，实现会计目标的手段。它是从长期会计实践中总结出来的，随着会计核算和监督的内容日趋复杂，以及经济管理工作对会计不断提出新的要求，会计方法也在不断地改进和发展。

不同会计职能需要通过不同方法实现。会计核算职能需要通过会计核算方法实现。会计核算的方法简单地说是记账、算账、报账的方法。会计监督职能需要通过具体的监督方法实现，比如凭证的审核、对账、审计检查。其中会计核算过程中，要综合运用核算和监督的方法，完成对外提供财务信息的任务。

会计不同的学科分支，会计方法不同。财务会计方法是会计核算的方法，会计核算方法是指对会计要素进行全面、连续、系统地记录、计算、反映和监督所应用的方法，简单地说，是指在进行记账、算账、报账时应采用的方法，一般包括设置账户、复式记账、填制和审核凭证、登记账簿、成本计算、财产清查、编制报表七大方法。管理会计的方法是规划控制的方法，包括预测方法、决策方法、预算编制方法、控制和考核的方法。成本会计有成本核算方法、成本控制方法、成本分析方法。不同会计学科的方法构成了会计方法体系，需要专门学习才能掌握。

本书作为初级会计学，主要内容是讲授会计核算的基本方法和原理。

二、会计核算方法

1. 设置账户。设置账户是对会计对象的具体内容进行归类、反映和监督的一种专门方法。会计对象的内容是复杂多变的，为了对各项经济业务进行系统的反映和监督，就必须对会计对象复杂多样的具体内容进行分门别类地归类，划分为若干科目，并为每个科目开设具有一定结构内容的账户，反映和监督它们的增减变动情况。

2. 复式记账。复式记账是指对每一笔经济业务所引起的资金增减变化，必须同时在两个或两个以上的账户相互联系地记录的一种专门方法。任何一项经济活动都会引起资金的增减变动，为了全面反映每一项经济业务所引起的资金运动的过程，就必须将这种变化通过两个或两个以上账户的同时登记，才能完整地反映资金的来龙去脉，全面反映和监督企业、事业单位的经济活动。

3. 填制和审核凭证。会计凭证是记录经济业务、明确经济责任、作为复式记账依据的书面证明。填制和审核凭证就是指经济业务发生时，通过填制会计凭证把发生的经济业务如实地记录下来，并检查是否符合财经制度的规定，从而实施对各单位经济活动的合法性、合理性的监督。

4. 登记账簿。账簿是由具有一定格式的账页组成的，用以记载各项经济业务的簿籍。登记账簿就是根据审核无误的会计凭证，在账簿上连续、系统、完整地记录经济业务的一种专门方法。它能为经济管理的需要提供总括的和明细的核算资料。

5. 成本计算。成本计算就是企业将生产经营过程中发生的直接费用和间接费用按照不同的成本计算对象进行归类，从而计算不同成本计算对象的总成本和单位成本。成本计算是企业经济核算的中心环节，正确计算成本不仅可以掌握成本的构成情况，考核成本计划的完成情况，而且对于挖掘潜力、降低成本具有重要的作用。

6. 财产清查。财产清查就是通过盘点实物，核对账目，核对各项资产、负债和所有者权益，查明实有数，保证账实相符的一种专门方法。通过财产清查，一方面可以加强会计记录的真实性、正确性，保证账实相符；另一方面还可以查明资产来源情况、债务、债权的清偿情况，以及各项资产运用和结存情况。

7. 编制会计报表。会计报表是以货币为主要计量单位，根据日常核算资料编制的总括反映企业、事业、机关等单位在一定时期内经济活动情况和财务收支情况的报告性文件。编制会计报表是以书面报告的形式，定期并总括地反映企业、事业单位经济活动情况和结果的一种专门方法。由于会计报表提供的数字比账簿更概括，因此通过会计报表可以对企业、事业单位的财务状况和经营情况一目了然，方便信息使用者的决策使用。

上述会计核算的专门方法，相互联系，密切结合，构成了一个完整的方法体系。

会计确认、计量

财务会计核算过程又被概括为确认、计量、记录和披露过程。会计确认是指对经济业务是否及如何在会计系统中记录的判断，包括识别经济业务是否应该进入会计主体的会计信息系统，应该进入哪些账户和报表项目。会计确认包括初始确认、再确认、终止确认。会计计量是在会计确认基础上确定其金额。会计计量内容包括选择计量对象的计量属性和计量单位。会计计量包括初始计量和后续计量。

会计确认和计量过程贯穿于会计凭证的填制与审核、账户设置和应用、复式记账、成本计算和报表编制过程中。因此，会计核算过程又被称为会计确认与计量过程。

本章小结

会计起源于生产实践，它是伴随着人们的生产实践而产生的一种专业活动。会计的产生过程、特点、目标和社会经济的发展和需求紧密相关。会计的特点是关注再生产中的“量化”指标，通过记录投入与产出量，评价投入产出的效果和效率，反映资源和资源提供者的权益，为优化管理提供信息，为资源配置提供决策参考。

会计目标是社会对会计期望达到的目标，会计的职能是会计活动中自然发挥的功能。会计在发展中衍生出众多的会计分支，既保证会计的功能和目标的实现，也彰显了会计的重要性。财务会计是会计学中最重要的分支，具有完整的理论体系和准则体系，其核算和监督在社会经济生活中发挥重要作用，会计核算的七种方法是从业务发生、凭证审核到会计报告信息生成的方法体系。

【本章重要术语】

会计；会计职能；会计目标；会计对象；交易和事项；会计方法；确认与计量

【延伸阅读】

1. 《会计师的多重角色》，行业发展资料，www. cicpa. org. cn。

2. 《会计职业——全球经济的增值点》，行业发展研究资料（No. 2016 -2），www. cicpa. org. cn。

3. 《会计师行业的未来展望》，行业发展资料（No. 2016 -3），www. cicpa. org. cn。

思考与练习

一、思考题

1. 从会计在社会经济生活中的作用分析会计的本质是什么？
2. 会计的基本职能是什么？
3. 企业会计对象有什么特点？
4. 企业会计有哪些分支？其中财务会计的特点是什么？
5. 会计核算的方法有哪些？

二、案例题

万鹏和两个朋友合伙开了一家公司，主要从事鉴证、咨询业务。三人协议确定了合伙方式、出资方式、股权和分红比例等要件，并委托万鹏担任公司经理，管理公司。根据公司的组织架构。财务部要负责会计核算、资金管理、纳税管理。

请问：（1）财务部要承担哪些会计职能？涉及哪些会计学科？

（2）会计在合伙企业中的角色是什么？会计信息的作用是什么？

第二章
会计的基本概念

问题导入

小张利用周末时间去找表姐。表姐在一家上市公司做财务总监，她想让小张增加些对会计的感性认知。在表姐的安排下，她参观了企业，了解企业架构和业务流程，对会计核算对象有了具体的认识。看到经过会计整理编报的公司财务报告，深感会计工作的高大上。她心里嘀咕，自己什么时候也能有这样的本事。于是，她问表姐：公司财务报告如何生成?

表姐告诉她，企业会计根据会计准则，对会计主体的交易和事项进行会计处理，生成财务会计报表。上市公司的财务会计报表，经过审计后，按照证监会的信息披露规则，在财务报表及其附注的基础上，补充其他信息，形成财务会计报告，在规定日期内对外披露。会计准则是会计对交易事项进行会计处理的标准。做财务会计，首先要学习基本会计概念，熟悉会计准则。

小张完全同意表姐的观点。各行有各行的专业术语，选择了会计专业，首先得掌握会计的基本概念，使用会计的专业术语，这就是俗话说的“行话”，否则你无法与会计对话。

企业会计和政府会计、事业单位会计等不同会计学分支的基本会计概念名称相同，但内容有所不同，本课程以财务会计为例，介绍会计学基本概念。

本章以财务会计信息生成过程的基本规则——会计准则为依据，介绍基本会计概念，也是西方财务会计的基本概念框架的内容，因此，这里也会涉及基本会计原理。

通过本章的学习，你不仅了解了一些会计基本原理，而且你再张口说会计，就会像专业人士一样说“会计普通话”了。当然，相信你对会计的理解更深入了一点，能够慢慢地学会像会计一样思考问题了。

学习目标

掌握会计的基本概念；理解会计对象与会计要素之间的关系，会计等式与会计报表之间的关系；能够应用权责发生制和收付实现制；掌握会计计量属性选择使用的原则。

第一节　会计准则

财务会计以向信息使用者提供决策和管理有用的财务信息为目标。财务会计信息对它的提供者和使用者效用不同，而且双方对企业经营活动的了解程度是不对称的。会计信息提供者在会计信息提供过程中存在着机会主义行为；会计信息因使用者的决策使用而产生经济后果。所以，要实现会计目标，首先必须保证会计信息的质量。会计准则就是会计信息生成的基本标准或规则，会计准则可以看作为了保证会计信息质量而由利益相关者就会计信息生成标准而达成的契约。本章介绍了财务会计的基本概念，属于财务会计的基本理论问题。在我国这些基本概念由基本会计准则界定。

会计准则

一、会计准则的概念与层次

会计准则，又称财务报告准则，是财务会计报告生成过程中应遵循的原则和标准。作为一个会计概念，会计准则是从西方会计学中引进的。其功能与我国会计制度基本相同，都是会计核算工作的技术标准，但表现形式不同。会计制度是会计规范，以法规形式颁布，会计选择的空间少。会计准则可以由行业组织颁布，比如国际会计准则、美国会计准则；也可以通过会计规范颁布，比如我国的会计准则。会计准则对会计职业判断的要求更高。

2006 年以前，我国企业主要执行会计制度。会计制度在计划经济模式下曾发挥重要作用。但随着改革开放的不断深入，尤其是在社会主义市场经济体制下，原有的这套会计制度很不适应新经济体制改革的需要，财政部于 1988 年 10 月成立了会计准则课题组，着手进行我国会计准则的制定。从 1992 年 11 月发布的《企业会计准则》（基本会计准则），到 2006 年颁布的《企业会计准则》，我国会计准则替代会计制度的改革历经 14 年。

我国的会计准则包括基本准则、具体准则和应用指南三个层次。基本准则主要就财务会计报告的目标、会计假设、会计要素及其确认、计量的原则，以及会计报告格式的内容作出了基本规定，定义了财务会计的基本概念。具体准则是对具体会计业务的确认、计量和披露作出规范，是指导会计业务处理的具体标准。应用指南是具体准则应用的解释和补充。

二、基本会计准则的概念体系

西方会计通过研究和发布财务会计概念公告的形式构建财务会计的理论体系。我国没有财务会计概念公告，但通过会计基本准则规范了这些基本会计概念。财务会计概念体系内容及其逻辑关系如图 2 – 1 所示。

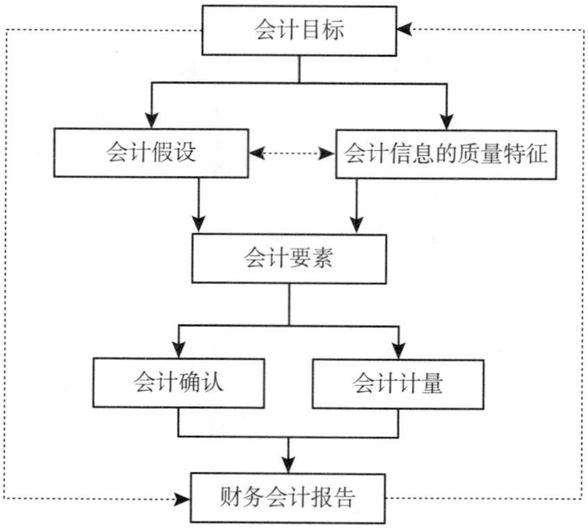

图 2 – 1　财务会计基本概念框架

在图 2 – 1 中，会计目标是对外提供财务会计信息，财务会计报告作为会计信息载体，是实现会计目标的方式。财务会计报表生成过程是在会计目标的约束下，首先界定会计核算前提，然后提出会计信息的质量要求，接着根据会计对象归纳出会计要素，根据会计要素之间的关系——会计等式建立会计对象和会计报表之间的逻辑关系，在对会计要素确认计量的基础上生成财务会计报告。其中会计的核心问题是会计要素的确认和计量。会计目标我们已经在第一章介绍了，财务会计报告内容会在第九章学习。本章重点介绍余下的几个基本概念。

第二节　会计假设与会计信息质量特征

财务会计通过价值的形式对经济活动进行全面、系统、综合地反映和监督，通过财务报告形式为决策和控制及时提供准确的经济信息。为了保证会计信息的决策价值，会计必须界定会计主体，对会计主体经营态势、会计报告期间和计量单位等作一些必要的假设，对会计信息质量提出基本原则要求，并对会计要素确认、计量基础做出选择。

一、会计假设

会计假设是对会计活动所作的合乎情理的判断，是不需要证明就可以被接受的会计惯例。我国会计准则中提出的会计假设主要有：会计主体假设、持续经营假设、会计分期假设和货币计量假设。

（一）会计主体

会计主体又称会计实体，是指会计工作为其服务的特定单位或组织，这个特定的单位或组织就是会计主体。一般说来，会计主体应该具有独立的营业活动，开设自己的银行账户，由会计独立进行核算，计算盈亏，编制会计报表。会计主体可以是一个独立的企业组织，无论其是否有法人地位，也可以是企业集团。会计主体假设的目的是要界定会计核算的范围，如我国基本会计准则规定“企业应当对其本身发生的交易或者事项进行会计确认、计量和报告。”会计主体具有独立体和整体性的特点。

思考：会计主体假设对会计信息的影响是什么？

第一，会计主体具有独立性。会计主体假设要求要站在财务报告主体的立场，界定会计核算的范围，确定主体范围内的交易和事项。会计主体有别于法律主体（即法人），法人都可以成为会计主体，但会计主体不一定都是法人。例如，个人独资与合伙企业通常不具有法人资格，它们所拥有或控制的财产和对外所负有的债务，在法律上仍视为业主或合伙人的财产与债务，但在会计核算中则需要把它们作为独立的会计主体来处理，把企业的经营活动与业主或合伙人的个人财务活动严格区分开来。

第二，会计主体具有整体性。从会计主体角度，企业内部资金、财产的调拨，既不会增加企业的资产和负债，也不会增加企业的收益或损失。如总公司和分公司可以分别做会计主体，分别进行核算。但是如果把总分公司作为一个主体，总公司与分公司之间、分公司与分公司之间的应收应付项目应相互抵销，不能由于内部资金的划拨而增加企业的资产和负债。只有从会计整体出发，才能正确计算出它在经营活动中所获得的收益或损失，正确计量它的资产和对外承担的负债，从而为经济决策提供有用的会计信息。

总之，会计主体这个假设规定了企业会计核算的空间范围和会计所处的立场。通俗地说，就是要明确为谁记账、记账范围的问题。

（二）持续经营

点拨：这个假设的必要性与人生假设一样。

在设定了会计主体之后，直接面临的问题就是这个会计主体能够存在多久？这就需要为会计的正常活动规定一个时间范围。会计准则的定义的期限是持续经营下去。持续经营，是指在可预见的未来，企业将会以既定的经营方针、目标持续地生产经营活动下去。换言之，会计主体在可以预见的未来将不会面临破产清算，它所持有的资产，将按预定的目的在正常的经营过程中被耗用、出售或转让，它所承担的债务，也将如期偿还。

持续经营假设是财务报告生成的重要前提假设。这一假设使财务会计的一些公认原则和基本原理得以建立在“非清算基础”之上，从而为很多常见的财产计价和收益计量问题提供了理论依据。如对企业的资产应按实际成本计价，对长期使用的资产可以采取折旧或摊销的方法在其整个寿命期内分期转作费用等，都是以这一假设为前提的。

然而，市场经济也遵循优胜劣汰的竞争原则，企业的关、停、并、转，甚至破产清算是客观现象，每个企业都存在经营失败的风险，都可能会变得无力偿债而被迫宣告破产或进行法律上的改组。一旦企业经营出现这种情况，持续经营假设下的会计模式不再适用，需要转入清算会计模式。换句话说，会计假设决定会计模式分类，持续经营假设只适用于正常状态下的会计核算。持续经营假设有利于保证财务会计报表的可比性。

（三）会计分期

在持续经营假设下，企业的生产经营活动是连续不断的，会计核算过程也应该持续下去。但是会计的任务是要及时提供企业经营活动的财务信息，会计必须通过结账、编制报表才能输出财务会计信息。为了满足企业内部和外部决策的需要，充分发挥会计管理的作用，这就需要人为地把持续不断的企业生产经营活动划分为一个个首尾相接、间距相等的会计期间，以定期结账和编制财务报告。这种人为的分期就是会计期间。

搜索一下：世界各国会计分期规定一致吗？

会计期间通常为1年，称为会计年度。我国会计准则规定企业的会计年度采用日历制会计年度，即以公历1月1日起至12月31日止为一个会计年度。这一会计年度还可具体划分为季度、月份；季度、月度的起讫期也同样采用公历日期。我国基本会计准则第七条对会计期间分类的规定是“会计期间分为年度和中期。中期是指短于一个完整的会计年度的报告期间”。

会计分期与持续经营是密不可分的，只有设定企业能够持续经营下去，才有必要和可能进行会计分期。会计分期依赖于持续经营，持续经营又需会计分期，两者结合，才能连续地提供会计主体在各个会计期间的经营业绩，以及提供期初、期末的财务状况及其变动的经营信息。

根据财务会计报告反映的会计期间不同，财务报告可分为年报、半年报、季报和月报。持续发生的交易和事项必须按既定的确认和计量的规则计入本期与非本期。会计因此需要更多的职业判断。

（四）货币计量

货币计量是指会计主体在进行确认、计量和报告时，要以货币为计量单位。货币计量要通过价格来实现，现实中有两个问题需要考虑：单位货币币值不稳定；各国货币不统一。为此，货币计量假设需要明确：一是假定货币币值是稳定不变的；二是只有能够以货币计量的才能够成为会计核算对象，并在财务报表中反映；三是会计主体必须选择记账本位币。

思考：货币计量给会计信息带来的局限性是什么？

以货币为计量单位是会计的基本特征。货币是商品经济中一切有价物质的共同尺度，是交换的媒介，并且是债权债务清算的手段。会计要综合反映企业的资产、负债、所有者权益、收入、费用和利润等，货币是最理想的计量单位，其他计量单位（如实物单位）不能总括反映企业的全部资产，只有货币单位才能把实物单位和劳动单位换算为统一的价值尺度，达到综合说明企业的经济活动情况的目的。在我国，人民币是法定的货币，所以，会计准则规定我国的会计核算以人民币为记账本位币。业务收支以外币为主的企业，也可以选定某种外币作为记账本位币，但编制的会计报表应当折算为人民币反映。

由于物价变动，货币本身的币值是不稳定的，以这种不断变化的标准来度量会计主体的经济活动是难以做到客观的，同样会计核算根据货币自身的变化调整会增加会计成本。所以就提出了币值稳定不变假定，在会计核算和会计报表中不考虑币值变化的因素。但是，一旦物价变动幅度过大，坚持币值不变假设会严重影响会计信息的相关性和可靠性，会计就要放弃该假设，转入物价变动会计模式。

二、会计信息的质量特征

（一）真实性原则，又称客观性原则

真实性原则是指会计核算必须以实际发生的交易或事项及证明经济业务发生的合法凭证为依据，如实反映财务状况和经营成果，做到

内容真实完整，数字准确，资料可靠。

会计所提供的信息是企业内外有关各方面进行决策的依据，如果不能真实客观地反映企业经济活动的实际情况，不仅不能发挥会计应有的作用，而且将会导致决策错误。

真实性原则要求，在会计核算的各环节上都要符合真实性的要求。具体地说，在确认经济业务时，必须取得真实合法的原始凭证，作为编制记账凭证的依据。会计的计量、记录、报告不得舞弊，不得掩饰真实情况。

应当指出，会计实务中，有些数据只能根据会计人员的经验或对未来的情况予以估计，例如，固定资产的使用寿命、各种间接费用分配方法的选择等，都会受到一定程度个人的影响。因此，不同会计人员对同一业务的处理，出现不同计量结果是在所难免的。但是，在掌握充分信息情况下，不同会计人员在同一标准的条件下，做出的会计估计应该相同或差异很小。

（二）相关性原则

相关性是指会计核算所提供的经济信息应当有助于信息使用者做出经济决策，会计提供的信息要与使用者的决策相关联。如果信息具有相关性，会计信息使用者获得该信息与没有获得时会作出不一样的决策。相关性财务信息具有预测价值、确定性价值或兼而有之，能够影响到信息使用者的决策。

要充分发挥会计信息的作用，就必须使会计主体提供的信息与会计信息使用者的要求相协调。而信息使用者从各自目的出发，对信息的要求和侧重点不同。这就要求在收集、处理、传递信息的过程中，考虑有关各方对会计信息的不同要求，提供与使用者决策相关的有用信息。

相关性并不是要求企业提供的会计报表完全满足所有会计报表使用者的要求。由于不同的使用者有不同的需要，财务会计报告不可能满足所有方面的需要。

（三）明晰性原则

明晰性原则就是要求会计核算所提供的信息简明、易懂，能简单明了地反映企业的财务状况和经营成果，并容易地为人们所理解。

提供会计信息的目的在于使用，要使用会计信息就必须了解它的内涵，弄懂它的内容。这就要求会计的数据记录和文字说明必须清晰、简明、易懂，对复杂的经济业务应该用规范文字加以表述，便于有关部门和人员理解和利用。

（四）可比性原则

会计核算应当按照规定的会计处理方法进行，会计指标应当口径一致、相互可比。

会计核算方法是生成会计信息的基础，会计处理方法的统一则是不同企业会计信息可比性的基础。可比性要求会计核算按照国家统一规定的会计处理方法进行核算，使所有企业的会计报表都建立在相互可比的基础上，从而使所有企业提供的会计核算资料和数据能够相互比较，便于分析、汇总，以满足有关方面的需要。

可比性要求在选择会计处理方法时，应当选择使用会计准则统一规定的会计处理方法；在编制财务报告时，应当按照统一口径的会计指标编报，以便不同企业的会计信息相互可比。可比性原则同时要求企业采用的会计程序和会计处理方法前后各期必须一致，企业不得随意变更会计程序和会计处理方法，即遵从一贯性原则。一贯性虽然与可比性有一定的联系，但两者是不一样的。一贯性指的是对同一事项使用同样的方法，可能是同一主体的不同时期，也可能是同一时期的不同主体。可比性是目标，一贯性用来帮助实现目标（国际会计准则解释）。

企业的会计核算方法前后各期应当保持一致，不得随意变更。如有必要变更，应当将变更的内容和理由、变更的累积影响数，以及累积影响数不能合理确定的理由等，在会计报表附注中予以说明。

（五）及时性原则

及时性原则要求企业的会计核算应当及时进行，不得提前或延后。

会计资料具有一定的时效性，其价值往往随着时间的流逝而降低。因而各种会计记录必须及时进行，会计报表必须及时报送，不得拖延、积压。及时性要求会计核算工作要讲求时效，要求会计处理及时进行，以便会计信息的及时利用。任何信息如不及时提供，则必将丧失其使用价值或降低其有用性。在会计核算中坚持及时性原则，一是要及时收集会计信息；二是要及时对会计信息进行加工处理；三是要及时传递会计信息。

（六）谨慎性原则

谨慎性原则又称稳健原则。该原则要求在进行会计核算时，应当合理预计可能发生的损失和费用，而不应预计可能发生的收入和过高估计资产的价值。如果某一经济业务有多种处理方法可供选择时，应采取不导致夸大资产、虚增利润的方法。

在市场经济条件下，企业不可避免地会遇到各种风险，例如，企业应收账款由于债务人破产、死亡等原因，不能收回；固定资产由于技术进步而提前报废等情况。为了避免损失发生时对企业正常经营的影响，必须对面临的风险和可能发生的损失做出合理预计。谨慎性原则在会计中的应用是多方面的，如对应收账款计提坏账准备，固定资产采用加速折旧法，计提各种资产减值准备，关注和反映或有负债等。

谨慎性原则要求体现于会计核算的全过程，包括会计确认、计量、报告等会计核算的各个方面。从会计确认来说，要求确认标准和方法建立在稳妥合理的基础上；从会计计量来说，不得高估资产和利润的数额；从会计报告来说，要求会计报告向会计信息的使用者提供尽可能全面的会计信息，特别是应报告有关可能发生的风险损失。

谨慎性原则的目的在于避免虚夸资产和收益，抑制由此给企业生产经营带来的风险。但是谨慎性原则的运用并不意味着企业可以设置秘密准备，蓄意隐瞒利润、逃避纳税等。会计稳健性原则与客观性要求并不冲突。

（七）重要性原则

企业的会计核算应当遵循重要性原则的要求，在会计核算过程中对交易或事项应当区别其重要程度，采用不同的核算方法。对资产、负债、损益等有较大的影响，并进而影响财务会计报告使用者据以作出合理判断的重要会计事项，必须按照规定的会计方法和程序进行处理，并在财务会计报告中予以充分、准确地披露；对于次要的会计事项，在不影响会计信息真实性和不至于误导财务会计报告使用者做出正确判断的前提下，可适当简化处理。

重要性原则是从信息使用者角度提出的要求，受会计核算本身成本/效益约束。该原则要求企业从信息使用者角度权衡重要会计事项。对于某项会计事项是否重要可以从质和量两个方面进行判断。从性质方面，只要该会计事项发生就可能对决策有重大影响时，则属于重要性的事项；从数量方面，当某一会计事项的发生达到一定数量可能对决策产生影响时才确定为重要事项。对某项会计事项判断其重要性，在很大程度上取决于会计人员的职业判断。

（八）实质重于形式原则

实质重于形式的原则是指企业应当按照交易或事项的经济实质进行会计核算，而不应当仅仅按照它们的法律形式作为会计核算的依据。

企业与外部主体之间所发生的价值交换行为或企业主体内部所发生的价值转移的经济实质，与它们的法律形式或表现形式并不总是一致的。例如，融资租入的固定资产，在租期未满以前，从法律形式上讲，所有权并没有转移给承租人，但从经济实质上讲，与该项固定资产相关的收益和风险已经转移给承租人，承租人实际上已经能行使对该项资产的控制，因此承租人应该将其视同自有的固定资产，一并计提折旧和大修理费用。

实质重于形式原则，要求企业在会计核算过程中，注重交易和事项的经济实质，而不必完全拘泥于其外在表现形式。遵循实质重于形式原则，体现了对经济实质的尊重，能够保证会计信息与客观经济事实相符。

国际财务报告概念框架对
会计信息质量特征的界定

国际会计准则在决策有用目标下，在收益大于成本约束下，将会计信息质量特征分为两个层次：

第一层是基本质量特征，包括相关性和如实反映。相关性包括预测价值、确定性价值和重要性特征。如实表述包括实质重于形式、完整性、中立性和无差错特征。

第二层次优化级质量特征，包括可比性、可验证性、及时性和可理解性。优化级质量特征是能够增强具有相关性和如实反映特征的信息有用性的相关内容。

第三节 会计要素

一、会计要素的定义和构成

会计要素是与会计对象紧密相关的概念。第一章谈到了会计的对象是企业、事业单位的资金运动。会计要反映资金运动过程，“反映”是一个客观见之于主观的过程，受主观认识论的主导。在以哲学为指导反映会计对象过程中，将会计对象具体内容进行了科学分类，我们称之为会计要素。会计要素的提出，是会计对象从抽象走向具体的过程，使会计对象具备可确认、可计量的特征，为会计核算提供了基本依据。

（一）资产

资产是指企业过去的交易或者事项形成的、由企业拥有或者控制的、预期会给企业带来经济利益的资源。企业从事生产经营活动必须具备一定的物质基础，如货币资金、厂房场地、机器设备、原材料等等，这些都是企业从事生产经营的物质资源，都属于企业的资产。此外，像专项权、商标权等不具有实物形态，却有助于生产经营活动进行的无形资产，以及企业对其他单位的投资等也都属于企业资源，也是资产。

根据资产定义，资产确认的基本条件是：与该资源有关的经济利益很可能流入企业；该资源的成本或者价值能够可靠地计量。

1. 资产的基本特征。

（1）资产是经济资源，预期会给企业带来经济利益。所谓经济利益是指直接或者间接导致现金和现金等价物流入企业的潜力。根据这一特征，资产应是可计量的资源。如果企业有已经没有经济价值、不能给企业带来经济利益的有形或无形的资产，就不能继续确认为企业的资产。资产预期带来经济利益的金额降低，资产就应该减值。

（2）资产是由过去的交易或事项形成的。企业过去的交易或者事项包括购买、生产、建造行为或其他交易或者事项。预期在未来发生的交易或者事项不形成资产。例如，企业计划在年底购买一批机器设备，8 月与销售方签订了购买合同，但实际购买行为发生在 12 月，则企业不能在 8 月将该批设备确认为资产。

（3）资产是为企业所拥有的或者控制的。由企业拥有或者控制，是指企业享有某项资源的所有权，或者虽然不享有某项资源的所有权，但该资源能被企业所控制。一项资源要作为企业资产予以确认，企业应该拥有此项资源的所有权，可以按照自己的意愿使用或处置资产。但对一些特殊方式形成的资产，企业虽然对其不拥有所有权，却能够实际控制，比如融资租入的固定资产，也应当确认为企业的资产。

2. 资产的分类。资产按其流动性不同，分为流动资产和非流动资产。

资产满足下列条件之一的，应当归类为流动资产：预计在一个正常营业周期中变现、出售或耗用；主要为交易目的而持有；预计在资产负债表日起 1 年内变现；自资产负债表日起 1 年内，交换其他资产或清偿负债的能力不受限制的现金或现金等价物。流动资产，包括现金、银行存款、短期投资、应收及预付款项、存货等。

正常营业周期，是指企业从购买用于加工的资产起至实现现金或现金等价物的期间。正常营业周期通常短于 1 年。因生产周期较长等导致正常营业周期长于1年的，尽管相关资产往往超过1年才变现、出售或耗用，仍应当划分为流动资产。正常营业周期不能确定的，应当以1年（12个月）作为正常营业周期。

流动资产以外的资产应当归类为非流动资产。例如，企业固定资产、无形资产、在建工程、长期投资等。

（二）负债

负债是指企业过去的交易或者事项形成的、预期会导致经济利益流出企业的现时义务。企业的各种借款、应付款项、应付利息、应付债券等都是企业负债。根据该定义，在同时满足以下条件时，确认为负债：与该义务有关的经济利益很可能流出企业；未来流出的经济利益的金额能够可靠地计量。

1. 负债的基本特征。

（1）负债是企业现时义务。现时义务是指企业在现行条件下已承担的义务。未来发生的交易或者事项形成的义务，不属于现时义务，不应当确认为负债。

（2）负债是由过去的交易或事项形成的。例如，只有发生贷款业务，我们才会确认一项负债发生。没有相关交易或事项发生，则不会产生负债。

（3）负债的清偿预期会导致经济利益流出企业。负债通常是在未来某一时日通过交付资产（包括现金和其他资产）或提供劳务来清偿。这是会计计量的前提条件。

2. 负债的分类。负债按其流动性的不同，分为流动负债和非流动负债。

负债满足下列条件之一的，应当归类为流动负债：预计在一个正常营业周期中清偿；主要为交易目的而持有；自资产负债表日起1年内到期应予以清偿；企业无权自主地将清偿推迟至资产负债表日后1年以上。短期借款是流动负债，应付账款、应付职工薪酬等，这些项目属于企业正常营业周期中使用的经营性负债项目，也属于流动负债。

企业对资产和负债进行流动性分类时，应当采用相同的正常营业周期。流动负债以外的负债应当归类为非流动负债，包括长期借款、应付债券、长期应付款等。

（三）所有者权益

所有者权益是指企业资产扣除负债后由所有者享有的剩余权益。公司的所有者权益又称为股东权益。

1. 所有者权益具有以下特征。

（1）所有者权益是剩余权益。股东享受企业的剩余收益，即参与企业利润分配，不享受固定收益。企业清算时，只有在清偿所有的负债后，才返还给所有者的投资和收益。

（2）所有者权益代表企业最稳定的资金来源。所有者凭借所有者权益能够参与企业利润的分配，但不得直接从企业抽回投资，可以通过股权转让收回自己的投资。所以，除非发生减资、清算，企业不需要偿还所有者权益。

2. 所有者权益的构成。所有者权益包括实收资本（或者股本）、资本公积、盈余公积和未分配利润等。一般而言，实收资本和资本公积是由企业所有者投入的资本，如投入资本和资本溢价等。盈余公积和未分配利润则是企业在生产经营过程中所实现的利润留存企业所形成的部分，因而又称为留存收益。

（四）收入

收入是指企业在日常活动中形成的、会导致所有者权益增加的、与所有者投入资本无关的经济利益的总流入。收入只有在经济利益很可能流入从而导致企业资产增加或者负债减少，且经济利益的流入额能够可靠计量时才能予以确认。收入取得过程表现为资产的增加、负债的减少或二者兼而有之。

企业收入主要来源于日常的生产经营活动和投资活动。日常活动的主要收入包括提供商品和服务、让渡资产使用权等取得的营业收入和投资收入。

（五）费用

费用是指企业在日常活动中发生的、会导致所有者权益减少的、与向所有者分配利润无关的经济利益的总流出。费用只有在经济利益很可能流出从而导致企业资产减少或者负债增加，且经济利益的流出额能够可靠计量时才能予以确认。费用的发生过程同时表现为负债的增加、资产的减少或二者兼而有之。

企业的费用是为实现收入付出的代价，与收入密切相关。日常活动发生的费用包括为实现营业收入发生的营业成本、缴纳的税金及附加，筹资活动发生的财务费用，销售活动发生的销售费用，管理企业发生的管理费用。此外，投资活动发生费用和损失也属于日常费用。

值得注意的是：我国定义的收入和费用是狭义上的概念，除了日常活动收入和费用外，企业还会发生利得和损失。这与国际会计准则不同，所以又引入了利得和损失的概念。

利得是指由企业非日常活动所形成的、会导致所有者权益增加的、与所有者投入资本无关的经济利益的流入。比如企业处置固定资产，这种业务不是企业日常活动，它产生的收益和损失就不能归为收入和费用。再比如，企业取得财政补贴和捐赠收入，也不是日常活动项目。但利得的表现形式与结果和收入相同，即利得取得会导致资产增加或负债减少，最终使所有者权益增加。

损失是指由企业非日常活动所发生的、会导致所有者权益减少的、与向所有者分配利润无关的经济利益的流出。比如企业处置固定资产的损失、企业对外捐赠，被罚没的财产、意外灾害所引发的损失等。损失的表现形式和结果与费用相同，即表现为资产减少或负债增加，最终导致所有者权益减少。

国际财务报告概念框架关于会计要素的定义

资产是指由过去事项形成的，由主体控制的现时经济资源。经济资源，是指有潜力产生经济利益的权利。

负债是过去事项形成的，主体转移经济资源的现时义务。

所有者权益是主体所有资产减去负债以后的剩余权益。

收益是导致权益增加的资产的增加，或负债的减少，但与权益要求权持有者投入相关的除外。

费用是导致权益减少的资产的减少，或负债的增加，但与向权益要求权持有者分配相关的除外。

（六）利润

利润是指企业在一定会计期间的经营成果。利润包括收入减去费用后的净额、直接计入当期利润的利得和损失等。

利润是衡量经济效益的指标。利润有营业利润、利润总额和净利润不同层次。营业利润主要来自经营活动和投资活动，它等于经营活动的营业毛利和投资活动净损益，减去税金及附加、管理费用、销售费用和财务费用后的余额，再减去日常活动发生的利得和损失。利润总额是指营业利润加上营业外收入，减去营业外支出后的金额。净利润是指利润总额减去所得税费用后的金额。

因为我国的利润要素并未包含所有利得和损失，在会计报表中，还出现了一个收益概念——综合收益。综合收益，是指企业在某一期间除以其所有者身份进行的交易之外的其他交易或事项所引起的所有者权益变动。综合收益总额项目反映净利润和其他综合收益扣除所得税影响后的净额相加后的合计金额。

会计要素由来的解释

会计要素不是像切蛋糕似的对会计对象的直接分类形成的，而是从科学认识论的角度反映资金运动的必然结果。

根据马克思主义哲学，会计对企业资金运动过程的反映可以从相对静止和运动两个角度入手。

企业经营过程持续发生，从相对静止角度，企业在任何一点，资金量是一定的，而且可以从两个方面描述资金：一方面资金表现为企业拥有和控制的资源，反映了企业对内投资和对外投资及其结构，会计称之为“资产”；另一方面是资金的来源，反映企业筹资渠道和对资金提供者的义务，会计称之为“权益”，根据权益的性质不同，又可具体分为债权人的权益和股东权益，我国基本会计准则分别称之为“负债”和“所有者权益”。由于所有者权益是一种“剩余权益”，所以所有者权益（股东权益）又称“净资产”——资产减负债后的净资产。

从运动角度，任何企业的经营过程都可以看作投入产出的过程，对应着采用费用、收入要素来概括这一过程，用利润来表示结果。

通过确认和计量一定期间收入、费用来确定主体的收益，这是收入费用观，也是传统会计的收益观。经济学的收益观是通过期末与期初净资产的增减额计量收益，这种收益观为资产负债观。现代会计汲取了经济学收益观的合理性，结合会计计量的可行性，采取综合收益来表达主体的收益。所以，收益会计必须先定义相关收入和费用要素。

二、会计等式与财务会计报表的设计原理

会计等式是会计要素之间的关系式。企业会计是以货币为计量单位，通过会计确认、计量、记录和报告，以会计报表的形式反映企业经营活动的过程和结果。财务会计报表及其附注是财务报告的主要部分。会计报表反映会计要素（会计对象），所以，会计报表的设计和结构必然与会计要素有关。会计等式就是建立会计要素（会计对象）与会计报表之间关系的纽带，会计等式是会计报表的结构原理。

（一）基本会计等式与资产负债表

资产、负债和所有者权益从两个方面反映同一时点上的企业资

金，同一个企业在任何一个时点的资金是唯一的数额。在期末和期末特定的时点，有下列等式恒成立：

资产 = 负债 + 所有者权益　　　　等式（2 - 1）

该等式通过三个会计要素之间的数量关系，从资源和资源要求权两个方面描述了企业财务状况。等式左边描述企业拥有的资源的投资结构，反映了企业拥有和控制资源的权利，等式右边描述企业的资金来源，反映企业为此承担的义务。它提供的信息为企业财务状况的信息，反映了企业投资和融资决策的结果。会计等式反映了企业拥有和控制资产的权利和对债权人、投资者负有的义务之间的对等关系，即权利等于义务；反映企业的产权关系，提供丰富的经济和管理信息。为了反映企业财务状况的发展变化，帮助信息使用者对财务状况发展趋势做出预测，根据这个会计等式而设计的财务会计第一张报表——资产负债表，提供了期初和期末两个时点的比较资产、负债和所有者权益。会计提供了第一张财务会计报表——资产负债表的基本格式（见表 2 - 1）。

点拨：要从经济学和管理学视角分析会计等式，才见其义。

表 2 - 1　　　　**× × ×公司资产负债表**

编制单位：× ×公司　　　　20 × ×年 12 月 31 日　　　　单位：元

资产	期末余额	期初余额	负债和所有者权益（或股东权益）	期末余额	期初余额
流动资产：			流动负债：		
货币资金			短期借款		
…			…		
存货			流动负债合计		
…			非流动负债：		
流动资产合计			长期借款		
非流动资产：			…		
债权投资			非流动负债合计		
…			负债合计		
固定资产			所有者权益（或股东权益）：		
…			实收资本（或股本）		
…			…		
非流动资产合计			所有者权益合计		
资产合计			负债和所有者权益（或股东权益）总计		

（二）损益计量与利润表

由于资产负债表只提供了期末和期初比较的财务状况，还需要反映期初到期末资金运动的过程和结果，为此，会计设计了收入、费用和利润第二组要素。收入和费用反映投入产出的过程，利润则反映投入产出的结果。利润金额取决于收入和费用、直接计入当期利润的利得和损失金额的计量。由此形成第二个会计等式：

收入 − 费用 + 直接计入损益的利得 − 直接计入损益损失 = 利润

等式（2 −2）

利润 + 间接计入的利得和损失 = 综合收益

思考：收入和费用的发生对会计等式的影响是什么？

国际财务会计概念框架，采取广义的收入、费用概念，会计等式可以直接表达为

收入 − 费用 = 综合收益

根据这组会计等式，结合会计信息使用者对收益信息的需求，会计提供了第二张报表——利润表（见表 2 −2）。

表 2 −2　　××公司利润表

编制单位：××公司　　20××年度　　单位：元

项目	本年金额	上年金额
一、营业收入		
减：营业成本		
税金及附加		
…		
加：其他收益		
投资收益		
…		
二、营业利润		
加：营业外收入		
减：营业外支出		
三、利润总额		
减：所得税费用		
四、净利润		
五、其他综合收益税后净额		
六、综合收益总额		
七、每股收益		

（三）扩展的会计等式和现金流量表

在从期初到期末的任何一点，会计等式是不变的。在企业为了赚取利润开始投入成本费用并取得收入时，会计要记录收入和费用的发生，但到期末才会将二者相抵计算利润。所以，根据收入和费用等会计要素定义，可以推导出：在一个会计期间内，随着企业费用的发生和收入的取得，会计等式发生如下变化：

想一想：收入和费用发生时，资产和负债的变化。

资产 = 负债 + 所有者权益 + 收入 − 费用 + 利得 − 损失

等式（2－3）

虽然资产负债表和利润表全面反映了企业资金运动的过程和结果，但是也存在不足。资产负债表提供了特定时点的财务状况，但没有解释企业财务状况如何从期初状态变为期末状态。利润表报告了企业利润形成过程，但未报告企业投入产出过程中现金的流入和流出情况。为此，企业需要编制现金流量表，从动态视角反映企业经营活动全过程，补充和解释资产负债表和利润表信息。

现金流量表与前两个报表一样，是根据会计要素之间的关系设计的。

将资产分为现金资产和非现金资产，并将非现金资产转移到等式右边，即可发现现金流入流出与等式右边要素的关系。

现金 + 现金等价物 = 负债 + 所有者权益 − 非现金资产 +
收入 − 费用 + 利得 − 损失　等式（2－4）

根据等式（2－4），企业现金流入、流出与等式右边的关系，可以将引起现金流动的业务分为经营活动、投资活动和筹资活动，由此可设计出第三大会计报表——现金流量表。表 2－3 是现金流量表的基本结构。

表 2－3　　××公司现金流量表

编制单位：××公司　　20××年度　　单位：元

项目	本年金额	上年金额
一、经营活动产生的现金流量		
经营活动现金流入		
…	…	…
经营活动现金流出		
…	…	…
经营活动现金净流量小计		
二、投资活动产生的现金流量		
投资活动现金流入		
…	…	…

续表

项目	本年金额	上年金额
投资活动现金流出		
…	…	…
投资活动现金净流量小计		
三、筹资活动产生的现金流量		
筹资活动现金流入		
…	…	…
筹资活动现金流出		
…	…	…
筹资活动现金净流入小计	…	…
四、汇率变动对现金净流量的影响		
五、现金及其现金等价物的净增加额		

第四节　会计确认、计量的原则

会计确认就是依据一定的会计标准，识别和确定所发生的经济业务是否可以，以及作为哪一个期间的何种具体项目进入会计信息系统的过程。会计确认作为一个概念，最早出现在美国会计学会 1966 年发表的《会计基本理论公告》中。而直接推动并导致会计实务中广泛使用该概念来甄别经济业务并量化处理的，是 1970 年美国注册会计师协会下属的会计原则委员会颁布的第四号报告——企业财务报表编制的基本概念和会计原则。在该报告中，确认被定义为“是将某一项目作为一项资产、负债、营业收入、费用等正式地记录或列入某一主体的财务报告的过程。”会计确认贯穿会计核算过程，包括初始确认、再确认和终止确认。

会计计量是在会计确认的前提下，对会计计量对象进行量化的过程。会计计量和会计确认具有不可分割的关系，确认是计量的前提，未经确认的事项不可能进行计量；计量是确认的目的，没有计量，确认也就失去了确认的意义。会计计量贯穿于会计核算的全过程，包括初始计量和后续计量。

《企业基本会计准则》规定了各类会计要素确认、计量的基本原则，并在具体准则中有针对不同事项的具体确认、计量要求。因此，本教材只介绍会计确认、计量的基本原则。

一、权责发生制与收付实现制

在确立了“会计分期”的前提后，为了正确地核算企业各期的利润，必须选择确认各项收入和费用归属期间的规则。实践中有两个规则可选择：权责发生制和收付实现制。

权责发生制，是指以应收应付作为确定本期收入和费用的标准，而不问货币资金是否在本期收到或付出。也就是说，一切要素的确认，特别是收入和费用的确认，均以权利已经形成或义务（责任）已经发生为标准。

收付实现制是以款项的实际收付时间为确认本期损益的标准，凡是在本期收到款项的业务，无论其销售发生和完成是否在本期，均确认为本期的收入。凡在本期支付款项的各类费用和支出业务，无论是否在本期受益，均确认为本期费用。

权责发生制和收付实现制作为两种不同核算基础，对同一会计主体同期确认和计量的结果不同，进而影响利润水平。

【例2-1】 针对下列经济业务，分别按权责发生制和收付实现制确认本期收入费用，并计算利润：

（1）转账支付上月的电费5 000元；

（2）收回上月的销售账款10 000元；

（3）收到本月的销售款8 000元；

（4）现金支付本月应负担的办公费900元；

（5）预付下季度办公楼租金1 800元；

（6）销售货物25 000元，款项尚未收到；

（7）预收客户订货款5 000元；

（8）本月应分摊的年度保险费600元，该费用前期已经付过。

由表2-4可以看出，不同的确认基础影响很大。基于企业损益核算的目的和权责发生制的特点考虑，会计准则选择以权责发生制为基础。《企业基本会计准则》第十一条规定：“企业的会计核算应当以权责发生制为基础。凡是当期已经实现的收入和已经发生或应当负担的费用，不论款项是否收付，都应当作为当期的收入和费用；凡是不属于当期收入和费用，即使款项已在当期收付，也不应当作为当期的收入和费用。”

表2-4　　权责发生制与收付实现制下损益确认计量的比较

业务序号	权责发生制		收付实现制	
	收入	费用	收入	费用
（1）				5 000
（2）			10 000	
（3）	8 000		8 000	
（4）		900		900
（5）				1 800

续表

业务序号	权责发生制		收付实现制	
	收入	费用	收入	费用
(6)	25 000			
(7)			5 000	
(8)		600		
合计	33 000	1 500	23 000	7 700
利润	31 500		15 300	

思考：权责发生制的特点是什么？

但是，经过比较，大家肯定能够看出权责发生制和收付实现制的优缺点，会计准则一旦选择权责发生制，就必须接受它给会计报表和会计核算过程带来的负面影响，而这种影响主要是对利润表和资产负债表而言。现金流量表以现金流入和流出为基础，实际上是按照收付实现制提供的报表，它很好地补充了资产负债表和利润表的缺陷。

二、会计计量属性

会计计量主要由三大要素构成：一是计量的对象，如资产、收益等会计要素；二是计量基础；三是计量单位。计量基础也称为计量属性，它与计量单位组成计量模式。将会计计量单位与计量属性的不同组合称为会计计量模式。如历史成本/名义货币、历史成本/不变购买力、现行成本/名义货币、现行成本/不变购买力等计量模式。

会计计量单位是指计量尺度的度量单位。根据货币计量假设，通常以名义货币为计量单位。所以，会计准则重点规定是会计计量属性的选择。国际会计准则提出计量属性包括实际成本和在用价值。我国基本会计准则规定的计量属性有历史成本（实际成本）、重置成本（现行成本）、可变现净值、现值和公允价值。

1. 历史成本。历史成本也称原始成本，原意是指取得资源时实际付出的对价。我国会计准则第 42 条指出：在该计量属性下，资产按照购置该项资产支付的货币金额，或是按照为购置资产而支付代价的价值计量；负债按照正常经营条件下为偿还债务将要支付的现金或现金等价的金额计量。

2. 现行成本。现行成本也称为重置成本，一般指资产现时投入成本，具体是指本期重置或持有资产的成本。按该计量属性，资产按照当前市场条件购买同一或类似资产所支付的现金或现金等价物的金额计量；负债按照现在偿付该项负债所需支付的现金或现金等价物的金额计量。

3. 可变现净值。可变现净值是指预计资产在正常经营过程中可能带来的现金流入扣除为取得该现金流入而支付的现金流出后的净额。在可变现净值计量下，资产按照其正常对外销售所能收到的现金或者现金等价物的金额扣减该资产至完工时估计将要发生的成本、估计的销售费用以及相关税费后的金额计量。

查一查：计量属性与会计信息质量的关系。

4. 现值。现值是指未来让渡资产或偿还负债导致的未来现金流量的贴现值。影响现值计量的因素包括未来现金流量、折现率、时间。在现值计量下，资产按照预计从其持续使用和最终处置中所产生的未来净现金流入量的折现金额计量。负债按照预计期限内需要偿还的未来净现金流出量的折现金额计量。

5. 公允价值。公允价值是指在计量日市场参与者在有序交易中出售资产收到的价格，或转出负债应该支付的价格。在公允价值计量下，资产和负债按照市场参与者在计量日发生的有序交易中，出售资产所能收到或者转移负债所需支付的价格计量。

不同的计量属性，计量基础不同，对会计信息的相关性和可靠性影响不同。计量属性的选择取决于会计信息使用者的需要和计量对象的特点与用途，由于会计信息使用者对会计信息的需求不同，所以会计计量基础的选择也存在很大差异。会计实务中，由于历史成本具有数据容易取得，数据比较客观、可靠和可验证的特点，企业会计的初始计量通常是以历史成本为基础的。但历史成本在后续计量中相关性不强，所以，会计引入其他几个非历史成本的计量属性，在其他计量属性可以可靠取得的情况下，采用其他计量属性计量期末资产和负债价值。由此产生的利得和损失，计入利润表。

国际财务报告概念框架对会计计量属性的选择

国际财务会计概念框架将会计计量属性分为历史成本和现值。其中，现值计量基础包括公允价值和资产的在用价值和负债履约价值：

（1）公允价值：公允价值是指计量期在市场参与者的有序交易间发生的出售资产收到的价格或转出负债应该支付的价格。

（2）资产的使用价值和负债的履约价值：使用价值是一个经济实体期望从资产的持续使用以及最终处置中获得的现金流的现值。履约价值是一个经济实体期望履行债务责任所产生的现金流量的现值。

可见，当下财务会计计量属性的选择表明，财务会计已经从历史成本会计转向公允价值会计。有关这一话题的相关内容已经是会计改革的热点问题。

本章小结

本章介绍了财务会计信息生成过程的基本规则——会计准则，重点是基本会计准则，也是财务会计的基本概念框架内容。财务会计信息对它的提供者和使用者效用不同，而且双方对企业经营成果的了解程度是不对称的。会计信息提供者在会计信息提供过程中存在着机会主义行为。会计信息因使用者的决策使用而产生经济后果。所以，要实现会计目标，首先必须保证会计信息质量。会计准则就是会计信息生成的基本标准和规则。

会计基本准则是本节重点。首先，会计的四个假设界定了财务会计报表的主体范围、时间范围及其会计分期、货币计量单位。八大会计信息质量特征是财务会计信息的质量标准。会计要素是在对会计对象科学认识基础上的分类。会计要素之间的数量和经济关系是会计报表形成的基本依据。会计确认和计量是会计的重心，权责发生制是会计核算的基本原则，会计计量属性选择是影响会计信息质量的关键因素。

【本章重要术语】

会计准则；会计等式；会计报表；会计要素；资产；负债；所有者权益；收入；利润；会计主体、持续经营、会计期间；真实性；相关性；可比性；稳健性；实质重于形式；重要性；权责发生制；收付实现制；历史成本；公允价值；现值

【本章相关链接】

财政部会计准则委员会（http：//www. casc. org. cn/），查阅中国会计准则，阅读基本会计准则。

思考与练习

一、思考题

1. 为什么需要会计准则？我国会计准则包括哪些内容？

2. 会计要素有哪些？为什么又被称为会计报表的要素？会计报表的原理是什么？

3. 会计的假设前提有哪些？

4. 为什么要规定会计信息质量要求？会计的信息质量特征有哪些？

5. 权责发生制与收付实现制的优缺点是什么？

6. 会计计量属性有哪些？有什么区别？应用原则是什么？

二、案例题

1. 张峰2016年以年租金10万元租赁了某镇400亩荒山，租赁期

40年。荒山整理、绿化需要投入人力物力，期望未来有所收获。他们将其命名为“张氏庄园”，为此，他们决定单独建账核算荒山的投入产出。

（1）2016年8月15日，签署正式租赁协议，8月25日支付1年租金10万元，办妥相关手续。

（2）经过3个月的筹划和设计，庄园有了发展规划，准备在2017年正式实施。2017年12月20日，支付了设计勘探费25 000元。

通过勘探，发现地下储藏优质矿泉水，张峰最后决定筹资成立一个矿泉水生产公司和一个农庄，生产优质果蔬和蛋禽。

思考：张氏庄园没有注册，没有独立银行账户，是不是一个会计主体？如何做才能成为会计主体？前期投入是从张峰个人账户支付的，如果张氏庄园是一个会计主体，分别从张氏庄园的角度和张峰家庭的角度比较，这笔交易的性质和引起的资金变动内容。

2. 吴莉是弗莱康公司的会计总管，弗莱康公司属于民营企业。

（1）8月15日，总经理王总在母校所在地出差时，召集老同学聚会，他在买单时开了公司抬头的发票，金额3 500元，并混入客户招待费交会计科。

（2）9月9日是老板夫妻结婚纪念日，老板让秘书把给太太买汽车、给家人买礼品的支出38万元，拿到财务科报账，列入公司支出。

（3）10月，公司在卫视频道做广告，约定半年广告费支出30万元。年终，总经理王总要求将广告费全部计入当年费用。

思考：吴莉对上述业务处理不同意，理由是什么？

三、练习题

【资料】根据下列资料，判断交易和事项涉及的会计要素内容，分别按权责发生制和收付实现制确认计量当期的收入和费用。

（1）转账支付上月的电费6 000元；

（2）支付上月的销售税金1 200元；

（3）收到本月的销售款68 000元；

（4）现金支付本月应负担的办公费1 000元；

（5）支付本月职工工资35 000元；

（6）销售货物65 000元，款项尚未收到；

（7）预收客户订货款4 000元；

（8）本月应分摊的年度保险费600元，该费用前期已经付过；

（9）借入短期借款20万元；

（10）转账支付本月进货款6 000元。

第三章

账户与复式记账

问题导入

学习了会计基本概念和财务会计报表的基本原理后，小张下载了一个公司年报仔细研究了一下结构内容。虽然不能完全看懂，但已经不再是一无所知了。

财务会计报告是财务会计的最终产品。但要把企业经济业务转化为财报信息，必须掌握记账方法，熟悉账户的应用。所以，本章开始学习会计核算的具体方法。从认识账户，学习记账方法开始。

记账要解决两个问题：在哪儿记和如何记。会计要把交易和事项记入账户，采用复式记账法，具体方法是借贷记账法。因此，本章有两个重点内容，一是认识账户的基本结构及其用途，掌握常用账户名称和核算内容；二是学习借贷记账法，掌握借贷记账法的要点，并逐步熟练应用借贷记账法。

借贷记账法是本课程的难点。许多同学回忆起学习会计的经历，对借贷记账法都"犯怵"，甚至多年以后仍然感到云里雾里。

其实借贷记账法很简单。本章从会计科目和账户分类到借贷记账法都以会计等式为主线，环环展开。按照会计等式分左右记住账户分类和记账方向就可以搞定。记住这里面的要点，你就会很快学会借贷记账法。

同学们，从今天开始，每一章都在讲解会计核算方法，每一章都是后一章的学习基础。你会亲身体会会计核算方法的逻辑关系，享受每一次进步的喜悦。学习本章内容，你就会记账了！

初级会计学最难、最关键的学习任务在这一章，检验你学习效率的时刻到了！准备好了吗？加油！

学习目标

了解会计科目和账户设置的意义和原则；掌握账户的基本结构，熟悉常用基本会计账户的核算内容；掌握经济业务类型与会计等式的关系，掌握并学会应用借贷记账法。

第一节 会计科目与账户

一、会计科目

（一）会计科目的定义与设置原则

会计在交易事项发生后，根据证明经济业务发生的凭证，要判断经济业务发生引起会计要素发生增减变动的情况，在会计账证体系中记录下来。要把每一笔经济业务发生记录下来，必须知道它引起资金变动的具体情况。上一章我们已经把会计对象分成会计要素，但是会计要素的分类不足以清晰地刻画经济业务的发生情况。有必要在会计要素的基础上，对会计要素进行更进一步的分类，形成更为细致、具体的分类结果。这就必须科学地设置会计科目。

点拨：科目是分类用术语，生物课上学过分类层次：界、门、纲、目、科、属、种。科目就是细分类名称。

会计科目就是对会计要素再继续细分后形成的会计核算内容的名称。如何分类，第一要考虑经济业务发生引起可辨认的最小单元；第二要考虑经济管理对该项业务相关信息的需求。会计科目设置既要清晰刻画经济业务发生引起资金变动的来龙去脉，还要满足经济管理的信息需求。比如要把“现金 15 万元存入银行”这笔业务刻画清晰，只设“货币资金”不行，需要按货币资金的存放状态和使用特点，至少要设置“库存现金”“银行存款”两个科目，才能把这笔业务引起的资金变动记录清晰。考虑到其他形式存在的货币资金，比如银行本票存款、外埠存款等，需要再设“其他货币资金”科目。如果企业银行存款有外币，则需要在“银行存款”科目下，按币种设明细账，否则货币兑换业务无法反映，而且也不利于货币资金的管理。又如，为了提供企业借款信息，反映借款类别与债权人，只设“银行借款”科目肯定不行，不利于对借款的负债管理，需要先按借款方式、期限和目的，分设“短期借款”和“长期借款”“应付债券”等，然后再按贷款人设明细科目。

可见，设置会计科目就是对会计对象的具体内容加以科学归类，进行分类反映和监督的一种方法。会计科目分类的正确与否决定着会计确认、计量的准确性、科学性、系统性，以及是否能真正满足管理的需要。会计科目是填制会计凭证、设置会计账簿、编制财务报表、进行会计检查和分析的依据。因此，会计科目设置是否合理，对系统提供会计信息、提高会计工作效率以及有效组织会计工作影响重大。设置会计科目，必须遵循下列基本原则：

1. 会计科目的设置，必须结合会计要素的特点。除各行业共性会计科目外，会计科目还要结合各个行业、各类单位具体的经济业务特点。例如，工业企业主要经济业务是制造产品，为了核算与监督生产费用的归集和产品成本计算，就应设置“生产成本”“制造费用”等会计科目。而金融业则没有必要设置该类科目，但要设置具有行业特色的会计科目。

2. 设置会计科目，既要满足企业内部经营管理的需要，又要满足企业外部的要求。

设置会计科目最终是为了提供编制会计报表的基础数据，以满足信息使用者的需求。所以会计科目的设置必须考虑其产生的信息能否满足管理的需求。

3. 设置会计科目，要将统一性与灵活性相结合。所谓统一性，就是在设置会计科目时，要根据《企业会计准则》和国家统一要求，对一些主要会计科目的设置进行统一的规定，对科目的名称、包含的具体核算内容、计算口径等都要统一规定。所谓灵活性，就是在能够提供统一核算指标的前提下，各会计主体根据自己的具体情况及投资者的需要，设置或增补会计科目。

4. 会计科目的设置必须具有可操作性。会计科目的可操作性，主要指会计科目应分别规定其特定的核算内容、使用说明等。为了适应会计核算资料连续性和一致性的要求，会计科目要保持相对稳定。企业设置的会计科目要简明扼要、含义清楚，不会使不同特性的项目混同记入同一科目。此外，随着信息技术的发展，会计科目的设置还应便于分类、编码，以适应财务报告信息化管理需求。

（二）会计科目的分类

我国《企业会计准则——应用指南》，提供了企业常用会计科目表，这是总括分类的会计科目，也称一级会计科目。企业可以根据实际情况选择设置会计科目，需要在此基础上选择、增设或合并会计科目。我们摘取本学期需要认识的主要科目，如表 3 - 1 所示。

企业各个会计科目既有各自独立的核算内容，又相互联系、相互补充共同反映资金运动的过程，提供企业全面的、系统的、分类的会计信息。表 3 - 1 按照会计科目反映的内容将会计科目分成六类。

表3－1　　企业常用会计科目表

编号	会计科目名称	编号	会计科目名称	编号	会计科目名称
	一、资产类	1603	固定资产减值准备		四、所有者权益类
1001	库存现金	1604	在建工程	4001	实收资本
1002	银行存款	1605	工程物资	4002	资本公积
1012	其他货币资金	1606	固定资产清理	4101	盈余公积
1101	交易性金融资产	1701	无形资产	4103	本年利润
1121	应收票据	1702	累计摊销	4104	利润分配
1122	应收账款	1703	无形资产减值准备	4201	库存股
1123	预付账款	1711	商誉		五、成本类
1131	应收股利	1801	长期待摊费用	5001	生产成本
1132	应收利息	1811	递延所得税资产	5101	制造费用
1221	其他应收款	1901	待处理财产损溢	5201	劳务成本
1231	坏账准备		二、负债类	5301	研发支出
1401	材料采购	2001	短期借款		六、损益类
1402	在途物资	2201	应付票据	6001	主营业务收入
1403	原材料	2202	应付账款	6051	其他业务收入
1404	材料成本差异	2203	预收账款	6101	公允价值变动损益
1405	库存商品	2211	应付职工薪酬	6111	投资收益
1406	发出商品	2221	应交税费	6117	其他收益
1471	存货跌价准备	2231	应付利息	6301	营业外收入
1501	债权投资	2232	应付股利	6401	主营业务成本
1502	债权投资减值准备	2241	其他应付款	6402	其他业务成本
1503	其他债权投资	2501	长期借款	6403	税金及附加
1504	其他权益工具投资	2701	长期应付款	6601	销售费用
1511	长期股权投资	2711	专项应付款	6602	管理费用
1512	长期股权投资减值准备	2801	预计负债	6603	财务费用
1521	投资性房地产	2901	递延所得税负债	6701	资产减值损失
1531	长期应收款		…	6711	营业外支出
1601	固定资产		三、共同类	6801	所得税费用
1602	累计折旧		（略）	6901	以前年度损益调整

企业各个会计科目既有各自独立的核算内容，又相互联系、相互补充共同反映资金运动的过程，提供企业全面的、系统的、分类的会计信息。表3－1按照会计科目反映的内容将会计科目分成六类。

为了下一步学习借贷记账法方便，我们按照会计等式的构成要素，将会计科目分为以下五大类：资产类科目（表3－1中的资产类、表3－1中的成本类——在产品成本）、负债类（表3－1中的负债类）、所有者权益类（表3－1中的所有者权益类）、收入和利得类（表3－1中的损益类中的主营业务收入、其他业务收入、投资收益、营业外收入、公允价值变动损益、以前年度损益调整）和费用和损失类（损益类中主营业务成本、其他业务成本、税金及附加、管理费用、财务费用、销售费用、资产减值损失、营业外支出、所得税费用）。账户分类与会计等式关系如表3－2所示。

表3－2　　按会计等式的要素对会计科目分类

资产　+　费用（损失）　=负债　+　所有者权益　+收入（利得）

库存现金	主营业务成本	短期借款	实收资本	主营业务收入
银行存款	其他业务成本	应付票据	资本公积	其他业务收入
交易性金融资产	税金及附加	应付账款	盈余公积	投资收益
应收票据	销售费用	预收账款	本年利润	营业外收入
应收账款	管理费用	应付职工薪酬	利润分配	公允价值变动损益
预付账款	财务费用	应交税费		以前年度损益调整
应收股利	资产减值损失	应付利息		其他收益
应收利息	营业外支出	应付股利		
其他应收款	所得税费用	其他应付款		
材料采购		长期借款		
在途物资		长期应付款		
原材料				
库存商品				
固定资产				
累计折旧				
在建工程				
固定资产清理				
无形资产				
累计摊销				
待处理财产损溢				
生产成本				
制造费用				
…	…	…	…	…

需要说明的是，成本类会计科目是反映正在生产加工的产品、在研发项目和劳务的成本，属于资产的一部分。本年利润减利润分配等于未分配利润，所以这两个账户归属于所有者权益类。因此，表3－1中的成本类在表3－2中归为资产类。而有的账户具有收入和费用账户复合的特点，这在以后应用时再讲。

表3－1或表3－2中的会计科目，是对会计核算和监督的具体内容进行总括分类的科目，称为一级科目或总分类科目。企业可以在一级科目下，自行设置二级、三级科目，即明细科目。所以，会计科目从纵向看，按其提供核算指标的详细程度可以分为：总分类科目、明细分类科目两种。

明细分类科目，也称明细科目，是对总分类科目进一步分类的科目。在会计实务中，明细科目的设置，除国家统一规定外，各单位可根据经济业务需要自行设定。例如，在“库存成品”总分类科目下，按产品种类、品种规格设置明细分类科目。

如果某一总分类科目反映的内容较多，可以增加明细分类科目的级次，设二级科目和三级科目。例如，在“原材料”总分类科目下设二级科目“原料及主要材料”“辅助材料”“燃料”，在二级科目下分设三级明细科目，如：“原材料”二级科目下按照原材料种类再设“甲材料”“乙材料”等三级科目。一级科目、二级科目到三级科目，提供的指标越来越细，下一级科目是对上一级科目内容的补充说明，上一级科目是对下一级科目提供的指标的概括。

二、会计账户

（一）账户的定义

会计科目为会计核算提供了依据，但是由于科目虽然有名称和核算内容，但是却无法记录科目金额变化。为此，必须根据会计科目设置账户。账户是按照会计科目设置的，具有一定的格式和结构，用于记录交易和事项，反映会计要素具体项目增减变化情况的会计工具。设置账户是会计核算的一种专门方法。

由此可见，会计科目和账户之间是既有联系又有区别的。两者的联系是，账户是根据会计科目开设的，因此，会计科目所反映的经济内容，也就是账户所要登记的内容。每一个会计科目，都可以开设账户，因此，账户也可以像会计科目一样分类。

会计科目与账户之间的区别在于，会计科目只是对会计对象具体内容的分类，本身没有什么结构，而会计账户则有相应的结构，可以详细刻画每一笔交易和事项，账户系统应用则可以全面、系统地反映企业经营活动过程和结果。账户的设置和登记是会计核算的中心环节，账户记录是编制会计报表的依据。账户因其特定的结构和用途成为会计信息的“储存器”。

（二）账户的结构

企业发生的经济业务是多种多样的，由经济业务所引起的各个会计要素的变动也是复杂多变的。但从其数量方面进行考察则不外乎增加和减少两种情况，因此，用来记录会计要素增减变动情况的账户必须要有分别反映各要素增加数和减少数的两个部分。通常，将账户的基本结构划分为左右两方，其中一方登记增加额，另一方登记减少额，增加额和减少额相抵后的差额称为账户余额。余额一般与增加额方向一致。因此，一个账户可以提供的指标包括增加、减少的发生金额和余额，其中余额又分期初余额和期末余额。

期初余额：账户期初资金的结存额，通常是上一期的期末余额转入本期，即为本期期初余额。

本期增加额：是指一定会计期间（月份、季度、年度）内账户所登记的增加金额，也称为本期增加发生额。

本期减少额：是指一定会计期间内账户所登记的减少金额，也称为本期减少发生额。

期末余额：账户期末结存额，是本期期初余额加计本期增加发生额合计与本期减少发生额合计相抵后的余额。期末结存额转入下一期即为下期期初余额。

上述四项指标分别表示账户核算资金在期初和期末的存量和本期的变动量，它们之间关系的表达式为：

期末余额 = 期初余额 + 本期增加发生额 − 本期减少发生额

至于左右两方哪一方登记增加额，哪一方登记减少额，取决于采用记账方法和核算内容。在借贷记账法下，我们常用简化的“T”型账户结构表示（如图 3 – 1 所示）。

借方	银行存款		贷方
期初余额	×××		
本期增加数	×××	本期减少数	×××
……		……	
本期增加发生额合计	×××	本期减少发生额合计	×××
期末余额	×××		

图 3 – 1 “T”型账户

在会计实务中，账户仅有左右两方是不够的，还需要增加对发生额补充说明的栏目，比如业务发生（记账凭证上记载）的时间、登记账户的依据、交易事项内容摘要等。所以，账户的完整格式设计一般应包括以下内容：(1) 账户名称，即会计科目；(2) 凭证号数，反映账户记录的来源和依据；(3) 经济业务发生的日期；(4) 摘要；(5) 增加额、减少额和余额及其方向。

借贷记账法下，会计实务中经常使用的“三栏式”账户结构如表3-3所示。

表3-3 银行存款

年		凭证号数	摘要	借方	贷方	借或贷	余额
月	日						

（三）账户的层次

会计科目有总分类科目和明细分类科目，按照会计科目设置账户自然也可以分为总分类账户和明细分类账户。总账，是按一级会计科目设置，用以提供总账核算指标的账户。例如，“原材料”账户是一个总分类账户，它能总括地反映所有原材料的增减变动及其结果，但不能详细地反映每种原材料的增减及其结果。这样，为满足管理上的需要，就要在总分类账户“原材料”下面，按照每一种原材料分别设置二级和三级明细分类账户，以便详细地、具体地反映每种原材料的增减变动及其结果。明细分类账户，简称明细账，是根据总分类账户所核算的内容，在总分类账户下按照实际需要设置的，用以提供详细核算指标的账户。

总分类账户和所属明细分类账户的核算内容是相同的，只是反映资金增减变动的详细程序不同。总分类账户是明细分类账户的总括，明细分类账户是总分类账户的详细说明。在实际工作中，常常把总分类账户看作所属明细分类账户的统驭账户、总括账户或控制账户，它对明细分类账户起着控制作用；把明细分类账户看作总分类账户的从属账户、被统驭账户或被控制账户，它对总分类账户起着辅助和补充作用。

需要指出的是，总分类账户和明细分类账户的基本结构一样，但是明细分类账户在基本结构基础上可以根据需要增加辅助栏目。所以，明细账户的具体格式可以有多种，比如多栏式的、数量金额式的等。以前面讲到的“原材料”账户为例，就可以在“原材料”这个总分类账户的下面，按照原材料的类别和品种，分别设置明细分类账户。在按品种设置的原材料明细分类账户中，既要用货币量度，又要用实物计量单位来记录收、发、结余的数量和金额。而应收账款核算，则要在“应收账款”总账下，按每一个债务单位设置“应收账款”明细分类账，该账户是三栏式的。

第二节 复式记账

一、单式记账与复式记账

在设置账户之后，要将经济业务记入账户，还必须采用一定的记账方法。记账方法就是通过确认、计量将所发生的经济业务，转化为会计信息，登记到账户中去的方法。不同的记账方法遵循的记账规则不同。从会计发展的历程看，记账方法可简单地分为单式记账法和复式记账法两种。

单式记账法是对发生的每笔经济业务，一般只在一个账户中进行记录的记账方法。例如，企业用现金购买原材料，在现金账户中记录现金的支付，或者在原材料账户记录原材料增加，也可能现金账户和原材料账户分别都有记录，但二者记录不相关联。显而易见，这种记账方法不能完整地刻画每一笔业务引起资金变动的来龙去脉，对会计主体的经济业务反映是碎片式集合，缺乏系统性。因此，单式记账是一种简单的、朴素的记账方法。它满足了对重要财产、收支管理和控制的需要，但不能全面、系统地反映经济业务的来龙去脉，也不利于检查账户记录是否正确。单式记账法在15世纪被复式记账法替代。目前仅有个人或不要求建账的小企业采用。

复式记账法，就是对发生的每笔经济业务，都以相等的金额在两个或两个以上的账户中相互联系记录资金增减变动的方法。例如，企业向银行借入一笔6个月贷款10万元，一方面要在“银行存款”账户中记录存款的增加；另一方面要同时在“短期借款”账户中记录借款增加。图3－2在规定了账户方向后，复式记账法在账户中相互联系的登记结果。

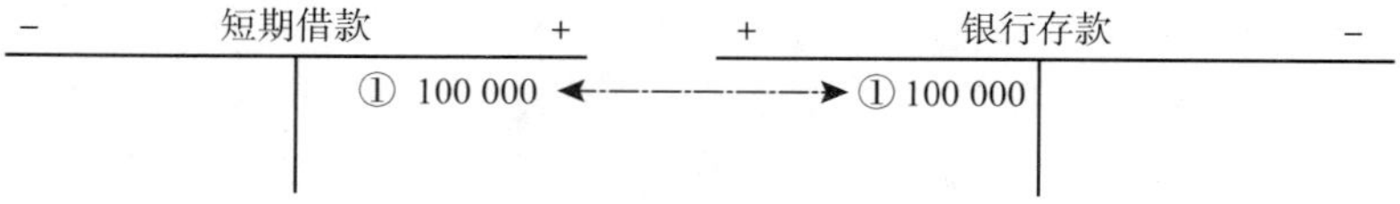

图3－2 复式记账法示意

可见，复式记账法是根据经济业务发生引起资金变动的规律设计的一种科学的记账方法。任何一笔业务发生引起的资金变动过程总是有来有去，而且来去金额必然相等，全面反映资金变动过程必然要相互联系地在两个以上账户中登记，登记金额相等。遵循这一原则，所有经济业务发生都不会改变会计要素之间的等式关系。因此，复式记账具有科学原理。

二、复式记账的特点

复式记账法的特点是：首先，复式记账法可以如实地反映经济活动的来龙去脉。复式记账法通过在两个或以上账户中相互联系地登记经济业务发生引起的资金变动，既在账户中留下了每一笔经济业务发生的轨迹，又可以使各个账户之间产生一种彼此的关联关系，使全部账户都能以不同形式连接起来，从而形成一个严密的账户体系。通过账户系统的记录反映会计主体的资金运动过程，为经济管理提供系统的信息。其次，复式记账法可以自动检查会计处理的错漏，防止差错发生。因为复式记账法要求以相等的金额在两个或两个以上的账户中作出相互联系的记录，这必然使账户之间的数字产生一种互相核对、相互牵制的平衡关系。如果发生记账差错、遗漏，这种平衡关系就会被破坏。因此，利用复式记账法所产生的这种平衡关系，就可以防止记账时产生的数字上的错漏；若发生了错漏，也可以用这种平衡关系来检查核对，使错漏能够很容易被发现。

复式记账法的出现，是会计发展史中一个重大里程碑。尤其是13 世纪出现在意大利的借贷记账法，在 1494 年被写入《算术、几何及比例概要》一书中，被广泛传播应用，成为国际化的记账方法。我国历史上也出现过收付记账法和增减记账法两种复式记账方法，但是在会计国际化的大潮中，逐步被借贷记账法替代。所以，对具体的记账方法，本书只介绍借贷记账法。

第三节　借贷记账法

一、借贷记账法的记账符号

借贷记账法，就是以“借”“贷”为记账符号，以“有借必有贷，借贷必相等”为记账规则，记录会计要素增减变动的一种复式记账法。

借贷记账法中的“借”和“贷”最初是从借贷资本家的角度解释的。借贷资本家以经营货币资金的借入或贷出为主要业务，借贷资本家为每一个存款人或借款人记账时都预留“借”“贷”两个席位，分别表示债权债务的发生和偿付情况。如借贷资本家对于收入的款项，记在贷主名下，表示自身的债务增加。对于付出的款项，则记在借主名下，表示自身的债权增加。当存款人取回存款或借款人还回贷款时，再做相反的记录，表示债权债务的清偿，这时，借贷二字在账簿中的含义与字义是一致的。

随着借贷记账法的推广应用，记账对象不再仅限于货币资金的借贷业务，而逐渐扩展到财产物资、经营损益等内容。为了求得账簿记录的一致，对于非货币资金也要求用借贷二字来反映其增减变化，这样“借”“贷”两字就失去了原来的字面含义，而转化为纯粹的记账符号和会计上的专门术语，即既不能按其本来的意义去理解，也不能直接当作增加或减少。它们只是表示账户中左右两部分，即“借方”或“贷方”。图 3 – 3 所示的是借贷记账法下“T”字形账户的基本结构。

图 3 – 3　借贷记账法的记账符号

> **借贷记账法要点之一**
>
> 任何账户都是“左为借，右为贷”，这是固定不变的哟！“借”和“贷”是纯粹的记账符号，与增减没有对应关系。
>
> 借、贷方登记增加额还是减少额取决于账户核算内容。即账户核算的会计要素不同，记录增减额的方向不同。

点拨：这种账户结构规则就像走路要靠右边行驶一样，习惯成规则。

二、借贷记账法的账户结构

在借贷记账法下，借方和贷方登记金额方向是相反的。对于不同会计要素，账户登记方向规定不同。在长期会计实务实践中，会计在资产账户的借方登记它的增加数，在同一资产账户的贷方登记它的减少数，按照前述的账户结构的基本规则，资产类账户余额一般在借方。图 3 –4 是资产类账户基本结构。

借方	资产类账户名称		贷方
期初余额	×××		
（×）增加额	×××	（×）减少额	×××
……		……	
本期发生额合计	×××	本期发生额合计	×××
期末余额	×××		

图 3 –4　资产账户结构

一般情况下，资产类账户余额为借方余额，借方发生额为增加发生额，贷方发生额为减少发生额。它们之间关系有：

期末借方余额 = 期初借方余额 + 本期借方发生额 – 本期贷方发生额

根据会计等式，负债与所有者权益与资产相对，所以，记账方向正好相反。即在负债和所有者权益账户的借方登记它的减少数，在同一负债或所有者权益的贷方登记它的增加数（见图 3 –5）。

借方	负债及所有者权益类账户名称		贷方
		期初余额	×××
（×）减少额	×××	（×）增加额	×××
……		……	
本期发生额合计	×××	本期发生额合计	×××
		期末余额	×××

图 3 –5　负债与所有者权益类账户结构

负债与所有者权益类账户借方发生额合计为减少额合计，贷方发生额合计为增加发生额合计，余额为贷方余额。它们之间关系是：

期末贷方余额 = 期初贷方余额 + 本期贷方发生额 – 本期借方发生额

会计要素按照上一节的归类，除了资产、负债和所有者权益外，还有收入利得和费用损失类。账户只有两个方向，前面已经介绍了两类账户结构，如何安排余下要素的账户呢？

根据会计等式“资产 = 负债 + 所有者权益 + 收入（利得）– 费用（损失）”或者“资产 + 费用（损失）= 负债 + 所有者权益 + 收入（利得）”，收入（利得）类账户记账方向与负债和所有者权益类相同，即贷方记增加额，借方记减少额；费用（损失）类账户则反过来，与资产类账户记账方向相同，借方记录增加数，贷方记录减少数。

需要解释的是：收入（利得）和费用（损失）类账户的减少除了冲减的收入（利得）和费用（损失）的发生额外，主要减少额是结转到“本年利润”账户中收入利得和费用损失的净发生额，结转后，损益类账户就没有余额。

需要注意的是：成本类账户不属于损益类账户，如“生产成本”账户，如果产品尚未制造完成，则会出现期末余额，表示企业期末时的在产品成本，在产品属于资产，账户余额在借方。

收入（利得）账户和费用（损失）类账户的结构，用“T”字形账户表示，如图3－6和图3－7所示。

借方	收入（利得）类账户名称		贷方
（×）减少额和结转额	×××	（×）增加额	×××
……		……	
本期发生额合计	×××	本期发生额合计	×××

图3－6　收入（利得）类账户结构

想一想：为什么损益类账户被称为“虚账户”？

借方	费用（损失）类账户名称		贷方
（×）增加额	×××	（×）减少额和结转额	×××
……		……	
本期发生额合计	×××	本期发生额合计	×××

图3－7　费用（损失）类账户结构

由于期末收入利得和费用损失相减后得到利润，也就是要把两类账户发生额转到“本年利润”相互抵减，算出利润数，而实现利润又要结转到“利润分配”账户，所以，“本年利润”年末结转利润后也没有期末余额。

综上所述，最终账户借方余额是资产余额，贷方余额为负债和所有者权益。根据基本会计等式，必然有如下结果：

期末（期初）借方余额之和＝期末（期初）贷方余额之和

等式（3－1）

记账法要点之二

按照记账方向，账户结构只有两种情况，会计等式左边的要素账户借方记增加，右边记减少；会计等式右边的要素账户记账方向是借方记减少，贷方记增加。二者相反哦!!! 所以，记住等式左边的，右边的不用记了。

资产和负债和所有者权益类账户记账方向相反，余额方向也相反。损益类账户没有余额。

三、借贷记账法的证账规则

根据上述借贷记账法下的账户结构，运用借贷记账法登记经济业务时，需要作出如下判断：

第一步：根据经济业务内容，确定它所涉及的账户名称及其类别。

【例 3－1】 从银行取得 3 年期贷款 40 万元。

我们可以进行如下分析：贷款到账银行存款增加 40 万元，同时企业增加长期借款 40 万元，“银行存款”账户属于资产类，“长期借款”属于负债类。

第二步：根据经济业务内容和账户结构，判断应记录账户的方向和金额。该笔业务导致银行存款和长期借款同时增加，“银行存款”属于资产类账户，借方登记增加额，“长期借款”属于负债类账户，贷方登记增加额。

第三步：作出准确判断，写出会计分录。根据前述判断，这笔业务应借记银行存款 40 万元，贷记长期借款 40 万元。用会计分录表达判断结果，格式如下：

（1）借：银行存款	400 000	
贷：长期借款		400 000

会计分录

会计分录，就是根据每笔经济业务，按照复式记账法要求，分析并标明经济业务应借、应贷账户的名称及其金额的一种记录。会计分录也简称分录。

会计分录是对经济业务确认和计量的判断结果，其格式模仿账户结构，先借后贷，左右错开。这是登记账户的依据，也是计算机无法替代的工作。

在实际工作中，会计分录是填写在记账凭证中的。有关记账凭证填制和审核等问题将在第六章中详细阐述。

会计分录的编写和检查，即会计凭证的填制和审核，增加了会计监督环节，有利于提高账户核算的准确性和正确性。

会计分录

第四步：根据会计分录，登记账户（见图3－8）。

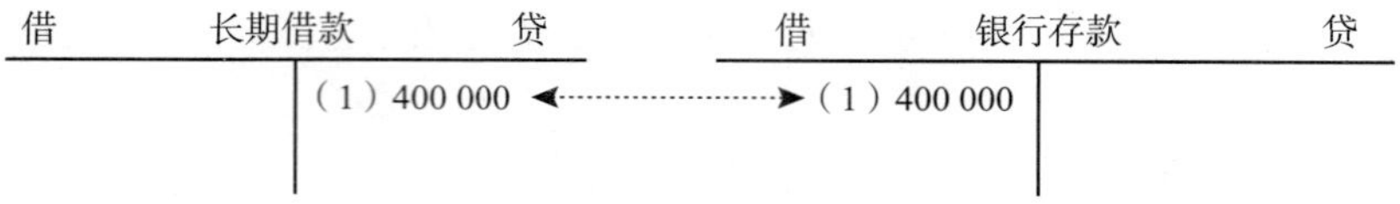

图3－8 【例3－1】账户登记

如此，这笔经济业务在账户中就留下轨迹。大家可以举出更多的例子照此练习。通过练习，你会观察到，借贷记账法遵循以下规则：每一笔业务都是按照“有借必有贷，借贷必相等”的规则记账。这笔经济业务发生使会计等式两边两个账户同时增加40万元，企业资金总额也增加了40万元。

下面结合经济业务发生对会计等式的影响，继续以典型案例证明借贷记账法的记账规则。

【例3－2】 从银行提取现金20 000元备用。

这笔经济业务涉及“银行存款”和“库存现金”两个资产类账户，使企业的银行存款减少20 000元，库存现金增加20 000元。资产类账户增加时记入借方，减少时记入贷方，因此这笔经济业务应当登记在“库存现金”账户的借方和“银行存款”账户的贷方。会计分录和账户登记如下：

（2）借：库存现金　　　　　　　　　　20 000

　　　贷：银行存款　　　　　　　　　　　20 000

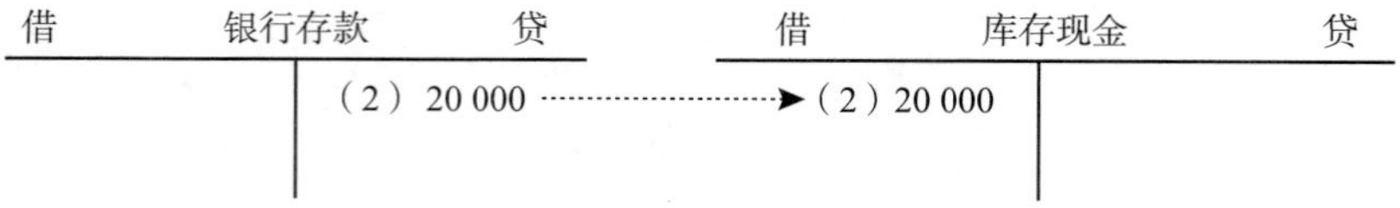

图3－9 【例3－2】账户登记

该笔业务发生引起等式左边两个账户同时增减，增减金额20 000元，企业资金总额不变。

【例3－3】 企业宣布向股东分配利润50 000元。

这笔经济业务发生，企业分配出去利润50 000元，使企业的利润减少，应付利润增加。涉及“利润分配”和“应付利润”两个账户。“利润分配”属于所有者权益账户，应付利润属于负债账户，因此这笔经济业务的会计分录与账户登记如下：

（3）借：利润分配　　　　　　　　　　50 000

　　　贷：应付利润　　　　　　　　　　　50 000

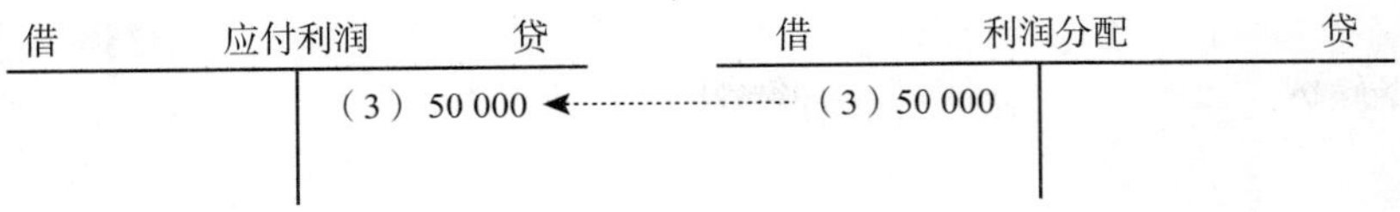

图 3－10　【例 3－3】账户登记

这笔经济业务发生引起等式右边两个账户发生有增有减的变化，且增减金额相等，但企业资金总额没有变化。

【例 3－4】用银行存款 100 000 元，偿还短期借款。

这笔经济业务涉及“银行存款”和“短期借款”两个账户，使银行存款这一资产项目减少 10 000 元，短期借款这一负债项目减少 100 000 元。资产账户减少时记入贷方，负债账户减少时记入借方，因此这笔经济业务应当登记在“银行存款”账户的贷方和“短期借款”账户的借方。会计分录与其登记结果如下：

（4）借：短期借款　　　　　　　　100 000

　　　贷：银行存款　　　　　　　　　100 000

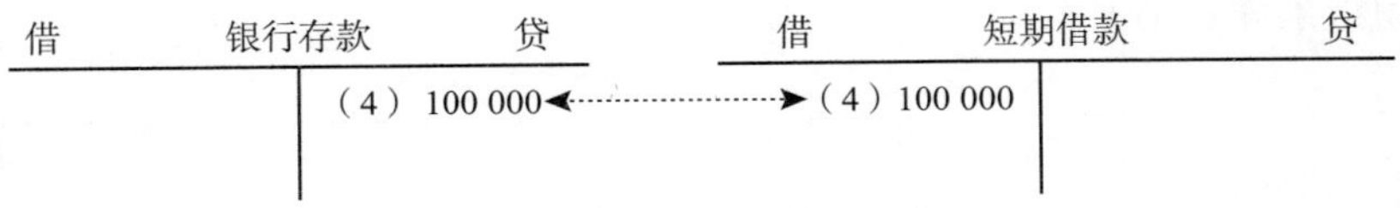

图 3－11　【例 3－4】账户登记

该笔业务发生，导致会计等式两边资产和负债同时减少，且减少金额相等，企业资金总额减少 100 000 元。

【例 3－5】报销王经理的差旅费 3 850 元，核销王经理差旅费预借款 3 500 元。

这笔经济业务涉及“管理费用”“库存现金”“其他应收款”三个账户。王经理是管理人员，报销差旅费，说明管理费用增加 3 850 元；核销王经理预借差旅费 3 500 元，说明王经理有差旅费借款，当时会计分录是借记“其他应收款”3 500 元，贷记“库存现金”3 500 元。核销就是要冲减原借款，要贷记“其他应收款”3 500 元。二者比较说明，王经理借款不够，自己垫付了 350 元现金。所以，报销时应该还给王经理 350 元现金。这样“库存现金”减少 350 元。因此这笔经济业务应当登记在“管理费用”账户的借方和“库存现金”和“其他应收款”账户的贷方。为了清晰刻画其他应收账款的债权人，需要同时启用明细账，在会计分录里，明细账在总账后加破折号注明，以示明细账对总账的补充和说明。会计分录和登记结果如下：

（5）借：管理费用——差旅费　　　　　3 850

贷：库存现金　　350
　　其他应收款——王经理　　3 500

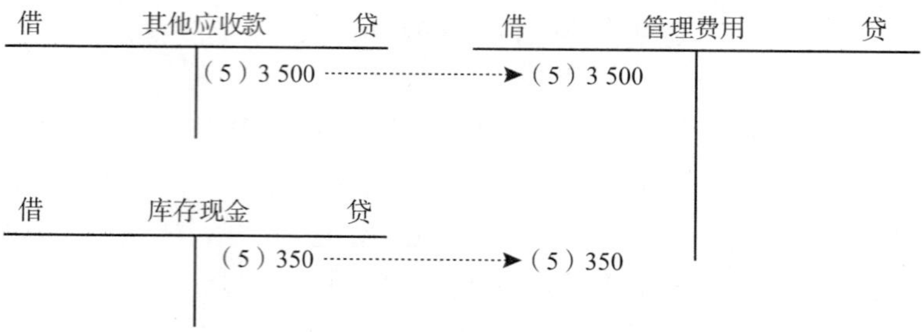

图 3－12　【例 3－5】账户登记

在“其他应收款”和“管理费用”总账登记的同时，还要设立“其他应收账款——王经理”明细账和“管理费用——差旅费”明细账，上述业务根据会计分录还要在这两个明细账户中登记。我们把总账和明细账这种登记的方法叫平行登记。明细账设置和平行登记方法和结果详见第七章。

解释为什么要平行登记

这笔业务中“其他应收款”如果不同时在明细账登记，就无法知道谁借去了 3 500 元，应该向谁收这笔款，这就不能为应收款管理提供完整有用的信息。因为，明细账登记对总账起到补充说明作用，在会计分录中用破折号加注明细账名称。总账和明细账要同时期、同依据、同方向、同金额地进行平行登记。只有同时在总账和明细账登记，才能清晰刻画经济业务发生情况，为管理提供详细有用的信息。

这笔经济业务发生引起会计等式左边两个要素的 3 个账户有增有减，增减的金额相等，企业资金总额未变。根据图 3－5，你可以清晰地看到这笔会计分录是两笔简单分录的复合，如果把一借一贷的会计分录称为简单分录，这种涉及 3 个以上账户的分录叫作复合会计分录。

【例 3－6】 接银行通知，已从企业存款账户代付电费 5 600 元，根据用电情况，企业行政管理用电 600 元，生产用电 5 000 元。

支付电费“银行存款”减少 5 600 元，同时发生电费应按用途核算，管理部门用电应属于“管理费用”，生产用电发生在车间生产过程，要记入生产成本，先作为间接费用记入“制造费用”账户，成本费用增加时要记入成本账户的借方。因此，这笔经济业务，应当登记在“银行存款”账户的贷方和“管理费用”“制造费用”账户的借方。其会计分录和账户登记结果如下：

(6) 借：管理费用　　　　600

　　　　制造费用　　　　5 000

　　　贷：银行存款　　　　5 600

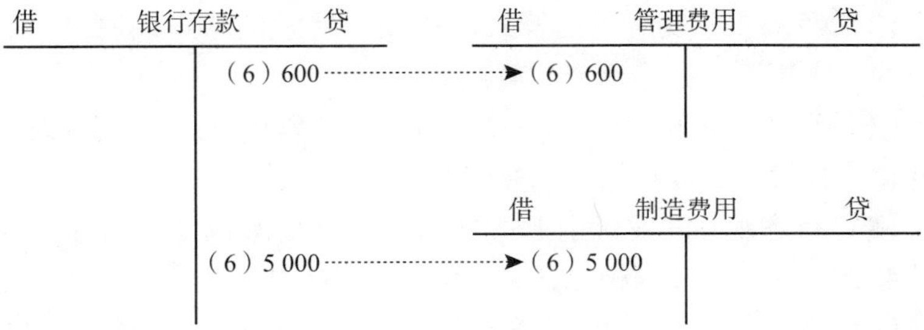

图 3－13 【例 3－6】账户登记

这笔业务登记结果涉及两个会计要素——资产和费用的 3 个账户，企业等式左边两个要素的 3 个账户发生两增一减的变化，且增加和减少的金额相等，似乎企业资金总额没有变化，实际上企业资金减少了（计入成本没有减少企业资金总额）。换个例子大家会更清晰，比如企业捐赠 10 万元现金，形式上企业“银行存款”和“营业外支出”两个账户发生一增一减，增减金额相等，与等式右边没有关系，实际上企业资金总额会减少 10 万元。这笔会计分录也是一笔复合分录，你注意到与上一笔有什么不同吗？

提示：根据会计等式 2－3 分析经济业务发生对企业资金总额的影响。

【例 3－7】接到银行通知，企业收到当期政府给予的发展补助 10 万元。

政府补助有多种，与当期有关、但与日常活动无关的补助可以记入“营业外收入”账户，到账的补助将增加银行存款，这体现了收入的取得增加的企业资产。因此这笔经济业务应当登记在“银行存款”账户的借方和“营业外收入”账户的贷方。会计分录和登记结果如下：

(7) 借：银行存款　　　　100 000

　　　贷：营业外收入　　　　100 000

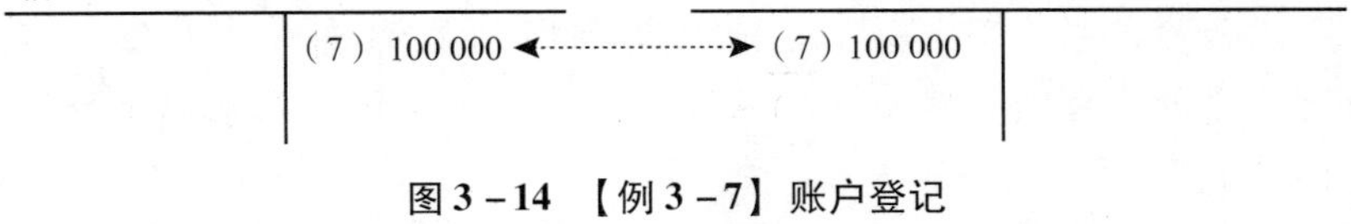

图 3－14 【例 3－7】账户登记

这笔经济业务发生引起等式两边两个要素——收入和资产的2个账户的金额同时增加，增加的金额相等，企业资金总额增加10万元。

提示：在分析经济业务发生对企业资金总额的影响时，以变形前的会计等式分析，以会计等式“资产 = 负债 + 所有者权益”为例更好理解。在该等式下，由于收入和费用发生分别会导致所有者权益增加和减少，所以收入和费用可以列在所有者权益中。

从以上举例，可以总结出以下几点规律性结论：

1. 经济业务的发生不会改变会计要素之间的恒等关系。按照业务发生对会计等式的影响，可以分为四大类：

（1）经济业务发生引起等式两边相关要素的账户同时增加，且增加的金额相等，企业资金总额增加。

（2）经济业务发生引起等式两边相关要素的账户同时减少，且减少的金额相等，企业资金总额减少。

（3）经济业务发生引起等式左边相关要素的账户发生有增有减的变化，且增减金额相等，企业资金总额不变。

（4）经济业务的发生引起等式右边会计要素的账户发生有增有减的变化，且增减金额相等，企业资金总额不变。

2. 任何一笔业务采用借贷记账法记账，都遵从“有借必有贷，借贷必相等”的记账规则。这4大类经济业务，在采用借贷记账法时，一方面记入相关账户的借方，另一方面同时登记在另外相关账户的贷方，且记入借贷方的金额相等。如此，所有的业务都登记入账后，必然有下列等式成立：

所有账户借方发生额之和 = 所有账户贷方发生额之和　　等式（3－2）

3. 按照“有借必有贷、借贷必相等”的规则记账后，账户之间会发生借贷关系，以描述资金的来龙去脉。会计称这种关系为对应关系。对应关系是经济业务发生后在账户体系中留下的“轨迹”，是查账的依据。

4. 根据经济业务涉及的账户，会计分录可以分成简单会计分录和复合会计分录。简单分录是只涉及一借一贷两个账户的会计分录。【例3－1】到【例3－4】、【例3－7】是简单会计分录，【例3－5】和【例3－6】是复合会计分录。为了清晰反映经济业务的发生引起资金变动的来龙去脉，即对应关系清晰，复合分录可以是“一借多贷”或“一贷多借”两种情况，尽量不要出现多借多贷的会计分录。

借贷记账法要点之三

借贷记账法下，每一笔账分析判断结果都遵从“有借必有贷，借贷方金额必然相等”的规则，在编制会计分录基础上登记账户。

> 每一笔业务的记账结果都清晰描述了经济业务发生引起资金运动的来龙去脉。因此，记账后必然在账户中留下对应关系，反映经济业务发生的轨迹。
>
> 借贷记账法记账后，会计等式表现为本期借方和贷方的发生额之间和本期借方余额与贷方余额之间的平衡关系。

四、借贷记账法下的试算平衡

由于企业实际会计工作中一定时期涉及的经济业务往往是大量的且比较复杂的，会计人员处理大量经济业务时，难免会出现错误，从而造成记账的错误，这种情况在实际会计工作中经常出现。因此，寻找一种手段，检查和避免这种错误的出现就成为很重要的会计工作。借贷记账法记账结果的自动平衡就为解决这一问题提供了很好的途径。

试算平衡就是在会计循环中设定一种检查账目记录是否正确的方法。试算平衡方法是在记账以后，利用借贷记账法下账户发生额和余额之间的自动平衡等式，检查记账的结果是否平衡，依此来判断记账结果是否正确。

试算平衡的依据是前述的等式（3－1）、等式（3－2），即：

期末（期初）全部账户借方余额之和 = 期末（期初）全部账户贷方余额之和

全部账户借方发生额的总和 = 全部账户贷方发生额的总和

试算平衡一般是通过编制试算平衡表来进行的。试算平衡表的格式如表 3－4 所示。

表 3－4　本期发生额及期末余额试算平衡表

依次填写账户名称

每个账户本期发生额合计数对应填写在借方或贷方

账户名称	期初余额		本期发生额		期末余额	
	借方	贷方	借方	贷方	借方	贷方
合计						

每个账户对应期初余额分别填写在借方或贷方

每个账户对应期末余额分别填写在借方或贷方

需要说明的是，仅借助于编制试算平衡表，并不能发现记账过程中的所有错误。例如，会计分录中借贷双方全部漏记、全部重记、借贷方向颠倒、误用同类账户、借贷金额等额发生错误等，并不导致试算平衡表的不平衡。这些错误自然也就无法通过编制试算平衡表发现。为此还须做好平时的核对工作，保证做到记录完整、正确无误。

另外，试算平衡除了可以检查账户记录的正确性以外，还可以利用它所提供的资料，了解企业经济活动的概况，并为编制资产负债表提供基本的会计资料。因为试算平衡表中的“期末余额”，大体上构成了本期期末资产负债表各个项目的内容。

借贷记账法要点之四

借贷记账法下，利用账户登记结果出现的发生额和余额的平衡式进行试算平衡，以检查账户记录的正确性。

试算平衡是建立在两组总额平衡关系的基础上，所以试算不平衡记账肯定有错误，但如果平衡了也不能保证记账无错误。

本章小结

会计科目是对会计要素进一步分类的结果，会计科目设置是设置账户和复式记账的前提。会计准则应用指南列出来的会计科目提供了总分类会计科目，企业可以根据需要选择和适当增减，而且可以根据需要在总分类科目下设二级和三级明细科目。明细科目核算内容比总分类科目更具体、更详细，是对总分类科目的补充说明。

会计账户是在账簿中根据会计科目设置的，具有一定结构，用来核算会计科目核算内容金额增减变化和结余情况的会计工具。账户与会计科目核算的内容一致，层次分类相同；不同的是账户具有结构，其结构的设置要满足记录账户核算金额增减变化的要求，包括增加、减少两个基本部分以及对增、减额记录的依据、时间和摘要等辅助说明部分。账户记录可以提供余额和发生额两类指标。余额是静态指标，发生额是动态指标。它们分别与会计报表指标的特点相对应。

借贷记账法是一种复式记账法。复式记账法是科学、如实地记录经济业务发生引起资金变动来龙去脉的方法。每一笔业务都相互联系地在两个以上的账户中、以相等的金额记录，使每一笔账在账户体系中留下了经济业务发生引起资金变动的轨迹。复式记账反映了会计要素之间的关系规律，即经济业务发生不改变会计等式之间的关系。借贷记账法以借贷为记账符号，以会计等式两边的账户记账方向相反为结构特征，以有借必有贷为记账规则，以所有账户的借、贷余额分别合计相等和借、贷方发生额分别合计数相等为试算平衡的依据。

【重要术语】

会计科目；会计账户；借贷记账法；会计分录；复合会计分录；对应关系；试算平衡

思考与练习

一、思考题

1. 复式记账法的原理是什么？

2. 经济业务按照对会计等式的影响可以分为哪几类？

3. 试算平衡的依据和方法是什么？为什么试算不能保证记账完全正确？

4. 总分类账户和明细分类账户的关系是什么？

二、案例题

2017 年 1 月 1 日，张峰夫妻庄园的矿泉水生产销售公司正式注册成立，注册资金 20 万元，除了自己投入 10 万元外，其余的 10 万元在小范围的众筹募集，经营范围是矿泉水生产和销售，员工 20 人，员工底薪 3 000 元。公司在庄园建了生产车间、仓库，投入成本 20 万元，购进矿泉水生产设备一套，成本 12 万元，消毒设备一台，价值 2 万元，购买水桶 200 个，每个 40 元，送水车 4 辆，每台 8 000 元，注册“得口”商标，费用 2 000 元，在市里租赁商铺作为送水站，预付 3 个月租金做押金 4 500 元，每月需支付租金 1 500 元，购买办公用品 5 000 元，广告宣传费 15 000 元。

请问：如果你是公司聘请的会计，根据公司性质和业务，设置哪些账户？

三、练习题

【资料】蜜斯是一个蜂蜜产品销售公司，20××年 5 月发生下列业务：

1. 销售蜂蜜产品 10 万元，开出普通发票，贷款全部存入银行。

2. 用现金支付当月店铺租金 3 000 元。

3. 月底计算应交缴纳公司税金及附加 5 000 元。

4. 从三通公司购进货架 1 500 元，货款未付。

5. 转账支付三通公司应付货款 1 500 元。

6. 计算雇员应付工资 12 000 元。

7. 银行转账支付当月水费 80 元，电费 120 元。

8. 通过银行转账发放工资 8 400 元，代交各项保险 3 600 元。

要求：做出会计分录，分析经济业务发生对会计等式的影响。

第四章 企业经营过程主要业务核算（上）

问题导入

小张和她的同学学习账户和借贷记账法后，领会到了会计方法的科学性和严谨性，毕竟是初学，通过练习，觉得题目会做，但比较生涩。小张有一颗上进的心，有一个成为未来总会计师的梦想，但眼下必须首先成为一个会计记账熟练工，成为会计核算能手。

她问老师如何才能像会计师那样熟练应用借贷记账法。老师答：多做练习。为此，接下来的这两章安排账户和借贷记账法学习应用课程时，以制造业主要业务为样本，带领大家熟悉会计账户和借贷记账法的应用。

制造业生产制造产品、提供服务，是要考虑成本的。小张妈妈是公司会计，她小时候去过妈妈办公室。她记得妈妈当时特别忙，有一次是月末，妈妈加了一夜班，说什么要出成本数据。因此她问老师：工业企业核算是不是要算成本？企业同时生产多种产品，发生费用种类多，成本计算岂不是太难了？老师说：只要你理清生产费用的类别，掌握成本费用归集的渠道，记住制造成本构成，成本计算也就简单了。

本章内容包括从资金进入企业到生产过程结束的主要业务，这个阶段资金运动的特点是“投入”，为了赚取利润而投入企业的各种资金，成为企业资产、成本和期间费用。本章重点有两个：一是成本计算，这是制造业企业经营过程的主要业务，也是会计核算方法之一；二是这个阶段常见会计账户以及主要业务的记账方法。

学习目标

了解制造业资金进入企业的主要渠道，掌握采购成本、制造成本的计算方法，熟练运用借贷记账法处理主要业务。

第一节 资金筹集业务的核算

一、资金进入企业的渠道

观察一下资产负债表右边的负债和所有者权益的构成，大家会发现企业的资金来源包括股东投入的资金及其增值和借入的资金。仔细看具体项目构成，会发现企业资金进入企业的主要渠道有：

1. 投资人投入的资本。设立企业必须有法定的资本，这是保证企业正常经营的前提条件。按照投资主体的不同，所有者投入的资本可分为国家投入资本、法人投入资本、个人投入资本和外商投入资本。国家投入资本是指由代表国家投资的政府部门或机构以国有资产投入企业的资本；法人投入资本是指我国具有法人资格的经济实体以其依法可以支配的资产投入企业的资本；个人投入资本是指社会个人或企业内部职工以个人合法财产投入企业的资本；外商投入资本是指外国投资者以及中国香港、澳门和台湾地区投资者投入企业的资本。

投资者可以采用货币资金和实物资产向企业投资，也可以采用无形资产等方式向企业投资，企业实际收缴的资本经验证后即为企业的实收资本。根据资本保全原则，企业的投入资本一般应保持相对稳定，在企业经营期内，除法律、法规另有规定外，投资者一般不得收回。

投资者或者他人投入到企业、所有权归属于投资者，并且投入金额上超过法定资本部分的资本，称为资本公积。资本公积从本质上讲属于投入资本的范畴，其形成的主要原因是由于我国采用注册资本制度，限于法律的规定而无法将资本公积直接以实收资本（或股本）的名义入账。资本公积包括资本溢价、股本溢价和其他资本公积，其中，由资本溢价或股本溢价产生的资本公积按规定可以转增资本金。

2. 向银行及其他金融机构借入的资金。借款的形式可以直接贷款，也可以是发行债券、票据。借款要依约计算支付利息。

3. 向其他企业和个人借入资金。前两种资金筹集手续严格、约束较多，企业还会向其他非金融机构和个人借入资金。

4. 融资租赁。租赁是解决企业自有资产不足的方式，而企业融资租赁本身也是融资方式之一。

5. 结算占款。结算资金占用是在购销业务和其他业务发生过程中占用其他单位和个人的资金。

6. 其他融资渠道。例如补偿贸易借款。

融资是财务管理的主要内容，学习财务管理再学习融资业务的确认和计量会更好，所以本节只介绍资本投入和借款的核算。

二、投入资本的核算

（一）账户设置及结构

1. “实收资本（或股本）”账户。“实收资本”账户用来核算企业实际收到投资者投入的资本。（1）按照经济内容分类，该账户属于所有者权益类账户；（2）按照用途结构分类，该账户属于资本类账户。账户的贷方登记所有者投入企业资本的增加额，借方登记投入资本的减少额，期末余额在贷方，反映企业期末实收资本（或股本）总额。该账户应按投资人设置明细账，进行明细分类核算。

资本账户

资本账户是用来核算和监督企业资本金的增加、减少及其实有数额的账户。资本账户的基本结构如下：

借方	资本账户 贷方
发生额：资本的本期减少额	期初余额：资本的期初结存额 发生额：资本的本期增加额
	期末余额：资本的期末结存额

2. “资本公积”账户。“资本公积”账户用来核算企业收到投资者出资额超出其在注册资本或股本中所占份额的部分，以及直接计入所有者权益的利得和损失等。（1）按照经济内容分类，该账户属于所有者权益类账户；（2）按照用途结构分类，该账户属于资本类账户。账户的贷方登记资本公积的增加额，借方登记由于转增资本金而引起的资本公积减少额，期末余额在贷方，表示资本公积的实有数额。该账户应按资本公积的来源不同，设置“资本溢价”（或“股本溢价”）、“其他资本公积”等明细账户，进行明细分类核算。

（二）账务处理

本章以华夏公司20××年12月发生的经济业务为例，说明制造业企业资金筹集、供应过程及生产过程中主要交易或事项的账务处理。

华夏公司为制造企业，设有一个基本生产车间，生产和销售 A 产品及 B 产品。该公司为增值税一般纳税人，增值税税率为 16%。20××年 12 月 1 日，各账户期初余额如表 4－1 所示。

表 4－1　　20××年 12 月 1 日账户期初余额表　　单位：元

账户名称	借方余额	贷方余额	账户名称	借方余额	贷方余额
库存现金	16 800		短期借款		200 000
银行存款	2 600 000		应付票据		175 500
应收票据	234 000		大宇公司		175 500
兴隆公司	234 000		应付账款		164 200
应收账款	210 600		黄河工厂		94 000
启东公司	70 200		红星工厂		70 200
华达公司	140 400		应交税费		154 710
其他应收款	3 000		未交增值税		62 000
王立	2 000		应交城建税		4 340
李欢	1 000		教育费附加		1 860
原材料	102 800		应交所得税		86 510
甲材料（500kg，@109.6）	54 800		长期借款		80 000
乙材料（800kg，@60）	48 000		实收资本		21 700 000
库存商品	469 710		迅达公司		11 935 000
A 产品（800 件，@237.65）	190 120		吉安公司		7 595 000
B 产品（500 件，@559.18 元）	279 590		至诚公司		2 170 000
固定资产	22 491 600		资本公积		160 000
累计折旧		2 031 600	盈余公积		1 000 000
无形资产	600 000		利润分配		60 000
累计摊销		230 000	未分配利润		60 000
长期待摊费用	57 500		本年利润		830 000
资产合计：24 524 410			负债及所有者权益合计：24 524 410		

【例 4－1】 12 月 1 日，收到迅达公司投入的资金 2 000 000 元，存入银行。

分析：这笔业务的发生，一方面反映投资人投入资本增加，应记入“实收资本”账户的贷方；另一方面反映银行存款增加，应记入“银行存款”账户的借方。其会计分录如（1）所示。

（1）借：银行存款　　　　　　　　　　　2 000 000

　　　　贷：实收资本——迅达公司　　　　　　2 000 000

【例 4 -2】 12 月 1 日，收到吉安公司投入全新机床一台，双方协商按照机床的账面原价 100 000 元作为投入资本入账。

分析：这笔业务的发生，一方面是投资人投入资本增加，应记入“实收资本”账户的贷方；另一方面机床增加，应记入“固定资产”账户的借方。其会计分录如（2）所示。

（2）借：固定资产——机床　　　　　　　　100 000

　　　　贷：实收资本——吉安公司　　　　　　　100 000

【例 4 -3】 12 月 1 日，收到至诚公司以专利技术对企业进行的投资，双方商定价值为 450 000 元。

分析：这笔业务的发生，一方面是投资人投入资本增加，应记入“实收资本”账户的贷方；另一方面增加了专利技术，应记入“无形资产”账户的借方。其会计分录如（3）所示。

（3）借：无形资产——专有技术　　　　　　450 000

　　　　贷：实收资本——至诚公司　　　　　　　450 000

【例 4 -4】 12 月 1 日，经股东大会批准，将资本公积 200 000 元按照实收资本的比例转增资本金。原有实收资本中，迅达公司占 55%，吉安公司占 35%，至诚公司占 10%。

分析：这笔业务的发生，一方面是华夏公司所有者权益中的实收资本增加，应记入“实收资本”账户的贷方；另一方面是所有者权益中的资本公积减少，应记入“资本公积”账户的借方。其会计分录如（4）所示。

（4）借：资本公积　　　　　　　　　　　200 000

　　　　贷：实收资本——迅达公司　　　　　　　110 000

　　　　　　　　　　——吉安公司　　　　　　　70 000

　　　　　　　　　　——至诚公司　　　　　　　20 000

【例 4 -5】 12 月 1 日，接受振华公司以土地使用权进行的投资，该土地使用权评估价为 3 000 000 元，其中 2 600 000 元作为实收资本，另 400 000 元作为资本公积。

分析：这笔业务的发生，一方面是投资人投入资本增加，应记入“实收资本”账户和“资本公积”账户的贷方；另一方面增加了土地使用权，应记入“无形资产”账户的借方。其会计分录如（5）所示。

（5）借：无形资产——土地使用权　　　　3 000 000

　　　　贷：实收资本——振华公司　　　　　　2 600 000

　　　　　　资本公积——资本溢价　　　　　　400 000

华夏公司所有者权益筹资业务的账务处理如图 4 -1 所示，图中括号内的数字为记账凭证（即会计分录）的编号，下同。

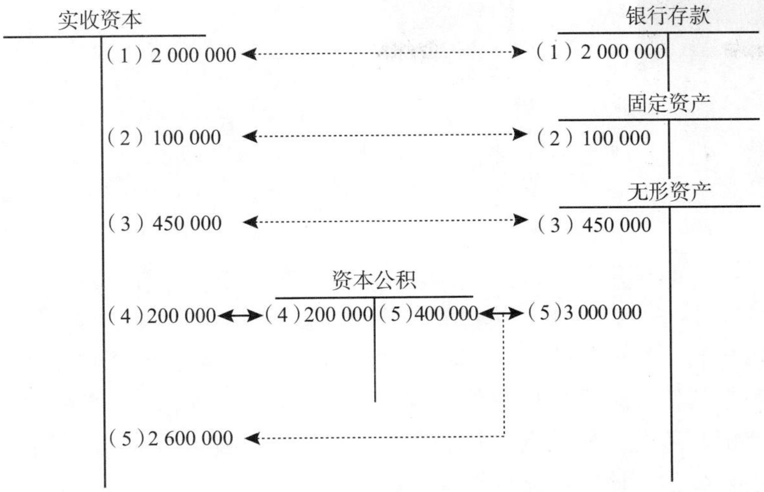

图 4－1　所有者权益筹资业务的账务处理示意

三、借入资金的核算

（一）借入资金的内容

借入资金是企业向银行或其他金融机构借入的资金，按偿还期限不同，可分为短期借款和长期借款。短期借款是指企业为满足生产经营活动所需，向银行或其他金融机构借入的期限在 1 年以内（含 1 年）的各种借款；长期借款是指企业向银行或其他金融机构借入的偿还期超过 1 年的各种借款。

（二）账户设置及结构

1. “短期借款”账户。“短期借款”账户用以核算企业借入的期限在 1 年（含 1 年）以下的各种借款。（1）按照经济内容分类，该账户属于负债类账户；（2）按照用途结构分类，该账户属于结算账户中的债务结算账户。账户的贷方登记各种短期借款的增加数，借方登记归还数，期末余额在贷方，表示尚未归还的各种短期借款金额。该账户应按债权人和借款种类设置明细账，进行明细分类核算。

结算账户

结算账户是用来核算企业与其他单位或个人发生结算关系而产生的各种应收（债权）、应付（债务）结算关系的账户。根据结算业务的性质不同，结算账户又可分为债权结算账户、债务结算账户和债权债务结算账户。其中，债务结算账户的基本结构如下：

借方	债务结算账户 贷方
发生额：债务的本期减少额	期初余额：债务的期初实有数 发生额：债务的本期增加额
	期末余额：债务的期末实有数

2. “长期借款”账户。“长期借款”账户用以核算企业借入的期限在1年（不含1年）以上的各种借款。（1）按照经济内容分类，该账户属于负债类账户；（2）按照用途结构分类，该账户属于结算账户中的债务结算账户。账户的贷方登记各种长期借款的增加数，借方登记归还的长期借款数，期末余额在贷方，表示尚未归还的各种长期借款金额。该账户应按债权人和借款种类设置明细账，进行明细分类核算。

3. “应付利息”账户。“应付利息”账户用来核算企业按照合同约定应支付的利息，包括吸收存款、分期付息到期还本的长期借款、企业债券等应支付的利息。（1）按照经济内容分类，该账户属于负债类账户；（2）按照用途结构分类，该账户属于结算账户中的债务结算账户。账户贷方登记企业按合同利率计算确定的应付未付利息，借方登记归还的利息，期末余额在贷方，表示企业应付未付的利息。该账户可按存款人或债权人设置明细账，进行明细分类核算。

4. “财务费用”账户。“财务费用”账户用来核算企业为筹集生产经营所需资金等而发生的筹资费用，包括借款利息支出（减存款利息收入）和相关的手续费等。（1）按照经济内容分类，该账户属于损益类账户；（2）按照用途结构分类，该账户属于集合汇转账户中的费用集合汇转账户。账户的借方登记财务费用的增加数，贷方登记期末结转到“本年利润”账户的转销数，期末结转后无余额。该账户应按费用项目设置明细账，进行明细分类核算。

集合汇转账户

集合汇转账户是用来汇集企业在某一会计期间内从事经营活动或其他活动的某种收入或支出，并如期结转该项收入或支出的账户。该类账户按照其汇集的性质和经济内容，又可以划分为收入集合汇转账户和费用（支出）集合汇转账户两类。其中，费用集合汇转账户的基本结构如下：

借方	费用集合汇转账户 贷方
发生额：本期发生的各项支出	发生额：期末结转至“本年利润”账户的数额

（三）账务处理

【例4－6】12月1日，因季节性储备材料需要，向银行借款1 000 000元，存入银行。借款期限为6个月，年利率为6%，利息按季支付。

分析：这笔业务的发生，一方面流动负债增加，应记入“短期借款”账户的贷方；另一方面银行存款增加，应记入“银行存款”账户的借方。其会计分录如（6）所示。

（6）借：银行存款　　　　1 000 000
　　　贷：短期借款　　　　1 000 000

【例4－7】12月1日，因设备改造需要，向银行借入3年期借款800 000元，存入银行，年利率为7.5%，到期一次还本付息。

分析：这笔业务的发生，一方面长期负债增加，应记入“长期借款”账户的贷方；另一方面银行存款增加，应记入“银行存款”账户的借方。其会计分录如（7）所示。

（7）借：银行存款　　　　800 000
　　　贷：长期借款　　　　800 000

【例4－8】12月31日，计提应由本月负担的银行短期借款利息6 000元（包括期初借款和本期借款的利息）。

短期借款利息的计算公式为：

$$短期借款利息 = 借款本金 \times 利率 \times 时间$$

公式中的利率是指年利率，为计算企业在各月应支付的利息，应换算为月利率和日利率：

$$月利率 = 年利率 \div 12$$

$$日利率 = 月利率 \div 30$$

利息支付方式及账务处理方法：

a. 按季度或半年支付。按照权责发生制原则要求，采用预提方式确认。记入各月的“财务费用”和“应付利息”账户。

b. 按月度支付。直接记入本月的“财务费用”和“银行存款”账户。

分析：根据权责发生制原则，按季结算的利息支出应按月计提。因此这笔业务的发生，一方面要记入“财务费用”账户的借方；另一方面增加了应付费用，记入“应付利息”账户的贷方。其会计分

提示：借款费用有两种处理方法——费用化和资本化。此处仅作费用化处理。资本化内容在《中级财务会计学》中会做详细介绍。

录如（8）所示。

（8）借：财务费用　　　　　　　　　　　　6 000
　　　　贷：应付利息　　　　　　　　　　　　6 000

【例 4－9】 12 月 31 日，计提应由本月负担的银行长期借款利息 5 000 元。

分析：根据权责发生制原则，应由本月负担的利息支出应计入本月费用。因此这笔业务的发生，一方面要记入“财务费用”账户的借方；另一方面增加了长期负债（假定借款利息到期一次支付），记入“长期借款”账户的贷方。其会计分录如（9）所示。

（9）借：财务费用　　　　　　　　　　　　5 000
　　　　贷：长期借款　　　　　　　　　　　　5 000

华夏公司负债筹资业务的账务处理如图 4－2 所示。

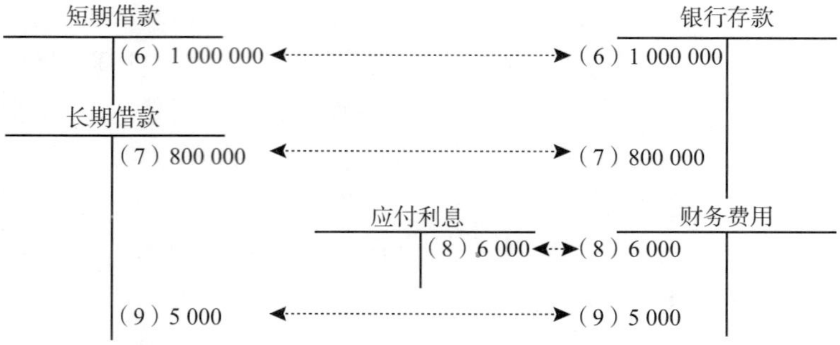

图 4－2　负债筹资业务账务处理示意

第二节　供应过程业务的核算

一、供应过程的主要经济业务内容

供应过程是企业生产过程的准备阶段。制造业企业要进行产品生产，必须建造厂房、建筑物，购置机器设备，购买生产经营活动所需的各种材料物资，形成材料储备等。供应过程的会计业务主要包括采购成本计算和账务处理。

（一）供应过程的成本计算

采购过程的核心会计业务之一是计算采购成本、控制采购资金的占用，包括固定资产购建业务和材料采购成本的计算。固定资产是指为生产商品、提供劳务、出租或经营管理而持有的、使用寿命超过一个会计年度、单位价值较高的有形资产。企业中常见的固定资产包括房屋、建筑物、机器、机械、运输工具以及其他与生产经营活动有关的设备、器具、工具等。材料物资包括原材料、包装物和低值易耗品等商品。

根据会计准则，资产的初始计量一般采用历史成本计量。固定资产和材料物资的采购成本自然应该按照实际成本计算。实际成本是指固定资产和材料物资达到预计使用状态前发生的一切必要的、合理的支出，具体包括：

（1）买价。购买固定资产和材料物资的价款。

（2）物流费用。包括采购过程的运输、装卸、保险等费用。

（3）安装整理费。固定资产的安装费，材料物资的挑选整理入库费。

（4）税金。采购过程由买方负担的税金，包括增值税、进口环节的关税、消费税。关税和消费税都应该计入采购成本，从国内外采购支付的增值税要分具体情况处理。概括地说，一般纳税人取得可以抵扣的发票，不计入成本，而记入“应交税费”下设的增值税明细账户；一般纳税人如果没有取得可以抵扣的发票，或者是小规模纳税人支付的增值税，则要计入采购成本。

增值税的计税公式

增值税是对销售商品、提供劳务和服务（包括加工、修理修配、交通运输、邮政、电信、金融、建筑、现代服务等）的单位和个人在经营过程中取得的增值额作为计税依据而征收的一种流转税。增值税纳税人分为一般纳税人和小规模纳税人。

一般纳税人采取价外计税，价税分开，进项扣税法。其计税公式如下：

应交增值税 = 当期销项税额 − 当期进项税额

一般纳税人采购过程取得可以抵扣增值税的发票，所支付的增值税作为进项税额入账。

小规模纳税人采取简易计税法，其计税公式为：

应交增值税 = 当期计税销售额 × 征收率

小规模纳税人采购业务不得索取增值税专用发票，支付增值税计入成本。

为了核算一般纳税人增值税，需要在“应交税费”账户下设置与应交增值税相关的明细账户。“应交税费”账户用来核算企业按照税法规定计算交纳的各项税费。（1）按照经济内容分类，该账户属于负债类账户；（2）按照用途结构分类，该账户属于结算账户中的债务结算账户。该账户贷方登记应交纳的各项税费，借方登记实际交纳的税费。期末余额一般在贷方，反映企业尚未交纳的税费；期末余额如在借方，则反映为企业多交的税费。该账户按应交的税费种类设置明细账，进行明细分类核算。我国现行税种有 17 个，包括增值税、消费税、资源税、城市维护建设税、土地增值税、房产税、车船税、土地使用税、所得税等。其中增值税收入是所有税种中收入占比最高的一个，因其独特的计税原理，涉及购销两个环节。应交增值税核算非常复杂，共下设“应交增值税”等 9 个明细账，在此我们仅介绍购销业务常用的“应交税费——应交增值税”明细账。

“应交税费——应交增值税”明细账

应交增值税 = 当期应税销售额 × 增值税率 − 当期进项税额

借方	贷方
期初余额：上期留抵税额	
进项税额	销项税额
缴纳本期应交增值税	转出多交增值税
转出未交增值税	
期末余额：留下期抵扣进项税额	

成本计算是企业会计核算的重要内容，成本指标是成本管理的基础数据。为了完成成本计算任务，企业需要设置成本计算账户，通过成本计算账户计算的实际成本与计划成本或标准成本相比较，为企业考核成本控制绩效、分析影响成本的因素等提供数据。成本计算账户一般按成本计算内容设立，如固定资产成本计算账户“在建工程”、材料采购成本计算账户“材料采购”、产品生产成本计算账户“生产成本”等。成本计算账户一般按成本计算对象设立明细账。

成本计算账户

成本计算账户是指用于归集某一经营阶段所发生的费用并据以计算本阶段各个成本计算对象实际成本的账户。成本计算账户的基本结构如下：

借方　　成本计算账户	贷方
期初余额：期初尚未完成的成本计算对象的实际成本 发生额：本期发生的全部有关费用	发生额：结转已完成转出的成本计算对象的实际成本
期末余额：期末尚未完成转出的成本计算对象的实际成本	

（二）采购业务账务处理

供应过程的账务处理包括资产采购和付款、应付款项结算。下面具体介绍固定资产和材料采购业务的账务处理。

二、固定资产购置业务的核算

（一）账户设置及结构

1. “固定资产”账户。“固定资产”账户用来核算企业固定资产原始价值的增加、减少及结存情况。（1）按照经济内容分类，该账户属于资产类账户；（2）按照用途结构分类，该账户属于盘存账户。账户借方登记以各种方式形成的固定资产原始价值的增加数，贷方登记由于出售、转让、报废、毁损等而引起的固定资产原始价值的减少数，期末余额在借方，表示期末企业固定资产的原始价值。该账户按固定资产的类别、项目设置明细账，进行明细分类核算。

盘存账户

盘存账户是用来核算和监督可以进行实物盘点的各种财产物资和货币资金增减变动及其实有数额的账户。盘存账户的基本结构如下：

借方　　盘存账户	贷方
期初余额：财产物资期初结存额 发生额：财产物资本期增加额	发生额：财产物资本期减少额
期末余额：财产物资期末结存额	

2. “在建工程”账户。“在建工程”账户用来核算企业进行设备

安装工程（包括需要安装设备的购买价值）、建造固定资产的建筑工程等发生的支出，并据以计算完工工程的成本。（1）按照经济内容分类，该账户属于资产类账户；（2）按照用途结构分类，该账户属于成本计算账户。账户借方登记安装设备或建筑工程等发生的各项购建支出，贷方登记安装或建筑工程完工后结转入“固定资产”账户的工程实际成本，期末余额在借方，表示期末尚未完工工程的实际成本。该账户按工程的类别、项目设置明细账，进行明细分类核算。

（二）账务处理

【例 4 – 10】 12 月 2 日，从盛达机械厂购入不需要安装设备一台，盛达机械厂开来的增值税专用发票上注明价款 140 000 元，增值税额 22 400 元，款项已用银行存款支付，设备已交付车间使用。

分析：这笔业务的发生，一方面因购入设备而增加了固定资产，应记入“固定资产”账户的借方，同时，支付的具有垫付性质并可抵扣的增值税应记入“应交税费——应交增值税（进项税额）”账户的借方；另一方面银行存款减少，应记入“银行存款”账户的贷方。其会计分录如（10）所示。

（10）借：固定资产——生产用固定资产　　140 000
　　　　　应交税费——应交增值税（进项税额）
　　　　　　　　　　　　　　　　　　　　　22 400
　　　　贷：银行存款　　　　　　　　　　　　162 400

【例 4 – 11】 12 月 3 日，从平安锅炉厂购入锅炉一台，平安锅炉厂开来的增值税专用发票上注明价款 500 000 元，增值税额 80 000 元。同时收到货运发票，对方代垫运费 8 000 元（为简化，运费不考虑进项税额），所有款项均用银行存款支付。

分析：这笔业务的发生，一方面待安装的资产项目增加，应记入“在建工程”账户的借方，同时，支付的具有垫付性质并可抵扣的增值税应记入“应交税费——应交增值税（进项税额）”账户的借方；另一方面银行存款减少，应记入“银行存款”账户的贷方。其会计分录如（11）所示。

（11）借：在建工程——锅炉工程　　　　508 000
　　　　　应交税费——应交增值税（进项税额）
　　　　　　　　　　　　　　　　　　　　　80 000
　　　　贷：银行存款　　　　　　　　　　　　588 000

【例 4 – 12】 12 月 5 日，将锅炉发包给鲁通安装公司安装，以银行存款支付安装费 10 000 元（为简化，安装费不考虑进项税额）。

分析：这笔业务的发生，一方面华夏公司的在建工程成本增加，应记入“在建工程”账户的借方；另一方面银行存款减少，应记入

“银行存款”账户的贷方。其会计分录如（12）所示。

（12）借：在建工程——锅炉工程　　　　10 000
　　　　贷：银行存款　　　　　　　　　　10 000

【例4－13】 12月8日，锅炉安装完毕，经验收达到预定可使用状态，交付车间使用。

分析：这笔业务的发生，一方面华夏公司的固定资产增加，其原始价值为518 000元（508 000＋10 000），应记入“固定资产”账户的借方；另一方面在建工程完工结转，应记入“在建工程”账户的贷方。其会计分录如（13）所示。

（13）借：固定资产——生产用固定资产　　518 000
　　　　贷：在建工程——锅炉工程　　　　518 000

华夏公司固定资产购置业务的账务处理如图4－3所示。

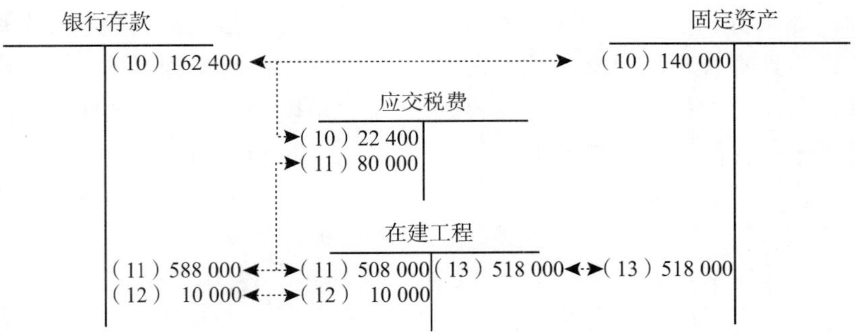

图4－3　固定资产购置业务账务处理示意

三、材料采购业务的核算

（一）材料采购业务的内容

在材料采购过程中，企业一方面要根据供应计划和合同的规定，从购买单位取得所需的各种材料，同时，也要与有关单位进行货款和各种采购费用的结算。材料运达企业，经验收入库后，即为企业可供生产领用的库存材料。材料的买价加上各项采购费用，就构成了材料的采购成本。因此，材料的买价、增值税和各项采购费用的发生和结算，以及材料采购成本的计算，就构成了供应过程经济业务核算的主要内容。

（二）材料采购成本的计算

材料的采购成本，是指企业为采购一定种类和数量的材料而发生的各种耗费之和，主要由以下两个成本项目组成：

1. 买价。是指企业完成采购材料过程并支付货款后，由供应商开具的增值税发票上所列明的价款，一般根据所购买材料的单价和数量计算确定，但不包括增值税发票上的增值税额。

2. 采购费用。指将所采购的材料运达企业，以及将材料验收入库过程中发生的相关费用，如运输费、装卸费、包装费、保险费、运输途中的合理损耗、入库前的挑选整理费用等。

为了简化材料核算工作，对采购人员的差旅费、专设采购机构的经费、零星市内运输费以及供应部门和仓库的经费不列入采购成本，在制造费用或管理费用列支。

材料采购成本的计算就是以各种外购材料的品种作为成本计算对象，将材料采购过程中所发生的材料买价和有关采购费用，按照材料的品种加以分别归集分摊，计算其采购总成本和单位成本。

企业购入两种或两种以上材料所发生的费用，凡能分清负担对象的，如买价，应直接计入各种材料的采购成本；凡不能分清负担对象的，应选择合理的分配方法，分配计入有关材料的采购成本，例如，采购费用中的运输费，可按材料的重量或体积为标准进行分配；采购费用中的保险费，可按所购材料的买价为标准进行分配。

$$\text{采购费用分配率} = \text{实际发生的采购费用} \div \text{各种材料的重量（或买价、体积）之和}$$

$$\text{某种材料应分担的采购费用} = \text{该材料的重量（或买价、体积）} \times \text{采购费用分配率}$$

（三）账户设置及结构

解释：计划成本核算法将在《中级财务会计学》中介绍。

1. “在途物资”账户。“在途物资”账户用以核算企业购入但尚未入库材料物资的买价和采购费用，据以确定材料物资采购的实际成本。（1）按照经济内容分类，该账户属于资产类账户；（2）按照用途结构分类，该账户属于成本计算账户（若账户有余额，则该账户也属于盘存账户）。账户的借方登记购入的在途材料的实际成本（包括买价和采购费用）；贷方登记材料验收入库转入“原材料”账户借方的实际成本。月末若有借方余额，表示尚未验收入库的在途材料的成本。该账户应按材料品种、类别设置明细账，进行明细分类核算。

2. “原材料”账户。“原材料”账户用以核算企业库存各种材料，包括原料及主要材料、辅助材料、外购半成品（外购件）、修理用备件（备用件）、包装材料、燃料等的增减变动情况及其结存情况。（1）按照经济内容分类，该账户属于资产类账户；（2）按照用途结构分类，该账户属于盘存账户。账户的借方登记已验收入库的各种材料的成本；贷方登记发出材料的成本，月末余额在借方，表示库存材料的成本。该账户应按材料的品种、规格设置明细账，进行明细分类核算。

“材料采购”账户

如果企业要考核采购成本，应该设立“材料采购”账户，不需要设“在途物资”账户。在计划成本法下还需要设“材料成本差异”账户。

“材料采购”账户用以核算企业购入材料的买价和采购费用，计算确定采购材料的实际成本。按照经济内容分类，该账户属于资产类账户；按照用途结构分类，该账户属于成本计算账户（在计划成本法下，该账户也属于计价对比账户）。该账户的借方登记购入材料的买价和采购费用，贷方登记验收入库材料的成本，期末如有余额应在借方，表示在途材料的采购成本。

“材料采购”账户与“原材料”账户的关系如下：

材料采购			原材料	
期初余额：在途材料成本			期初余额：库存材料成本	
发生额：①材料买价 ②采购费用	发生额：入库材料成本	······➤	发生额：入库材料成本	发生额：发出材料成本
期末余额：在途材料成本			期末余额：库存材料成本	

3. “预付账款”账户。“预付账款”账户用以核算企业因购买材料、物资和接受劳务供应等，按照购货合同的规定预先支付给供应商的款项及其结算情况。（1）按照经济内容分类，该账户属于资产类账户；（2）按照用途结构分类，该账户属于结算账户中的债权结算账户（亦可用作债权债务结算账户）。该账户的借方登记企业预先支付给供应商的货款和补付的货款，贷方登记企业收到所购物品应结转的预付货款和供应商退回的多预付货款。期末余额一般在借方，反映企业期末预付货款的结余额；期末如为贷方余额，反映企业尚未补付的款项（即实际应付货款超过原预付款的差额）。该账户应按供应单位设置明细账，进行明细分类核算。

借方　　　　　　　　　　　债权结算账户	贷方
期初余额：债权的期初实有数	
发生额：债权的本期增加额	发生额：债权的本期减少额
期末余额：债权的期末实有数	

4. “应付账款”账户。“应付账款”账户用以核算企业因购买材料、物资和接受劳务供应等而应付给供应单位的款项及其偿还情况。（1）按照经济内容分类，该账户属于负债类账户；（2）按照用途结构分类，该账户属于结算账户中的债务结算账户（亦可用作债权债务结算账户）。该账户的贷方登记应付未付的款项；借方登记已偿还款项的数额。期末余额一般在贷方，表示期末尚未偿还的应付款项；期末如为借方余额，表示企业预付的款项。该账户应按供应单位设置明细账，进行明细分类核算。

借方	债权债务结算账户　　　　贷方
期初余额：期初债权大于债务的差额 发生额：本期债权增加额、债务减少额	期初余额：期初债务大于债权的差额 发生额：本期债务增加额、债权减少额
期末余额：期末债权大于债务的差额	期末余额：期末债务大于债权的差额

5. “应付票据”账户。“应付票据”账户用以核算企业购买材料物资、接受劳务供应时所开出、承兑的商业汇票，包括银行承兑汇票和商业承兑汇票。（1）按照经济内容分类，该账户属于负债类账户；（2）按照用途结构分类，该账户属于债务结算账户。账户的贷方登记企业开出、承兑商业汇票的数额，借方登记到期支付的票据款，期末贷方余额表示尚未到期的应付票据数额。该账户应按债权人和票据种类设置明细账，进行明细分类核算。

（四）账务处理

1. 货款已支付，材料已验收入库。

【例4-14】12月7日，从外地星光公司购入甲材料800千克，单价100元，增值税额为12 800元；购入乙材料1 200千克，单价50元，增值税额为9 600元。对方代垫运费并转来承运单位开具的货物运输业增值税专用发票，发票上注明运费5 000元，增值税税率10%，税额500元。材料已入库，货款及运费已通过银行转账支付，运费按照材料重量比例进行分配。

采购费用分配率＝5 000÷(800＋1 200)＝2.5（元/千克）

甲材料应分担的采购费用＝800×2.5＝2 000（元）

乙材料应分担的采购费用＝1 200×2.5＝3 000（元）

分析：这笔业务的发生，一方面甲材料的采购成本增加了82 000元（买价80 000元加应负担的运费2 000元），乙材料的采购成本增加了63 000元（买价60 000元加应负担的运费3 000元），应记入“原材料”账户的借方，同时企业在购入材料时支付了22 900元增值税（12 800 + 9 600 + 500），应记入“应交税费——应交增值税（进项税额）”账户的借方；另一方面银行存款减少，应记入“银行存款”账户的贷方。其会计分录如（14）所示。

（14）借：原材料——甲材料　　82 000
　　　　　　　　——乙材料　　63 000
　　　应交税费——应交增值税（进项税额）
　　　　　　　　　　　　　　22 900
　　　贷：银行存款　　　　　　167 900

2. 货款已支付，材料尚未验收入库。

【例 4 – 15】 12 月 8 日，从本市祥云公司购入一批乙材料，共 2 500 千克，单价 50 元，增值税专用发票注明价款 125 000 元，增值税额 20 000 元。货款已通过银行转账支付，材料尚在运输途中。

分析：这笔业务的发生，一方面因采购乙材料，支付买价 125 000 元，因材料尚未入库，因此应记入“在途物资”账户的借方，同时企业在购入货物时支付了 20 000 元增值税，应记入“应交税费——应交增值税（进项税额）”账户的借方；另一方面银行存款减少，应记入“银行存款”账户的贷方。其会计分录如（15）所示。

（15）借：在途物资——乙材料　　125 000
　　　应交税费——应交增值税（进项税额）
　　　　　　　　　　　　　　20 000
　　　贷：银行存款　　　　　　145 000

【例 4 – 16】 12 月 10 日，上述从祥云公司购入的乙材料运达企业并验收入库。

分析：这笔业务的发生，一方面库存材料增加，应记入“原材料”账户的借方；另一方面在途材料减少，应记入“在途物资”账户的贷方。其会计分录如（16）所示。

（16）借：原材料——乙材料　　125 000
　　　贷：在途物资——乙材料　　125 000

3. 发票账单已收到，材料已验收入库，但货款暂未支付。

【例 4 – 17】 12 月 10 日，从本市黄河工厂购入一批甲材料，共计 1 000 千克，单价 100 元，增值税专用发票上注明的增值税额为 16 000 元。材料已验收入库，款项尚未支付。

分析：这笔业务的发生，一方面因采购甲材料，支付买价（不含税）100 000 元，应记入“原材料”账户的借方，同时企业在购入货物时支付了 16 000 元增值税，可作为进项税额扣除，故应记入“应交税费——应交增值税（进项税额）”账户的借方；另一方面货款尚未支付，形成一笔负债，应记入“应付账款”账户的贷方。其会计分录如（17）所示。

（17）借：原材料——甲材料　　100 000
　　　应交税费——应交增值税（进项税额）
　　　　　　　　　　　　　　16 000
　　贷：应付账款——黄河工厂　　116 000

【例4-18】 12月18日，从本市红星工厂购入一批乙材料，共1 000千克，单价50元，增值税专用发票注明的增值税额为8 000元。材料已入库，签发一张金额为58 000元、承兑期为6个月的商业承兑汇票并交给红星工厂。

分析：这笔业务的发生，一方面因采购乙材料，支付买价50 000元，应记入“原材料”账户的借方，同时企业在购入货物时支付了8 000元增值税，应记入“应交税费——应交增值税（进项税额）”账户的借方；另一方面因签发商业汇票，形成一笔负债，应记入“应付票据”账户的贷方。其会计分录如（18）所示。

（18）借：原材料——乙材料　　50 000
　　　应交税费——应交增值税（进项税额）
　　　　　　　　　　　　　　8 000
　　贷：应付票据——红星工厂　　58 000

【例4-19】 12月18日，以银行存款偿付上月所欠红星工厂货款70 200元。

分析：这笔业务的发生，一方面因偿还前欠购入材料款，应记入“应付账款”账户的借方；另一方面银行存款减少，应记入“银行存款”账户的贷方。其会计分录如（19）所示。

（19）借：应付账款——红星工厂　　70 200
　　贷：银行存款　　70 200

【例4-20】 12月25日，应付大宇公司的商业汇票到期，通过银行转账付讫。

分析：这笔业务的发生，一方面因偿付到期票据，使负债减少，应记入“应付票据”账户的借方；另一方面银行存款减少，应记入“银行存款”账户的贷方。其会计分录如（20）所示。

（20）借：应付票据——大宇公司　　175 500
　　贷：银行存款　　175 500

4. 以预先支付货款的方式购进材料。

【例4-21】 12月16日，按照购销合同规定，向外地海天公司预付购买甲材料的货款100 000元。

分析：这笔业务的发生，一方面因预付货款使债权增加，应记入“预付账款”账户的借方；另一方面银行存款减少，应记入“银行存款”账户的贷方。其会计分录如（21）所示。

（21）借：预付账款——海天公司　　　　　　100 000
　　　　贷：银行存款　　　　　　　　　　　　100 000

【例4－22】12月20日，收到从海天公司购入的甲材料，共1 100千克，单价100元，增值税专用发票注明的材料价款为110 000元，增值税额为17 600元，材料已验收入库。

分析：这笔业务的发生，一方面甲材料增加，应记入“原材料”账户的借方，同时可抵扣的增值税增加，应记入“应交税费——应交增值税（进项税额）”账户的借方；另一方面预付账款减少，应记入“预付账款”账户的贷方。其会计分录如（22）所示。

（22）借：原材料——甲材料　　　　　　　　110 000
　　　　应交税费——应交增值税（进项税额）17 600
　　　　贷：预付账款——海天公司　　　　　　127 600

思考：当“预付账款”账户出现贷方余额时，应如何理解?

【例4－23】12月21日，以银行存款27 600元补付海天公司的货款。

分析：这笔业务的发生，一方面因补付货款，使负债减少，应记入“预付账款”账户的借方；另一方面银行存款减少，应记入“银行存款”账户的贷方。其会计分录如（23）所示。

（23）借：预付账款——海天公司　　　　　　27 600
　　　　贷：银行存款　　　　　　　　　　　　27 600

比一比：用“材料采购”账户的账务处理（以例4－14为例）

购入材料时：

借：材料采购——甲材料　　　　　　　　82 000
　　　　　　——乙材料　　　　　　　　63 000
　　应交税费——应交增值税（进项税额）22 900
　　贷：银行存款　　　　　　　　　　　　167 900

材料验收入库时：

借：原材料——甲材料　　　　　　　　82 000
　　　　　——乙材料　　　　　　　　63 000
　　贷：材料采购——甲材料　　　　　　　82 000
　　　　　　　　——乙材料　　　　　　　63 000

华夏公司材料采购业务的账务处理如图 4－4 所示。

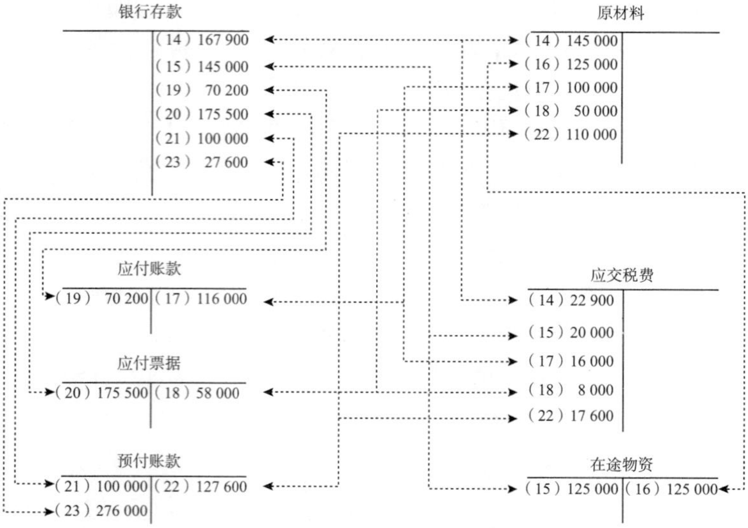

图 4－4　材料采购业务账务处理示意

第三节　生产过程业务的核算

一、生产过程业务核算的主要内容

（一）费用及其分类

制造业企业的生产经营过程，既是价值的创造过程，也是资金的耗费过程。企业在生产经营活动中必然要发生各种人力、物力和财力的耗费，这些耗费的货币表现称为费用。

有的费用发生后，应按照一定对象（如产品、材料等）进行归集和分配，即构成该对象的成本，如在供应过程中所支付的材料买价、采购费用按各种材料进行归集，构成各种材料的采购成本；在生产过程中所发生的生产费用按各种产品进行归集，构成各种产品的生产成本等。还有的费用发生后不能归属于某个特定对象，而是直接计入当期损益，这类费用称为期间费用。

期间费用

期间费用是指不能直接归属于某个特定对象的费用，这类费用的发生与当期的管理或产品销售等相关，而与产品的制造过程无直接关系，因而不能列入产品制造成本，需要在发生的当期从损益中扣除。期间费用包括管理费用、销售费用和财务费用。

本节主要介绍生产费用的核算。

在生产过程中，工人借助于劳动资料对劳动对象进行加工，制成劳动产品。生产过程中所发生的各种耗费，称为生产费用，主要包括为生产产品所消耗的原材料、辅助材料、燃料和动力，生产工人的工资及其他薪酬，厂房、机器设备等的折旧费，以及为管理和组织生产而发生的各种费用。这些生产费用，要按一定种类的产品进行归集和分配，以计算产品的生产成本。

在制造成本法下，产品生产成本的主要内容有：

1. 劳动资料耗费的费用，包括厂房、建筑物、机器设备等固定资产折旧。

2. 劳动对象耗费的费用，包括原材料、辅助材料、燃料等。

3. 活劳动耗费的费用，包括工资、福利费及其他薪酬。

4. 其他费用，指为生产产品而发生的间接费用。

在进行产品生产成本计算时，原则上把上述各种生产费用归纳为下列三个成本项目：

1. 直接材料：是指企业在生产经营过程中实际消耗的原材料、辅助材料、备品配件、外购半成品、燃料、动力、包装物及其他直接材料。

2. 直接人工：是指企业直接从事产品生产人员的工资、奖金、津贴和补贴，以及直接从事产品生产人员的福利费及其他薪酬。

3. 制造费用：是指为生产产品和提供劳务而发生的各种间接费用，如车间管理人员、技术人员的工资及其他薪酬、车间使用的固定资产折旧费、车间水电费、机物料耗费等。

计算产品成本时，应将生产过程中发生的各项生产费用，按产品的名称或类别进行归集和分配，以便分别计算各种（类）产品的总成本和单位成本。

通过成本计算，可以取得产品实际成本的资料，正确地计量耗费，确定补偿标准，正确确定企业损益；通过成本计算，可以分析成本升降原因，挖掘降低成本潜力，有效地控制各项费用支出，达到预期的成本目标；通过成本计算，可以为成本预测、规划以及制定产品价格提供参考资料，为企业经营决策提供重要依据。

（二）产品成本计算的一般要求

成本计算的过程，实际上是费用归集和分配的过程。要做好成本计算工作，应当遵循以下几点要求：

1. 正确划分支出与费用、费用与成本的界限。

（1）支出与费用的界限。支出和费用是两个不同的概念，支出的范围更为广泛。支出包括企业全部货币支出。在这些支出中，有些与企业的生产经营有关，有些与企业生产经营无关，有些是属于资本性的支出或其他支出。不同的支出，其补偿的方式是不同的。在进行成本计算时，只有与产品生产和销售有关，应当从产品销售收入中得到补偿的支出，才能计入产品成本；凡是与产品的生产和销售无关，不应从产品销售收入中得到补偿的其他各种支出，均不能计入产品成本。如应从利润中抵减的营业外支出等，均不能计入产品成本。

（2）费用与成本的界限。费用和成本也是两个不同的概念，只有与产品生产和销售有关的费用，才能计入产品成本。但是已发生的与产品生产和销售有关的费用并不一定等于已经形成的产品成本，因为费用和成本的经济内容虽然是一致的，但两者的计算基础不同。费用是按照一定会计期间汇集的资金耗费，而成本是以产品为对象进行归集的资金耗费。可见，费用要按对象归集后才能形成成本。

2. 按权责发生制的要求划分各月份的费用界限。企业一般是按月计算产品成本的，要正确合理地计算各月成本，必须按照权责发生制原则的要求，正确划分费用的归属期。对于应由本月成本负担的费用，不论是否支付，都应全部在本月予以确认，而对于不属于本期成本负担的费用，即使已经支付，也不能计入本期成本。

（三）产品成本计算程序

成本计算的具体内容和程序取决于企业生产的特点和管理的要求。不同类型的企业，同一企业的不同生产经营阶段上的成本计算都会有其各自的特点。但是它们在成本计算的内容、程序方面也有共同点。

1. 确定成本计算对象。成本计算对象是指成本计算过程中归集和分配费用的对象，即费用的承担者。进行成本计算时必须首先确定成本计算对象，这是进行成本计算的前提条件。

一般地说，成本计算的对象应为劳动耗费的受益物。例如，制造业企业在供应过程中，为采购材料所发生的各种费用，应当以材料的品种或类别作为成本计算对象进行归集和分配，计算材料采购成本；在生产过程中，为生产一定数量和种类的产品所发生的各种费用，应以各种产品为成本计算对象进行归集和分配，计算产品生产成本。

2. 确定成本计算期。成本计算期是指计算成本的间隔时间。一般地讲，成本计算期应与产品的生产周期相一致，但这要取决于企业生产组织的特点。如果是单件、小批量生产，就可以按产品的生产周期确定成本计算期；如果是反复不断地大量生产同一种产品或几种产品，那就只能按月计算成本。

3. 确定成本项目。成本是由费用转化而来的，为了便于进行成本计算和进行成本构成的分析，要将不同的费用进行分类，这些成本计算时归集费用的项目称为成本项目。在制造业企业中，产品生产成本项目一般包括直接材料、直接人工和制造费用。

4. 正确归集和分配各种费用。成本计算的过程，实际上是生产费用按一定成本计算对象进行归集和分配的过程，但并非所有的费用都计入产品成本。正确地归集和分配各种费用，应按照费用的发生与成本计算的依存关系，将属于成本开支的费用划分为直接费用和间接费用。凡能直接计入某一成本计算对象的费用，称为直接费用；凡不能直接计入成本计算对象、需在不同成本计算对象之间进行分配的费用，称为间接费用。对间接费用进行分配，就必须选择合理的分配标准，因为分配间接费用的标准是否合理，对成本计算的正确性影响很大。对于间接费用分配标准的选用应当慎重，一经选用，不得随意改变，以保持各期成本计算口径的一致性。

5. 健全成本计算原始记录，编制成本计算表。各种费用明细分类账是按照成本计算对象设置的，并据各种费用凭证按成本项目在各明细账中进行归集和分配，为成本计算提供必要的数据资料。然后根据有关明细分类账中的资料，按照成本项目分别编制材料采购成本计算表、产品生产成本计算表等，借以反映各成本计算对象的总成本和单位成本。

产品生产成本的计算主要是通过生产成本明细分类账的登记进行的。生产过程中直接发生的原材料、工资等费用直接记入生产成本明细账，共同发生的制造费用需在有关产品之间进行合理分配，根据分配结果记入生产成本明细分类账。期末，如有未完工的在产品，归集起来的生产费用还要在完工产品和在产品之间进行分配。最后，根据完工产品的成本资料，编制“产品生产成本计算表”，以确定产品的总成本和单位成本。

二、账户设置及结构

（一）“生产成本”账户

“生产成本”账户用以核算企业生产各种产品（包括产成品、自

生产成本计算
账户体系

制半成品）所发生的各项生产费用。（1）按照经济内容分类，该账户属于成本费用类账户；（2）按照用途结构分类，该账户属于成本计算账户（若账户有余额，则该账户也属于盘存账户）。账户的借方登记为进行产品生产而发生的各项生产费用（包括直接材料、直接人工和制造费用），贷方登记应结转的完工产品的实际生产成本。余额一般在借方，表示生产过程中尚未完工的在产品的实际生产成本。该账户应按产品种类设置明细账，进行明细分类核算。

（二）“制造费用”账户

“制造费用”账户用以核算在车间范围内为组织和管理产品生产所发生的、不便于直接计入生产成本的各项间接费用。（1）按照经济内容分类，该账户属于成本费用类账户；（2）按照用途结构分类，该账户属于集合分配账户。账户的借方登记月份内发生的各种制造费用，贷方登记分配结转应由各种产品负担的制造费用，月末一般无余额。该账户应按车间分设明细账，进行明细分类核算。

集合分配账户

集合分配账户是用来汇集经营过程中某一阶段所发生的各项间接费用，然后按一定标准在一定的对象间加以分配的账户。集合分配账户的基本结构如下：

借方　　　　集合分配账户	贷方
发生额：归集本期有关间接费用的发生额	发生额：分配本期有关间接费用的数额

“生产成本”账户和“制造费用”账户虽同属成本类账户，但应注意区别。凡能直接计入成本核算对象的直接费用，如直接用于产品生产的原材料（即直接材料）和直接从事产品生产的工人工资和福利费（即直接人工），在发生时应直接记入“生产成本”账户；凡不能直接确认成本核算对象的间接费用，如车间房屋的折旧费、机器设备折旧费、车间水电费等，在发生时应先汇总记入“制造费用”账户，月终再按一定分配方法和标准在各成本核算对象之间进行分配时，转入“生产成本”账户。

（三）“应付职工薪酬”账户

“应付职工薪酬”账户用以核算企业应付给职工和为职工发生的

各种薪酬及其结算，包括职工工资、奖金、津贴和补贴；职工福利；社会保险；住房公积金；工会经费和职工教育经费；非货币性福利；辞退福利；股份支付等。（1）按照经济内容分类，该账户属于负债类账户；（2）按照用途结构分类，该账户属于债务结算账户。该账户的贷方登记应付给职工的工资数，借方登记实际支付给职工的工资数，余额一般在贷方，表示应付未付的工资数。该账户应按职工类别、工资总额的组成内容等设置明细账，进行明细分类核算。

（四）“管理费用”账户

“管理费用”账户用以核算企业行政管理部门为组织和管理生产经营活动而发生的费用。包括工资和福利费、业务招待费、无形资产摊销、职工教育经费、坏账损失等。（1）按照经济内容分类，该账户属于损益类账户；（2）按照用途结构分类，该账户属于集合汇转账户中的费用集合汇转账户。账户的借方登记各项管理费用的发生额，贷方登记月末一次结转到“本年利润”账户的数额，月末结转后本账户应无余额。该账户应按费用项目设置明细账，进行明细分类核算。

（五）“累计折旧”账户

“累计折旧”账户用以核算企业的固定资产在使用过程中累计损耗的价值。（1）按照经济内容分类，该账户属于资产类账户；（2）按照用途结构分类，该账户属于调整账户中的备抵账户。账户的贷方登记按月计算提取的固定资产折旧额，借方登记固定资产因出售、报废、毁损等原因减少时应注销的固定资产累计折旧额，期末余额在贷方，表示期末企业所拥有的固定资产已累计提取的折旧额。该账户应按固定资产的类别设置明细分类账，进行明细分类核算。

调整账户

调整账户是用来调整相关的被调整账户的余额，将被调整账户余额的原始数据调整为实际数据的账户。调整账户按其调整方式的不同，可以分为备抵（或称抵减）调整账户、附加调整账户、备抵附加调整账户。

备抵调整账户是用来抵减某被调整账户余额，以求得被调整账户实际数额的账户。这类调整账户的特点是：调整账户与被调整账户的性质是相反的，两个账户的余额方向一定也是相反的。计算公式为：被调整账户余额 − 备抵账户余额 = 调整后的数额。

提示：设置调整账户目的是为了满足经济管理指标的需求。

附加调整账户是用来增加某被调整账户的余额，以求得被调整账户实际余额的账户。这类调整账户的特点是调整账户与被调整账户的性质相同，两个账户的余额方向一定也是相同的。计算公式为：被调整账户余额＋附加账户余额＝调整后的数额。

备抵附加调整账户是指同时具备备抵和附加两种调整作用的账户。也就是说，同样一个账户，当其余额方向与被调整账户余额方向一致时，即为附加调整账户；当其余额方向与被调整账户余额方向相反时，就成了备抵调整账户。计算公式为：被调整账户余额±备抵附加账户余额＝调整后的数额。

（六）“累计摊销”账户

“累计摊销”账户用以核算企业的无形资产在使用过程中累计损耗的价值。（1）按照经济内容分类，该账户属于资产类账户；（2）按照用途结构分类，该账户属于调整账户中的备抵账户。账户的贷方登记按月计算提取的无形资产摊销额，借方登记无形资产因出售等原因减少时应注销的累计摊销额，期末余额在贷方，表示期末企业所拥有的无形资产已累计提取的摊销额。该账户应按无形资产的类别设置明细分类账，进行明细分类核算。

（七）“长期待摊费用”账户

“长期待摊费用”账户用以核算企业已经支出但应由本期和以后各期共同负担的、分摊期在 1 年以上（不含 1 年）的各类费用，如租入固定资产改良支出、股票发行费以及摊销期限在 1 年以上的其他待摊费用等。（1）按照经济内容分类，该账户属于资产类账户；（2）按照用途结构分类，该账户属于跨期摊配账户。账户借方登记已经支付或发生的各种长期待摊费用，贷方登记应由各期分摊的费用，余额在借方，表示尚待摊销的余额。该账户应按费用的种类设置明细分类账，进行明细分类核算。

跨期摊配账户

跨期摊配账户是用来核算一次性支付但应由超过一个会计年度的会计期间共同负担的费用，并按照权责发生制的要求将这些费用在各受益期间进行摊配的账户。跨期摊配账户的基本结构如下：

借方	跨期摊配账户　　　贷方
期初余额：以前期间已支付但尚未摊销的预付费用额	
发生额：本期发生的预付费用额	发生额：本期摊销的费用额
期末余额：期末尚未摊销的预付费用额	

（八）“库存商品”账户

“库存商品”账户用以核算企业库存的各种商品的实际生产成本。（1）按照经济内容分类，该账户属于资产类账户；（2）按照用途结构分类，该账户属于盘存账户。账户的借方登记已经完工并验收入库可供销售的各种产品的实际生产成本；贷方登记已经出售的各种产品的实际生产成本。余额在借方，表示期末库存商品的实际生产成本。该账户应按产品的品种、规格或类别设置明细账，进行明细分类核算。

三、账务处理

（一）发出材料的核算

企业生产产品需要耗用材料，材料是构成产品实体的内容。材料的本质是劳动对象，在加工过程中实物形态会发生改变，其价值一次转移到产品中去，成为产品生产成本的主要组成部分。

企业生产车间或其他部门领用材料，一般按照领料单位及领料用途填写“领料单”，月末将领料单汇总，编制“发出材料汇总表”，并据以进行账务处理。

材料的核算方法有两种：实际成本法和计划成本法。在实际成本法下，由于材料的买价以及采购费用经常发生变动，因而不同时期不同批次购入材料的实际单位成本不同，需要采用一定的存货计价方法计算确定发出材料的实际成本。根据我国企业会计准则的规定，企业可以采用个别计价法、先进先出法或加权平均法确定发出存货的实际成本。本教材采用“月末一次加权平均法”计算确定发出材料的成本。

【例4－24】华夏公司为生产A、B两种产品和其他需要，从仓库领用甲、乙两种材料。12月31日，根据“原材料明细账”记录的期初结存数量、金额及本期收入数量、金额，计算原材料的加权平均单价，如表4－2所示；根据当月领料单及表4－2计算的甲、乙两种材料平均单价，汇总编制的“发出材料汇总表”如表4－3所示。

表 4 –2　　原材料单价计算表（月末一次加权平均法）

材料名称	期初结存		本期收入		加权平均单价
	数量（件）	金额（元）	数量（件）	金额（元）	
甲材料	500	54 800	2 900	292 000	(54 800 +292 000)/(500 +2 900) =102（元/千克）
乙材料	800	48 000	4 700	238 000	(48 000 +238 000)/(800 +4 700) =52（元/千克）
合计		102 800		530 000	

表 4 –3　　发料凭证汇总表

项目	甲材料		乙材料		金额合计（元）
	数量（千克）	金额（元）	数量（千克）	金额（元）	
生产 A 产品耗用	1 000	102 000	2 000	104 000	206 000
生产 B 产品耗用	2 000	204 000	2 000	104 000	308 000
小计	3 000	306 000	4 000	208 000	514 000
车间一般耗用	50	5 100	40	2 080	7 180
管理部门耗用	40	4 080	60	3 120	7 200
合计	3 090	315 180	4 100	213 200	528 380

分析：这笔业务的发生，一方面领用原材料，使原材料减少，应记入“原材料”账户的贷方；另一方面凡直接用于产品生产的原材料，应直接记入“生产成本”账户的借方，车间一般耗用和行政管理部门耗用的材料，属于间接费用和期间费用，应分别记入“制造费用”和“管理费用”账户的借方。其会计分录如（24）所示。

（24）借：生产成本——A 产品（直接材料）　206 000
　　　　　　　　——B 产品（直接材料）　308 000
　　　　制造费用——材料费用　7 180
　　　　管理费用——材料费用　7 200
　　　　贷：原材料——甲材料　315 180
　　　　　　　　　——乙材料　213 200

（二）应付职工薪酬的核算

【例 4 –25】 根据 11 月的“工资结算汇总表”，应付职工工资 360 000 元。12 月 15 日，签发现金支票由银行代发工资。

分析：这笔业务的发生，一方面银行存款减少，应记入“银行存款”账户的贷方；另一方面由于实际支付工资，使应付职工薪酬减少，应记入“应付职工薪酬”账户的借方。其会计分录如（25）所示。

（25）借：应付职工薪酬——工资　　　　360 000
　　　　贷：银行存款　　　　　　　　　　360 000

【例 4－26】12 月 18 日，用银行存款支付职工福利费 43 200 元。

分析：这笔业务的发生，一方面银行存款减少，应记入“银行存款”账户的贷方；另一方面由于实际支付职工福利费，使应付职工薪酬减少，应记入“应付职工薪酬”账户的借方。其会计分录如（26）所示。

提示：实际工作中，企业很少在月末发放工资，因此，当月发放的应为上月工资。为简化，本例将当月发放的工资分配计入当月费用。

（26）借：应付职工薪酬——职工福利　　　　43 200
　　　　贷：银行存款　　　　　　　　　　　43 200

【例 4－27】12 月 31 日，编制“工资费用分配表”，分配本月工资费用。其中：

A 产品生产工人工资　　　　164 000 元
B 产品生产工人工资　　　　143 000 元
车间管理人员工资　　　　32 000 元
厂部管理人员工资　　　　21 000 元

分析：这笔业务的发生，一方面说明本月发生应付职工工资，应记入“应付职工薪酬”账户的贷方；另一方面工资费用也增加了，其中制造 A、B 产品的生产工人工资属于直接费用，应直接计入产品成本，记入“生产成本”账户的借方，车间和厂部管理人员的工资属于间接费用和期间费用，应分别记入“制造费用”和“管理费用”账户的借方。其会计分录如（27）所示。

（27）借：生产成本——A 产品（直接人工）　164 000
　　　　　　　　——B 产品（直接人工）　143 000
　　　　制造费用——工薪费用　　　　　　32 000
　　　　管理费用——工薪费用　　　　　　21 000
　　　　贷：应付职工薪酬——工资　　　　　360 000

【例 4－28】12 月 31 日，编制“职工福利费分配表”，按工资比例分配职工福利费 43 200 元。其中：

A 产品生产工人福利费　　　　19 680 元
B 产品生产工人福利费　　　　17 160 元
车间管理人员福利费　　　　3 840 元
厂部管理人员福利费　　　　2 520 元

分析：这笔业务的发生，一方面因提取福利费，形成一笔应付款项，应记入“应付职工薪酬”账户的贷方；另一方面按产品生产工人工资提取的福利费，可直接记入“生产成本”账户的借方，按车间管理人员工资提取的福利费应记入“制造费用”账户的借方，按厂部管理人员工资提取的福利费，应记入“管理费用”账户的借方。其会计分录如（28）所示。

（28）借：生产成本——A 产品（直接人工）　19 680
　　　　　　　　——B 产品（直接人工）　17 160
　　　　制造费用——工薪费用　3 840
　　　　管理费用——工薪费用　2 520
　　　　贷：应付职工薪酬——职工福利　43 200

（三）固定资产折旧费用的核算

企业的固定资产在使用过程中，虽然基本保持原有的实物形态，但因有形和无形磨损的影响，其价值会逐渐减少。固定资产由于损耗而转移到产品成本费用中去的那部分价值，称为固定资产折旧。

折旧费用的核算

为反映固定资产因使用而发生的磨损价值，需设置一个折旧账户，以反映固定资产价值的减少，因这个账户所反映的固定资产折旧额需要加以累计，直到固定资产报废或出售时才冲销，因此账户名称定为“累计折旧”。“累计折旧”账户是固定资产的抵减账户，用以核算企业固定资产的累计折旧。“固定资产”账户的借方余额（即固定资产的原始价值）减去“累计折旧”账户的贷方余额，即为固定资产的净值。

【例 4－29】 12 月 31 日，按照规定的固定资产折旧率，计提本月固定资产折旧 193 730 元，其中车间固定资产折旧 172 730 元，企业管理部门设备折旧 21 000 元。

分析：这笔业务的发生，一方面反映折旧费用增加，其中车间固定资产折旧应记入“制造费用”账户的借方，管理部门设备折旧应记入“管理费用”账户的借方；另一方面反映固定资产折旧增加，应记入“累计折旧”账户的贷方。其会计分录如（29）所示。

（29）借：制造费用　172 730
　　　　管理费用　21 000
　　　　贷：累计折旧　193 730

（四）其他相关费用的核算

【例 4－30】 12 月 4 日，以银行存款支付行政管理部门办公费 4 000 元。

分析：这笔业务的发生，一方面银行存款减少，应记入“银行存款”账户的贷方；另一方面行政管理部门的费用属于期间费用，应记入“管理费用”账户的借方。其会计分录如（30）所示。

（30）借：管理费用——办公费　4 000
　　　　贷：银行存款　4 000

【例 4－31】 12 月 4 日，财务部李欢出差回来报销差旅费 900 元，上月出差时预借 1 000 元，交回余款 100 元。

分析：这笔业务的发生，一方面发生差旅费，属于期间费用，应记入“管理费用”账户的借方，同时，交回的余款应记入“库存现金”账户的借方；另一方面原借支的款项结清，债权性资产减少，应记入“其他应收款”账户的贷方。其会计分录如（31）所示。

（31）借：库存现金　　100
　　　　管理费用　　900
　　　贷：其他应收款——李欢　　1 000

【例 4 –32】 12 月 10 日，对车间生产设备进行日常修理，以银行存款支付修理费 1 650 元。

提示：修理费用支出，一般是为了恢复固定资产原状或维持其原有效能而发生的，这部分支出不会增加固定资产价值，不符合资本化的条件，因而应计入当期损益。

分析：这笔业务的发生，一方面将发生的修理费用计入当期损益，应记入“管理费用”账户的借方；另一方面因银行存款减少，应记入“银行存款”账户的贷方。其会计分录如（32）所示。

（32）借：管理费用——修理费　　1 650
　　　贷：银行存款　　1 650

【例 4 –33】 12 月 25 日，用银行存款支付水电费 18 500 元，其中车间应负担 12 000 元，行政管理部门应负担 6 500 元。

分析：这笔业务的发生，一方面银行存款减少，应记入“银行存款”账户的贷方；另一方面车间应负担的水电费属于间接费用，应记入“制造费用”账户的借方，行政管理部门应负担的水电费属于期间费用，应记入“管理费用”账户的借方。其会计分录如（33）所示。

（33）借：制造费用——水电费　　12 000
　　　　管理费用——水电费　　6 500
　　　贷：银行存款　　18 500

【例 4 –34】 12 月 31 日，计提本月无形资产摊销额 3 750 元。

分析：这笔业务的发生，一方面反映无形资产摊销费用增加，应记入“管理费用”账户的借方；另一方面反映无形资产摊销额增加，应记入“累计摊销”账户的贷方。其会计分录如（34）所示。

（34）借：管理费用——无形资产摊销　　3 750
　　　贷：累计摊销　　3 750

【例 4 –35】 12 月 31 日，摊销应由本月负担的车间租入固定资产改良支出 2 500 元。

分析：这笔业务的发生，一方面使本月的制造费用增加，应记入“制造费用”账户的借方；另一方面长期待摊费用的摊销，应记入“长期待摊费用”账户的贷方。其会计分录如（35）所示。

（35）借：制造费用——租入固定资产改良支出　2 500
　　　贷：长期待摊费用——租入固定资产改良支出
　　　　　　2 500

四、产品生产成本的计算

华夏公司12月发生的生产费用的归集、分配及产品生产成本的计算过程如下。

（一）生产费用在有关产品之间的归集

A、B两种产品所发生的各项费用如表4－4所示。

表4－4　　生产费用汇总表　　单位：元

产品名称	完工产品数量（件）	直接材料	直接人工	制造费用	合计
A产品	2 000	206 000	183 680	230 250	
B产品	1 000	308 000	160 160		
合计	—	514 000	343 840	230 250	1 088 090

（二）制造费用的归集和分配

企业发生的各项制造费用，是按其用途和发生地点，通过“制造费用”账户进行归集和分配的。制造费用的分配标准，应根据企业实际情况选用，若各种产品生产的机械化程度比较接近，可以按生产工时或生产工人工资的比例进行分配；若各种产品生产的机械化程度相差较大的话，则可以按各种产品的机器工时来分配。为简便易行，在一般情况下，选择按生产工人工资比例进行分配。

如以上例为例：

制造费用分配率＝230 250/（164 000＋143 000）＝0.75

A产品应分摊的制造费用＝164 000×0.75＝123 000（元）

B产品应分摊的制造费用＝143 000×0.75＝107 250（元）

制造费用的分配，通常是通过编制“制造费用分配表”进行的，其格式如表4－5所示。

表4－5　　制造费用分配表

产品名称	分配标准（生产工人工资）	分配率	分配金额（元）
A产品	164 000	0.75	123 000
B产品	143 000	0.75	107 250
合计	307 000	0.75	230 250

【例4－36】 12月31日，根据“制造费用分配表”，将本月发生

的制造费用230 250元分配计入A、B产品的生产成本。

分析：这笔业务的发生，一方面要结转制造费用，记入“制造费用”账户的贷方；另一方面要增加产品生产成本，记入“生产成本”账户的借方。其会计分录如（36）所示。

（36）借：生产成本——A产品　　123 000
　　　　　　　　——B产品　　107 250
　　　贷：制造费用　　230 250

（三）编制产品生产成本计算表，计算并结转完工产品成本

产品生产成本计算表如表4－6所示。

表4－6　　产品生产成本计算表　　单位：元

成本项目	A产品（2 000件）		B产品（1 000件）	
	总成本	单位成本	总成本	单位成本
直接材料	206 000	103.00	308 000	308.00
直接人工	183 680	91.84	160 160	160.16
制造费用	123 000	61.50	107 250	107.25
产品生产成本	512 680	256.34	575 410	575.41

【例4－37】本月A产品2 000件，B产品1 000件均已全部完工，并已验收入库，结转其实际生产成本1 088 090元。

分析：这笔业务的发生，一方面产品生产完成，应按实际成本转账，记入“生产成本”账户的贷方；另一方面A、B产品均已全部制造完工，并已验收入库，产成品增加，记入“库存商品”账户的借方。其会计分录如（37）所示。

（37）借：库存商品——A产品　　512 680
　　　　　　　　——B产品　　575 410
　　　贷：生产成本——A产品　　512 680
　　　　　　　　　——B产品　　575 410

生产成本总账如表4－7所示，A、B两种产品生产成本明细账如表4－8、表4－9所示。

表4－7　　生产成本总账　　单位：元

月	日	凭证号数	摘要	借方	贷方	借或贷	余额
		（24）	生产耗用材料	514 000		借	514 000
		（27）	分配生产工人工资	307 000		借	821 000

续表

月	日	凭证号数	摘要	借方	贷方	借或贷	余额
		(28)	分配生产工人福利费	36 840		借	857 840
		(36)	分配制造费用	230 250		借	1 088 090
		(37)	结转完工产品成本		1 088 090	平	—
			本期发生额及余额	1 088 090	1 088 090	平	—

表 4－8　　生产成本明细账

产品品种或类别：A 产品　　单位：元

月	日	凭证号数	摘要	借方（成本项目）				贷方	借或贷	余额
				直接材料	直接人工	制造费用	合计			
		(24)	生产耗用材料	206 000			206 000		借	206 000
		(27)	分配生产工人工资		164 000		164 000		借	370 000
		(28)	分配生产工人福利费		19 680		19 680		借	389 680
		(36)	分配制造费用			123 000	123 000		借	512 680
		(37)	结转完工产品成本					512 680	平	—
			本期发生额及余额	206 000	183 680	123 000	512 680		平	—

表 4－9　　生产成本明细账

产品品种或类别：B 产品　　单位：元

月	日	凭证号数	摘要	借方（成本项目）				贷方	借或贷	余额
				直接材料	直接人工	制造费用	合计			
		(24)	生产耗用材料	308 000			308 000		借	308 000
		(27)	分配生产工人工资		143 000		143 000		借	451 000
		(28)	分配生产工人福利费		17 160		17 160		借	468 160
		(36)	分配制造费用			107 250	107 250		借	575 410
		(37)	结转完工产品成本					575 410	平	—
			本期发生额及余额	308 000	160 160	107 250	575 410		平	—

华夏公司生产过程业务的账务处理如图 4－5 所示。

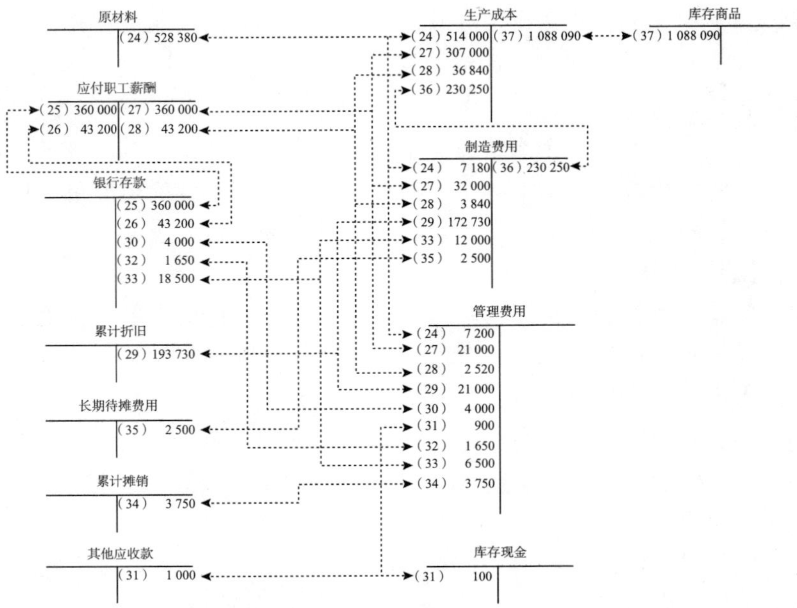

图 4－5 生产过程业务账务处理示意

本 章 小 结

资金筹集业务是指吸收所有者的投资和获取债权人的贷款，前者需要进行实收资本和资本公积的核算，后者则是对短期借款和长期借款的取得及利息费用进行核算。

固定资产可以通过购买、建造等方式取得或形成，本教材主要介绍购买固定资产业务的核算，具体包括外购不需安装固定资产和外购需要安装固定资产的核算。前者直接形成固定资产，后者则需要先通过“在建工程”账户核算购买及安装费用，待安装完毕验收合格时再转作固定资产。

材料采购过程中，企业一方面购入材料，另一方面要与供货单位进行货款的结算，具体分为货款已支付材料已入库、货款已支付材料尚未入库（在途）、材料已入库货款尚未支付及预付货款几种情况。材料采购成本的计算是以各种外购材料的品种作为成本计算对象，将材料采购过程中所发生的材料买价和有关采购费用，按照材料的品种加以归集分摊，计算其采购总成本和单位成本的过程。

制造业企业为生产产品而发生的各种费用，如耗用材料，应付工资、福利费及其他薪酬，固定资产折旧费等，构成了生产费用。生产费用应按一定成本计算对象进行归集和分配，计算生产成本。凡能直接计入某一成本计算对象的费用，称为直接费用；凡不能直接计入成本计算对象的费用，称为间接费用，间接费用需要先进行归集，然后按照合理的标准在不同成本计算对象之间进行分配。在进行产品生产成本计算时，原则上把上述各种生产费用归纳为下列三个成本项目：直接材料、直接人工、制造费用。

除生产费用外，企业还会发生期间费用。期间费用是指当期发生的、不能直接归属于某个特定产品成本的费用，包括管理费用、财务费用和销售费用。这类费用应在发生的当期直接计入当期损益。

【重要术语】

实收资本；资本公积；短期借款；长期借款；固定资产；无形资产；累计折旧；累计摊销；材料采购；应付账款；应付票据；应交税费；生产成本；制造费用；管理费用；财务费用

【延伸阅读】

《中华人民共和国增值税暂行条例》，国家税务总局网页。

增值税简介

增值税是以商品、劳务（包括加工、修理修配、交通运输、邮政、电信、金融、建筑、现代服务等）等在流转过程中产生的增值额作为计税依据而征收的一种流转税，其征税对象为商品生产、流通、劳务中各环节的新增价值或商品附加值。

增值税的纳税人分为一般纳税人与小规模纳税人两类。一般纳税人是指年应税销售额超过财政部和国家税务总局规定的小规模纳税人标准的企业和企业性单位。小规模纳税人是指年销售额在规定标准以下，并且会计核算不健全，不能按规定报送有关税务资料的纳税人。两种纳税人的区别在于：一是一般纳税人使用增值税专用发票，并凭购进货物或劳务等的增值税专用发票抵扣进项税款；小规模纳税人销货时不能使用增值税专用发票，只能使用普通发票，购进货物或应税劳务时也不得抵扣进项增值税额。二是适用税率不同。一般纳税人适用16%、10%、6%的税率，小规模纳税人适用3%的征收率。三是计税方法不同，一般纳税人采用扣税法，小规模纳税人采用简易计算法。

增值税实行比例税率，一般纳税人的税率包括基本税率和低税率，具体如下：

（1）纳税人销售或者进口货物，以及提供加工、修理修配劳务，税率为16%。

（2）纳税人销售或者进口农产品（含粮食）、自来水、暖气、石油液化气、天然气、食用植物油、冷气、热水、煤气、居民用煤炭制品、食用盐、农机、饲料、农药、农膜、化肥、沼气、二甲醚、图书、报纸、杂志、音像制品、电子出版物的税率为10%。

（3）纳税人提供交通运输、邮政、基础电信、建筑、不动产租赁服务，销售不动产，转让土地使用权，税率为10%。

（4）纳税人提供有形动产租赁服务，税率为17%。

（5）境内单位和个人发生的跨境应税行为，税率为零。具体范围由财政部和国家税务总局另行规定。

（6）纳税人发生其他应税行为，除上述规定外，税率为6%。

一般纳税人应交增值税的计算采用扣税法。实际工作中，由于商品新增价值或附加值在生产和流通过程中是很难准确计算的，因此，我国采用国际上普遍采用的税款抵扣的办法，即根据销售商品或劳务等的销售额，按规定的税率计算出销项税额，然后扣除取得该商品或劳务时所支付的增值税款，也就是进项税额，其差额就是增值部分应交的税额。计算公式为：

应纳增值税额 = 当期销项税额 − 当期进项税额

上式中，销项税额是指企业因销售货物或提供劳务等，向购买方或接受方收取的增值税。进项税额是指企业因购买货物或接受应税劳务等，而向销售方或提供方支付的增值税。

实行增值税以后，一般纳税企业销售货物或提供劳务等均应开具增值税专用发票。增值税专用发票记载了销售货物的售价、税率及税额等，购买方以增值税专用发票上记载的购入货物已支付的税额，作为扣税和记账的依据。增值税专用发票的格式如下。

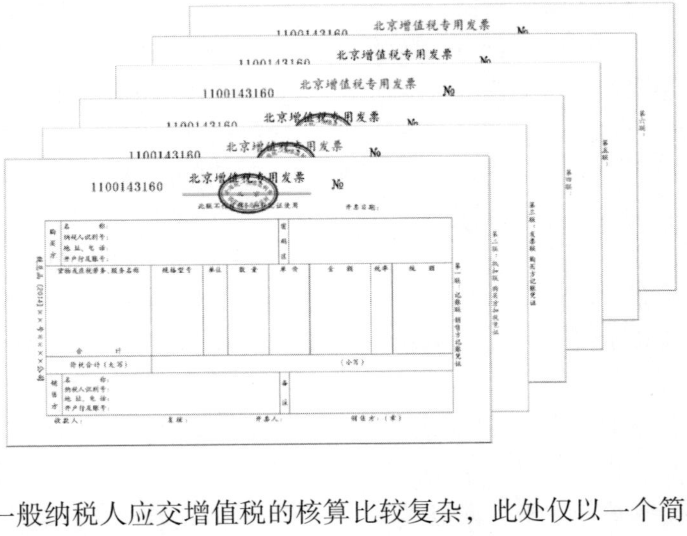

点拨：企业某一期间应缴纳的增值税，既非购货时取得的发票上所列明的税额，也非销售时开出的发票上所列明的税额，而是两者的差额。

一般纳税人应交增值税的核算比较复杂，此处仅以一个简单的例子说明其账务处理。

【例4－38】衣恋服饰公司从大华服装厂采购时装一批共800件，单件价格360元，大华服装厂开具的增值税专用发票上注明价款288 000元，税率16%，增值税额46 080元，衣恋服饰公司以银行存款支付全部价款和税额。在同一纳税期间内，衣恋服饰公司以单件420元的价格将该批时装全部卖给当地一家商场，收到价款336 000元及税额53 760元，共计389 760元，并向对方开出增值税专用发票。假定衣恋服饰公司在该纳税期间未发生其他购销业务。

点拨：进项税额本质上是企业垫付的、留待以后从销项税额中扣抵的税额，因此可以理解为一项债权。

衣恋服饰公司购买服装时支付的增值税额46 080元为进项税额，销售服装时收取的增值税额53 760元为销项税额，当期应纳增值税额＝当期销项税额－当期进项税额＝53 760－46 080＝7 680（元）。

衣恋服饰公司采购时装时，一方面公司的库存商品增加288 000元，应记入“库存商品”账户的借方，同时，留待以后抵扣的进项税额增加46 080元，相当于债权增加（或债务减少），应记入“应交税费——应交增值税（进项税额）”账户的借方；另一方面，银行存款减少334 080元，应记入“银行存款”账户的贷方。其会计分录为：

借：库存商品	288 000	
应交税费——应交增值税（进项税额）	46 080	
贷：银行存款		334 080

衣恋服饰公司销售时装时，一方面公司的银行存款增加389 760元，应记入“银行存款”账户的借方；另一方面，公司的销售收入增加336 000元，应记入“主营业务收入”账户的贷方，同时，销项税额增加53 760元，相当于债务增加，应记入“应交税费——应交增值税（销项税额）”账户的贷方。其会计分录为：

借：银行存款	389 760	
贷：主营业务收入		336 000
应交税费——应交增值税（销项税额）		53 760

衣恋服饰公司交纳增值税时，一方面公司的增值税纳税义务减少7 680元，应记入“应交税费——应交增值税（已交税金）”账户的借方；另一方面，公司的银行存款减少7 680元，应记入“银行存款”账户的贷方。其会计分录为：

借：应交税费——应交增值税（已交税金）	7 680	
贷：银行存款		7 680

小规模纳税人因不具备按一般纳税人计税的条件，采用简化计税方法。

小规模纳税人购买货物或接受劳务时，不论是否取得增值税专用发票，均应将支付的全部价款计入存货的入账价值，支付的增值税不确认为进项税额。销售货物或提供应税劳务时，只能开具普通发票，不能使用增值税专用发票，销售额通常包含增值税。

小规模纳税人应纳增值税的计算公式为：

$$应纳增值税税额 = 销售额 \times 征收率$$

$$销售额 = 含税销售额 \div (1 + 征收率)$$

下面举例说明小规模纳税人应纳增值税的核算。

【例 4－39】 东风工厂为小规模纳税企业，3 月购入原材料一批，收到的增值税专用发票上注明的材料价款 40 000 元，增值税额 6 400 元，全部款项已用银行存款支付，材料已验收入库。本月该企业产品的含税销售额为 103 000 元，款项存入银行，增值税征收率为 3%。

由于东风工厂为小规模纳税人，因而其购买材料时所支付的增值税不能作为进项税额抵扣，应全部计入材料成本。编制如下会计分录：

借：原材料	46 400	
贷：银行存款		46 400

销售产品的销售额为含税价格，首先应换算为不含税价格，然后计算应交增值税税额。

不含税销售额＝103 000÷（1＋3%）＝100 000（元）

应纳增值税税额＝100 000×3%＝3 000（元）

编制如下会计分录：

借：银行存款	103 000	
贷：主营业务收入		100 000
应交税费——应交增值税		3 000

思考与练习

一、思考题

1. 制造业企业的资金运动过程包括哪几个阶段？各阶段主要涉及哪些经济业务的核算？
2. 成本与费用有什么区别与联系？
3. 材料采购成本由哪些部分构成？如何计算材料采购成本？
4. 制造成本是如何界定的？
5. 期间费用有哪些？特点是什么？
6. 生产费用和期间费用会计处理的区别是什么？混淆了二者的后果是什么？

二、案例题

辉星公司是某汽车集团公司下属的子公司，主要生产 A 配件。A 配件直接材料费用 50 元/件，直接人工成本 140 元/件，其他直接费用 10 元/件，制造费用基本固定，总额为 4 000 000 元。企业最大生产能力为生产 A 产品 40 000 件，产品销售价格基本稳定，每件 8 000 元。2018 年企业生产 20 000 件，全部销售出去。

总经理吴强从财务副经理提到总经理位子已经干了 8 年，他很想把业绩搞上去，到集团公司谋职。吴强跟生产经理张伟谈了自己的想法，增加 2019 年的生产量，准备提高到 40 000 件。张伟完全支持吴强的做法。但是，当 2019 年生产计划提交公司管理层讨论时，销售经理王鹏提出了反对意见。王鹏指出，由于行业不景气和产品升级，A 配件有可能面临需求下降的压力，2019 年销售量不会超过 2018 年。财务经理刘谨根据上年销售量也快速估算相关指标。期间费用 2018 年是 1 000 000 元，提高产量和销售量，将提高销售费用，期间费用会提高 10%，按照 2019 年销量，估算当年盈利将会高于 2018 年。

请您根据以上资料分析，计算 2019 年生产成本、毛利、利润，分析吴强提出方案的财务影响。

三、练习题

（一）资料：利群公司某年 11 月发生下列材料采购业务：

1. 从本市富华公司购入甲材料 200 千克，价款 50 000 元，增值税额 8 000 元，款项已用银行存款支付，材料已验收入库。

2. 从外地隆庆公司购入甲材料 400 千克，价款 100 000 元，增值税额 16 000 元，对方代垫运费 680 元。材料已验收入库，货款及运费尚未支付。

3. 从外地兴业公司购入甲材料 300 千克，价款 76 500 元，增值税额 12 240 元；购入乙材料 700 千克，价款 59 500 元，增值税额 9 520 元。另外支付甲、乙两种材料的运输费 1 800 元，保险费 680 元（运输费以两种材料的重量为分配标准，保险费以两种材料的买价为分配标准）。全部款项已通过银行支付，材料尚在运输途中。

4. 按合同规定，向本市通达公司预付购买乙材料的货款 12 000 元。

5. 收到上述从兴业公司购买的甲、乙两种材料并验收入库。

6. 收到上述已预付货款给通达公司购买的乙材料 500 千克，价款 82 500 元，增值税额 13 200 元。材料已验收入库，并将剩余货款补付给通达公司。

要求：根据上述经济业务编制会计分录。

（二）资料：某企业生产甲、乙两种产品，某年 12 月有关资料如下：

1. 本月生产甲产品耗用材料 21 000 元，人工费用 6 500 元；生产乙产品耗用材料 13 000 元，人工费用 4 500 元。

2. 本月制造费用总额 6 500 元。本月甲产品生产工时 2 000 小时，乙产品生产工时 1 250 小时。

3. 甲、乙两种产品均无期初余额，本月投产的产品全部完工入库。

要求：（1）编制分配材料费用、人工费用的会计分录。

（2）按生产工时比例分配制造费用并编制会计分录。

（3）计算甲、乙两种产品的总成本，并编制产品完工入库的会计分录。

第五章

企业经营过程主要业务核算（下）

问题导入

小张和她的同学经过第四章的学习，不仅掌握了成本计算的方法，而且借贷记账法也运用得越来越熟练，每次课都有进步，非常开心！她们知道，企业完整的经营过程还没有结束，生产出来的产品需要卖出去，企业取得收入才能弥补投入的成本和费用。只有实现利润，企业才能够持续成长。所以，接下来要继续学习企业经营过程的核算。

本章内容包括从销售过程开始到利润结束、资金退出企业的主要业务，这个阶段资金运动的特点是“有产出，也有投入”。

企业销售过程资金运动与供应过程和生产过程不同。这表现在不仅要继续发生销售成本、销售费用，而且开始取得收入，当然也会产生一种新的费用——税费。这个阶段最重要的是收入的确认和计量。

谋利是企业的特点。企业经过供产销的经营过程后，必然要算一算到底本期利润是多少。

本章重点有两个：一是损益核算，这是所有企业的主要业务，也是关系企业生存和发展的问题；二是利润的核算。

通过这部分内容学习，你将学会利润计算，借贷记账会更加熟练，而且可以处理一个企业的常见业务。这离你的会计梦想更近了哦！

学习目标

了解销售过程的主要业务，掌握销售业务的核算方法；掌握企业利润形成和分配的账务处理。

第一节　销售过程业务的核算

一、销售过程业务核算的内容

日常销售过程是指从产品发出到收回货款的过程，这是资金周转最重要的一个过程。如果企业生产出来的产品销售不出去，或者不能销售完，那么成品资金就不能顺利地转化为货币资金，通过生产过程增值的价值就得不到实现。销售过程主要业务内容：

1. 销售收入核算。销售收入实现伴随着货款的结算，收入的确认和计量是会计重点。

2. 销售成本计算与结转。为了计算毛利和利润，企业在确认收入取得的同时，要计算结转销售成本。销售成本根据存货流转假设可以有个别辨认法、先进先出法、加权平均法。下面例题按照月末一次加权平均法计算。

3. 销售费用的归集与结转。在销售过程中，还会发生各种销售费用，如包装费、运输费、保险费、广告费以及为销售本企业产品而专设的销售机构的职工工资、福利费、业务费等经常费用，应通过“销售费用”账户计入当期损益，从取得的销售收入中得到补偿。

4. 销售税金计算与缴纳。销售产品和服务，需要计算缴纳增值税、消费税、城建税和教育费附加。

5. 计算销售利润。计算公式为：

主营业务毛利 = 主营业务收入 − 主营业务成本

营业利润 = 营业收入 − 营业成本 − 税金及附加 − 期间费用

二、账户设置及结构

1. “主营业务收入”账户。“主营业务收入”账户用以核算企业销售产品，包括产成品、自制半成品、工业性劳务等所发生的收入。（1）按照经济内容分类，该账户属于损益类账户；（2）按照用途结构分类，该账户属于集合汇转账户中的收入集合汇转账户。账户的贷方登记已经实现的产品销售收入，借方登记期末转入“本年利润”账户的数额，结转后本账户无余额。该账户应按主营业务类别或产品名称设置明细账，进行明细分类核算。

借方	收入集合汇转账户 贷方
发生额：期末结转至“本年利润”账户的数额	发生额：本期实现的各项收入

2.“主营业务成本”账户。“主营业务成本”账户用于核算企业销售产品、提供劳务等日常活动中发生的实际成本。(1) 按照经济内容分类，该账户属于损益类账户；(2) 按照用途结构分类，该账户属于集合汇转账户中的费用集合汇转账户。账户借方登记已销产品、劳务的实际成本，贷方登记期末转入“本年利润”账户的数额，结转后本账户应无余额。该账户应按主营业务类别设置明细账，进行明细分类核算。

3.“其他业务收入”账户。“其他业务收入”账户用来核算企业除主营业务收入以外的其他销售收入和业务收入，如材料销售收入、代购代销收入、固定资产和包装物的出租收入等。(1) 按照经济内容分类，该账户属于损益类账户；(2) 按照用途结构分类，该账户属于集合汇转账户中的收入集合汇转账户。账户的贷方登记本期各项其他业务收入的发生数；借方登记期末转入“本年利润”账户的数额；结转后应无余额。该账户应按其他业务种类设置明细账，进行明细分类核算。

4.“其他业务成本”账户。“其他业务成本”账户用来核算企业除主营业务成本以外的其他销售或其他业务所发生的支出，包括销售材料、提供劳务发生的相关成本、费用，以及相关税金及附加等。(1) 按照经济内容分类，该账户属于损益类账户；(2) 按照用途结构分类，该账户属于集合汇转账户中的费用集合汇转账户。账户借方登记本期各项其他业务成本的发生数；贷方登记期末转入“本年利润”账户的数额；结转后本账户无余额。该账户应按其他业务种类设置明细账，进行明细分类核算。

5.“销售费用”账户。“销售费用”账户用以核算企业在产品销售过程中所发生的各种销售费用。(1) 按照经济内容分类，该账户属于损益类账户；(2) 按照用途结构分类，该账户属于集合汇转账户中的费用集合汇转账户。账户的借方登记月份内发生的各种销售费用，贷方登记期末转入“本年利润”账户的数额，结转后本账户应无余额。该账户应按费用项目设置明细账，进行明细分类核算。

6.“税金及附加”账户。“税金及附加”账户用来核算企业日常活动中应负担的税金及附加，包括除增值税以外的消费税、城市维护建设税、资源税、教育费附加等。（1）按照经济内容分类，该账户属于损益类账户；（2）按照用途结构分类，该账户属于集合汇转账户中的费用集合汇转账户。账户的借方登记按规定计算的与本期经营活动相关的税费，贷方登记期末转入“本年利润”账户的数额，结转后本账户应无余额。该账户应按税金及附加费名称设置明细账，进行明细分类核算。

7. “应收账款”账户。“应收账款”账户用以核算企业因销售产品、提供劳务等业务，应向购货单位或接受劳务单位收取的款项。（1）按照经济内容分类，该账户属于资产类账户；（2）按照用途结构分类，该账户属于债权结算账户（也可用作债权债务结算账户）。账户的借方登记应向购货单位收取的账款，贷方登记已经收回的账款，余额一般在借方，表示应收而未收回的账款数。该账户应按欠款单位设置明细账，进行明细分类核算。

8. “应交税费——应交增值税”账户。该账户已在“供应过程核算”中作了介绍，故不重述。

9. “应收票据”账户。“应收票据”账户用以核算企业因销售产品等而收到的商业汇票，包括商业承兑汇票和银行承兑汇票。（1）按照经济内容分类，该账户属于资产类账户；（2）按照用途结构分类，该账户属于债权结算账户。收到应收票据时记入该账户的借方，到期收到票款时记入该账户的贷方，期末为借方余额，表示尚未到期收回的商业汇票款。该账户应按承兑方（即债务单位）设置明细账，进行明细分类核算。

三、账务处理

本章继续以华夏公司 20××年 12 月发生的经济业务为例，说明制造业企业销售、利润形成及分配、资金退出等交易或事项的账务处理。

【例 5-1】 12 月 20 日，向华达公司销售 A 产品 1 800 件，单价 450 元，销售收入为 810 000 元，按规定计算收取的增值税额为 129 600 元，货款已收到并存入银行。

分析：这笔业务的发生，一方面使银行存款增加，应记入“银行存款”账户的借方；另一方面由于销售产品实现的销售收入，应记入“主营业务收入”账户的贷方，应向购货方收取的增值税额，应记入“应交税费——应交增值税（销项税额）”账户的贷方。其会计分录如（38）所示。

（38）借：银行存款　　939 600

贷：主营业务收入——A 产品　　　　810 000
　　应交税费——应交增值税（销项税额）
　　　　　　　　　　　　　　　　129 600

【例 5-2】12 月 20 日，应收兴隆公司 2016 年 9 月 20 日签发、期限为 3 个月，金额为 234 000 元的商业承兑汇票到期，款项已收到。

分析：这笔业务的发生，一方面使银行存款增加，应记入“银行存款”账户的借方；另一方面债权性资产项目减少，应记入“应收票据”账户的贷方。其会计分录如（39）所示。

（39）借：银行存款　　　　　　　　　234 000
　　　贷：应收票据——兴隆公司　　　　234 000

【例 5-3】12 月 22 日，向启东公司销售 B 产品 900 件，单价 800 元，销售收入 720 000 元，按规定计算收取的增值税额为 115 200 元，货款尚未收到。

分析：这笔业务的发生，一方面因货款尚未收到，应记入“应收账款”账户的借方；另一方面由于企业销售产品实现的销售收入，应记入“主营业务收入”账户的贷方，应向购货方收取的增值税额，应记入“应交税费——应交增值税（销项税额）”账户的贷方。其会计分录如（40）所示。

（40）借：应收账款——启东公司　　　　835 200
　　　贷：主营业务收入——B 产品　　　　720 000
　　　　　应交税费——应交增值税（销项税额）
　　　　　　　　　　　　　　　　　　　115 200

【例 5-4】12 月 25 日，开出转账支票支付产品广告费 16 000 元。

分析：这笔业务的发生，一方面广告费用增加，应记入“销售费用”账户的借方；另一方面银行存款减少，应记入“银行存款”账户的贷方。其会计分录如（41）所示。

（41）借：销售费用　　　　　　　　　16 000
　　　贷：银行存款　　　　　　　　　　16 000

【例 5-5】12 月 31 日，结转销售 A 产品 1 800 件的实际成本 451 800 元，B 产品 900 件的实际生产成本 513 000 元。

由于不同月份生产产品的实际成本不同，需要采用一定的存货计价方法计算确定已售商品的单位销售成本，如个别计价法、先进先出法或加权平均法，本教材采用“月末一次加权平均法”。根据“库存商品明细账”记录的期初结存数量、金额及本期入库数量、金额，计算库存商品的加权平均单位成本，如表 5-1 所示。

表5－1　　库存商品单位成本计算表（月末一次加权平均法）

产品名称	期初结存		本期入库		加权平均单位成本
	数量（件）	金额（元）	数量（件）	金额（元）	
A产品	800	190 120	2 000	512 680	(190 120＋512 680)/(800＋2 000)＝251（元/件）
B产品	500	279 590	1 000	575 410	(279 590＋575 410)/(500＋1 000)＝570（元/件）
合计		469 710		1 088 090	

分析：这笔业务的发生，一方面使库存产品减少，应记入“库存商品”账户的贷方；另一方面销售成本增加，应记入“主营业务成本”账户的借方。其会计分录如（42）所示。

（42）借：主营业务成本　　964 800
　　贷：库存商品——A产品　　451 800
　　　　——B产品　　513 000

【例5－6】 12月16日，出售尚富裕的甲材料100千克，价款15 000元，增值税额2 400元，款项存入银行。

分析：这笔业务的发生，一方面银行存款增加，应记入“银行存款”账户的借方；另一方面出售剩余材料，属其他销售，应记入“其他业务收入”账户的贷方，同时，向购货方收取的增值税额，应记入“应交税费——应交增值税（销项税额）”账户的贷方。其会计分录如（43）所示。

（43）借：银行存款　　17 400
　　贷：其他业务收入　　15 000
　　　　应交税费——应交增值税（销项税额）　　2 400

【例5－7】 结转出售甲材料的实际成本10 200元。

分析：这笔业务的发生，一方面销售材料实际成本增加，应记入“其他业务成本”账户的借方；另一方面库存材料减少，应记入“原材料”账户的贷方。其会计分录如（44）所示。

（44）借：其他业务成本　　10 200
　　贷：原材料——甲材料　　10 200

【例5－8】 经计算本月销项税额为247 200元，进项税额为186 900元，本月应交增值税额为60 300元。按照应交增值税的7%计算应交城市维护建设税，按3%计算应交教育费附加。

应交城市维护建设税＝60 300×7%＝4 221（元）

应交教育费附加＝60 300×3%＝1 809（元）

分析：这笔业务的发生，一方面因城市维护建设税和教育费附加是价内税费，应记入“税金及附加”账户的借方；另一方面应缴纳的税费增加，应记入“应交税费”账户的贷方。其会计分录如（45）所示。

（45）借：税金及附加　　6 030

　　贷：应交税费——应交城市维护建设税　　4 221

　　　　　　　——应交教育费附加　　1 809

华夏公司销售过程主要经济业务账务处理如图 5－1 所示。

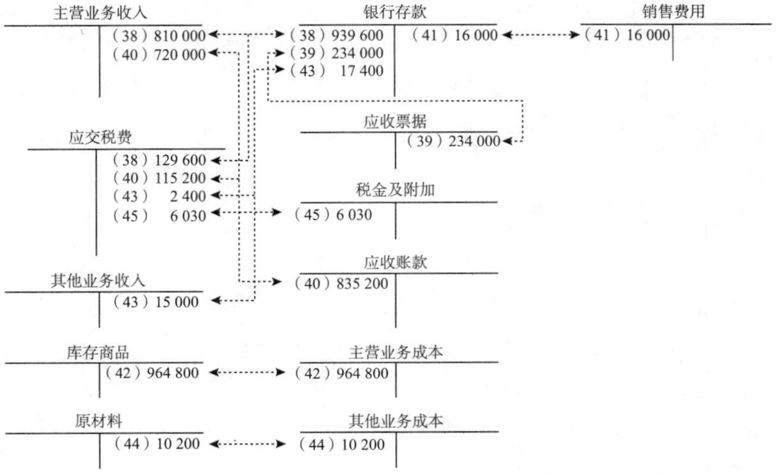

图 5－1　销售过程业务账务处理示意

第二节　营业外收支的核算

一、营业外收入与营业外支出

营业外收入和营业外支出是指企业发生的与日常活动无直接关系的各项利得或损失，如非流动资产报废形成的利得或损失、债务重组形成的利得或损失、罚没利得或损失等。

营业外收入与营业外支出虽然与企业日常生产经营活动无直接关系，但同样会影响企业经济利益的流入或流出，是企业利润的构成部分。

二、账户设置及结构

（一）“营业外收入”账户

“营业外收入”账户用以核算企业发生的与企业生产经营无直接关系的各项利得，包括非流动资产报废利得、罚没利得、政府补助利得、捐赠利得等。（1）按照经济内容分类，该账户属于损益类账户；（2）按照用途结构分类，该账户属于集合汇转账户中的收入集合汇转账户。账户的贷方登记营业外收入的增加数，借方登记期末转入“本年利润”账户的数额，结转后本账户无余额。该账户应按收入项目设置明细账，进行明细分类核算。

（二）“营业外支出”账户

“营业外支出”账户用以核算企业发生的与企业经营无直接关系的各项损失，包括非流动资产报废损失、罚没支出、捐赠支出、非常损失等。（1）按照经济内容分类，该账户属于损益类账户；（2）按照用途结构分类，该账户属于集合汇转账户中的费用集合汇转账户。账户的借方登记营业外支出的发生数，贷方登记期末转入“本年利润”账户的数额，结转后本账户无余额。该账户应按费用项目设置明细账，进行明细分类核算。

提示：非流动资产出售或对外投资所形成的损益记入“资产处置损益”，不记入“营业外收入”或“营业外支出”。

（三）“固定资产清理”账户

“固定资产清理”账户用以核算企业因出售、报废和毁损等原因转入清理的固定资产净值及其在清理过程中所发生的清理费用和清理收入等，并据以确定清理损益。（1）按照经济内容分类，该账户属于资产类账户；（2）按照用途结构分类，该账户属于计价对比账户。账户的借方登记因出售等原因转入清理的固定资产净值及其在清理过程中所发生的清理费用，贷方登记因出售而收回的固定资产价款以及残料价值和变价收入等，余额即清理后的净损益，应转入“资产处置损益”“营业外收入”或“营业外支出”账户，结转后本账户无余额。

计价对比账户

计价对比账户是对某项经济业务在账户的借、贷两方按照两种不同计价标准进行计算对比，借以确定该业务最终成果的账户。计价对比账户的基本结构如下：

借方	计价对比账户	贷方
发生额：（1）登记以某一种（第一种）计价标准反映的价值量 （2）第一种计价小于第二种计价的差额转出		发生额：（1）登记以另一种（第二种）计价标准反映的价值量 （2）第一种计价大于第二种计价的差额转出

【例 5－9】 12 月 13 日，以现金支付违章罚金 900 元。

分析：这笔业务的发生，一方面支付了违章罚金，属营业外支出项目，应记入“营业外支出”账户的借方；另一方面现金减少，应记入“库存现金”账户的贷方。其会计分录如（46）所示。

（46）借：营业外支出　　900
　　　　贷：库存现金　　900

【例 5－10】 12 月 15 日，收到职工劳动合同违约金收入 4 000 元存入银行。

分析：这笔业务的发生，一方面违约金收入增加，应记入“营业外收入”账户的贷方；另一方面银行存款减少，应记入“银行存款”账户的借方。其会计分录如（47）所示。

（47）借：银行存款　　4 000
　　　　贷：营业外收入　　4 000

【例 5－11】 12 月 16 日，报废机器一台，原价 40 000 元，已提折旧 30 000 元，变价收入 5 000 元，发生清理费用 800 元。

分析：这笔业务的发生，需要作如下账务处理：a. 一方面固定资产因出售而减少，应记入“固定资产”账户的贷方；另一方面反映固定资产价值损耗的抵减项目——“累计折旧”应随着固定资产的减少而注销，记入“累计折旧”账户的借方，同时，将其净值记入“固定资产清理”账户的借方。b. 出售固定资产收到价款，一方面银行存款增加，应借记“银行存款”账户；另一方面固定资产清理收入增加，应贷记“固定资产清理”账户。c. 发生的清理费用，应记入“固定资产清理”账户的借方，同时银行存款减少，记入“银行存款”账户的贷方。d. 清理完毕，发生的清理损失从“固定资产清理”账户的贷方转入“营业外支出”账户的借方。相关会计分录如（48）所示。

（48）a. 借：固定资产清理　　10 000
　　　　　　累计折旧　　30 000
　　　　　贷：固定资产　　40 000

（48）b. 借：银行存款　　5 000
　　　　　贷：固定资产清理　　5 000

（48）c. 借：固定资产清理　　800
　　　　　贷：银行存款　　800

（48）d. 借：营业外支出　　5 800
　　　　　贷：固定资产清理　　5 800

华夏公司营业外收支主要经济业务账务处理如图 5－2 所示。

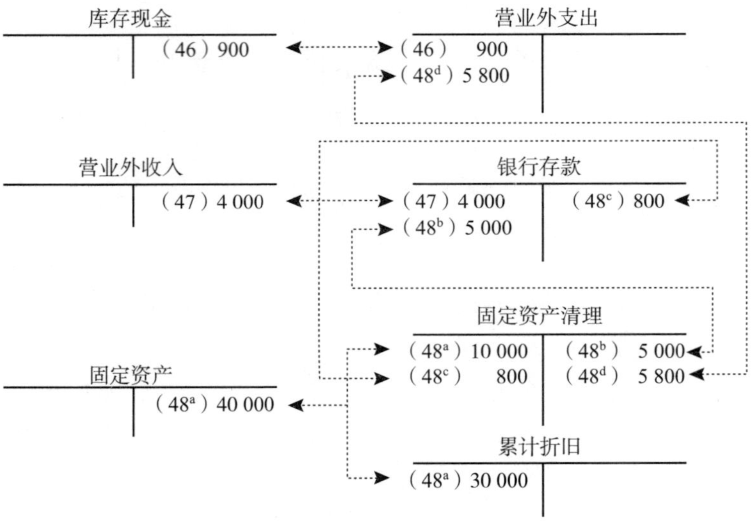

图 5－2　营业外收支业务账务处理示意

第三节　利润形成及利润分配的核算

一、利润形成业务的核算

（一）利润的构成

利润是企业在一定时期内全部经营活动反映在财务上的最终成

果，它是反映企业生产经营活动的经济效益和资金使用效果的一个重要指标。

企业在产品销售过程中所取得的营业利润，还不能算是最终的利润，因为企业在经营活动中，由于种种原因，还会发生一些其他业务收入、其他业务成本、期间费用（管理费用、销售费用、财务费用）、营业外收入和营业外支出等，这些也同样是企业利润的组成部分。

利润的金额分为营业利润、利润总额和净利润三个层次计算确定，计算公式如下：

营业利润 = 营业收入 − 营业成本 − 税金及附加 − 销售费用 − 管理费用 − 财务费用 − 资产减值损失 ± 公允价值变动损益 ± 投资收益 ± 资产处置损益

其中：营业收入包括主营业务收入和其他业务收入；营业成本包括主营业务成本和其他业务成本。

利润总额 = 营业利润 + 营业外收入 − 营业外支出

企业实现的利润，应按规定向国家缴纳所得税，余下部分为税后净利润。

净利润 = 利润总额 − 所得税费用

（二）账户设置及结构

1. “所得税费用”账户。“所得税费用”账户用于核算企业按规定从本期损益中扣除的所得税。（1）按照经济内容分类，该账户属于损益类账户；（2）按照用途结构分类，该账户属于集合汇转账户中的费用集合汇转账户。账户借方登记应从会计利润中抵扣的所得税费用；贷方登记期末转入“本年利润”账户的数额，结转后无余额。

2. “本年利润”账户。“本年利润”账户用以核算企业在本年度实现的利润额（或亏损额）。（1）按照经济内容分类，该账户属于所有者权益类账户；（2）按照用途结构分类，该账户属于财务成果计算账户。账户的贷方登记由“主营业务收入”“其他业务收入”“营业外收入”等账户转入的数额，借方登记由“主营业务成本”“税金及附加”“其他业务成本”“销售费用”“管理费用”“财务费用”“营业外支出”“所得税费用”等账户转入的数额。期末若为贷方余额，表示本期实现的利润额，若为借方余额，则表示本期发生的亏损额。年度终了，企业应将本年收入和支出相抵后结出的本年实现的利润额或亏损额，全部转入“利润分配”账户，结转后本账户应无余额。

利润形成的财务处理

财务成果计算账户

财务成果计算账户是用来核算企业在一定时期内财务成果的形成，计算最终财务成果的账户。财务成果计算账户的基本结构如下：

借方	财务成果计算账户　　　　　　　　贷方
期初余额：期初累计的亏损总额 发生额：本期转入的各项费用、支出数	期初余额：期初累计的利润总额 发生额：本期转入的各项收入收益数
期末余额：期末累计发生的亏损额	期末余额：期末累计实现的利润额

（三）账务处理

【例 5－12】 计算并结转本期利润总额。

查一查： 本年利润的计算有“账结法”和“表结法”两种。二者有什么区别?

月末采用账结法计算本年利润，一方面，将“主营业务收入”“其他业务收入”“营业外收入”等收入类账户的余额转入“本年利润”账户的贷方；另一方面，将“主营业务成本”“税金及附加”“其他业务成本”“销售费用”“管理费用”“财务费用”“营业外支出”等费用类账户的余额转入“本年利润”账户的借方。其会计分录如（49）所示。

（49）a. 借：主营业务收入	1 530 000	
其他业务收入	15 000	
营业外收入	4 000	
贷：本年利润		1 549 000
（49）b. 借：本年利润	1 083 250	
贷：主营业务成本		964 800
税金及附加		6 030
其他业务成本		10 200
销售费用		16 000
管理费用		68 520
财务费用		11 000
营业外支出		6 700

【例 5－13】 按利润总额 465 750 元计算本月应交所得税（所得税税率为 25%）。

应交所得税 = 465 750 × 25% = 116 437.5（元）

分析：这笔经济业务的发生，一方面，使所得税费用增加，应记入“所得税费用”账户的借方；另一方面，应交所得税增加，应记入“应交税费”账户的贷方。其会计分录如（50）所示。

（50）借：所得税费用　　　　　　　　　116 437.5

　　　　贷：应交税费——应交所得税　　　　116 437.5

【例 5-14】 将“所得税费用”账户余额结转至“本年利润”账户。

分析：这笔经济业务的发生，一方面应记入“本年利润”账户的借方；另一方面应记入“所得税费用”账户的贷方。其会计分录如（51）所示。

（51）借：本年利润　　　　　　　　　　116 437.5

　　　　贷：所得税费用　　　　　　　　　116 437.5

华夏公司利润形成业务的账务处理如图 5-3 所示。

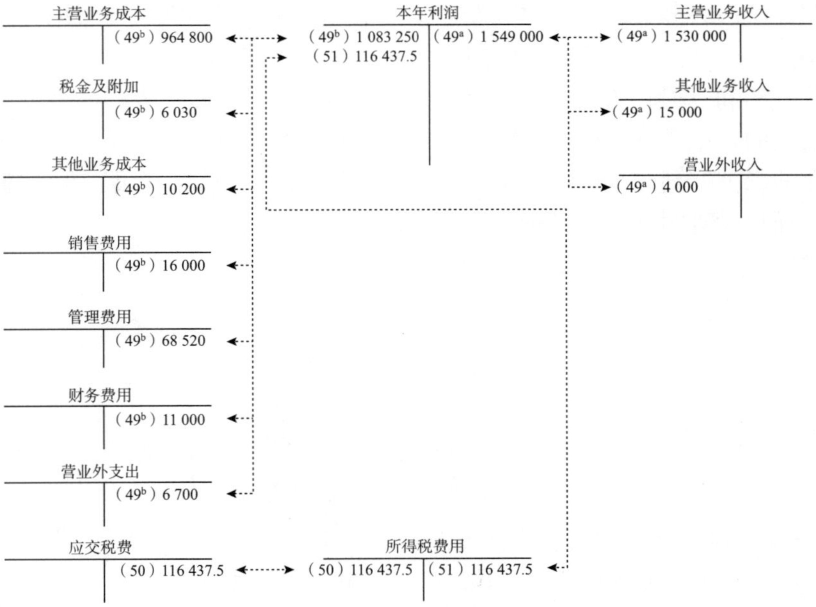

图 5-3　利润形成业务账务处理示意

二、利润分配业务的核算

（一）利润分配的内容和顺序

利润分配，是将企业实现的净利润，按照《公司法》及公司章程的有关规定，在企业和投资者之间进行的分配。

在不存在用当年利润弥补亏损的情况下，净利润一般应按照下列内容、顺序和金额进行分配：

1. 提取法定盈余公积金。根据我国《公司法》的规定，法定盈余公积金按照税后利润的10%提取。法定盈余公积金已达注册资本的50%时可不再提取。提取的法定盈余公积金用于弥补以前年度亏损或转增资本金。但转增资本金后留存的法定盈余公积金不得低于注册资本的25%。

2. 提取任意盈余公积金。任意公积金的提取与否及提取比例由股东会根据公司发展的需要和盈余情况决定，法律不作强制规定。

3. 向股东（投资者）支付股利（分配利润）。企业以前年度未分配的利润，可以并入本年度分配。

（二）账户设置及结构

1. “利润分配”账户。“利润分配”账户用以核算企业利润的分配（或亏损的弥补）和历年分配（或弥补）后的结存余额。（1）按照经济内容分类，该账户属于所有者权益类账户；（2）按照用途结构分类，该账户属于调整账户中的备抵账户。账户的借方登记利润已分配额和亏损转入额，贷方登记从“本年利润”账户转来可供分配的利润数或已弥补的亏损数。“利润分配”账户的贷方余额，表示积存的未分配利润数；借方余额，表示未弥补的亏损数。该账户应按分配项目设置明细账，进行明细分类核算。

利润分配账户

“利润分配”账户在1～11月属于“本年利润”账户的备抵账户。12月末，将“本年利润”账户余额结转“利润分配——未分配利润”账户后，“本年利润”无余额，此时，“利润分配”账户不再作为调整账户而存在，而成为独立的资本账户。

2. “盈余公积”账户。“盈余公积”账户用以核算按照国家有关规定从利润中提取及使用的盈余公积金。（1）按照经济内容分类，该账户属于所有者权益类账户；（2）按照用途结构分类，该账户属于资本账户。账户的贷方登记盈余公积的提取数，借方登记用以补亏或转增资本数，期末余额在贷方，表示提取的盈余公积结存数。该账户分别按“法定盈余公积”和“任意盈余公积”设置明细账，进行明细分类核算。

3. “应付股利（应付利润）”账户。“应付股利”账户用以核算企业应付给投资者的现金股利或利润。（1）按照经济内容分类，该账户属于负债类账户；（2）按照用途结构分类，该账户属于债务结算账户。账户的贷方登记应支付给投资者的利润，借方登记实际支付的利润数，余额若在贷方，表示尚未支付的利润，若在借方，表示多付的利润。该账户应按投资者设置明细账，进行明细分类核算。

（三）账务处理

【例 5－15】 12 月 31 日，按全年净利润 1 179 312.5 元的 10% 提取法定盈余公积金。

思考：若企业发生亏损，则应如何结转？

分析：根据“本年利润”账户的记录，华夏公司 1～11 月累计实现利润 830 000 元（即 12 月“本年利润”账户期初余额），12 月“本年利润”账户贷方发生额为 1 549 000 元，借方发生额为 1 199 687.5 元（1 083 250＋116 437.5），当月实现利润 349 312.5 元，则全年实现利润 1 179 312.5 元。

这笔业务的发生，一方面使利润分配增加，应记入“利润分配”账户的借方；另一方面企业提取的盈余公积增加，应记入“盈余公积”账户的贷方。其会计分录如（52）所示。

（52）借：利润分配——提取盈余公积　　117 931.25
　　　　贷：盈余公积　　117 931.25

【例 5－16】 华夏公司决定向投资者分配利润 180 000 元，按年末各投资者投资比例分配（迅达公司占 52%，吉安公司占 29%，至诚公司占 10%，振华公司占 9%）。

分析：这笔业务的发生，一方面应付投资者的利润增加，属于利润分配的项目，应记入“利润分配”账户的借方；另一方面应付投资者的利润增加，应记入“应付利润”账户的贷方。其会计分录如（53）所示。

（53）借：利润分配——应付利润　　180 000
　　　　贷：应付利润（或应付股利）——迅达公司
　　　　　　93 600
　　　　——吉安公司
　　　　　　52 200
　　　　——至诚公司
　　　　　　18 000
　　　　——振华公司
　　　　　　16 200

【例 5－17】 将税后净利润 1 179 312.5 元转至“利润分配”账户。

分析：这笔业务的发生，一方面用以计算本年财务成果的“本年利润”账户已登记完毕，应予以反方向结平，记入“本年利润”账户的借方；另一方面应记入“利润分配——未分配利润”账户的贷方。其会计分录如（54）所示。

（54）借：本年利润　　　　　　　　　　1 179 312.5

　　　　贷：利润分配——未分配利润　　　1 179 312.5

【例 5－18】将“利润分配——提取盈余公积”“利润分配——应付利润”等明细账户的余额转入“利润分配——未分配利润”账户，计算累计未分配利润。

分析：这笔业务的发生，一方面将“利润分配”各明细账户予以反方向结平（“未分配利润”明细账除外），应记入“利润分配——提取盈余公积”“利润分配——应付利润”等明细账户的贷方；另一方面应记入“利润分配——未分配利润”账户的借方。结转后，除“利润分配——未分配利润”明细账户外，其他明细账户无余额。其会计分录如（55）所示。

（55）借：利润分配——未分配利润　　　297 931.25

　　　　贷：利润分配——提取盈余公积　　　117 931.25

　　　　　　　　　　——应付利润　　　　　180 000

华夏公司利润分配业务的账务处理如图 5－4 所示。

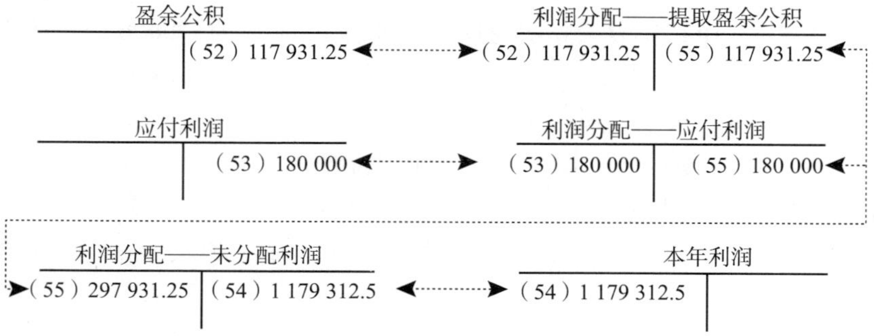

图 5－4　利润分配业务账务处理示意图

第四节　资金退出业务的核算

一、资金退出渠道

企业资金处于持续的运动过程，这个运动过程周而复始地发生，是一个开放性循环过程，既有资金进入企业，也有资金退出企业。资金退出渠道有多种：

（1）上交各种税费。企业在履行纳税义务时会发生资金流出企业。

（2）支付给投资者的利润。现金股利和利润分配伴随着资金退出企业，但股票股利则不会导致现金流出。

（3）归还借款本息。银行借款、结算借款等偿还业务发生，资金会退出企业。

（4）其他形式的资金退出。

资金退出业务发生导致会计等式两边资产和负债、所有者权益同时减少，资金总额减少。其中有些经济业务的核算已在前面作了介绍，这里主要就未述及的资金退出业务核算加以补充说明。

二、资金退出主要渠道的账务处理

（一）归还银行借款及利息

【例5-19】 12月1日，用银行存款偿还到期的长期借款80 000元。

分析：这笔业务的发生，一方面使企业负债减少，应记入“长期借款”账户的借方；另一方面企业银行存款减少，应记入“银行存款”账户的贷方。其会计分录如（56）所示。

（56）借：长期借款	80 000	
贷：银行存款		80 000

（二）上交税费

【例5-20】 12月8日，以银行存款交纳上月未交增值税62 000元、城市维护建设税4 340元、教育费附加1 860元、所得税86 510元。

分析：这笔业务的发生，一方面使企业负债减少，应记入“应交税费”账户的借方；另一方面企业银行存款减少，应记入“银行存款”账户的贷方。其会计分录如（57）所示。

（57）借：应交税费——未交增值税	62 000	
——应交城市维护建设税	4 340	
——应交教育费附加	1 860	
——应交所得税	86 510	
贷：银行存款		154 710

（三）支付现金股利（或利润）

【例5-21】 12月31日，向股东发放利润180 000元。

分析：这笔业务的发生，一方面使企业负债减少，应记入“应付利润”账户的借方；另一方面企业银行存款减少，应记入“银行存款”账户的贷方。其会计分录如（58）所示。

（58）借：应付利润（或应付股利）　　　　　180 000

　　　贷：银行存款　　　　　　　　　　　　180 000

（说明：公司股利的派发需要经过宣告、除息、登记，然后才支付，因而 12 月末一般不会发生发放股利的业务。本例这样处理，主要是为了介绍资金退出企业的账务处理方法。）

华夏公司资金退出企业主要业务的账务处理如图 5－5 所示。

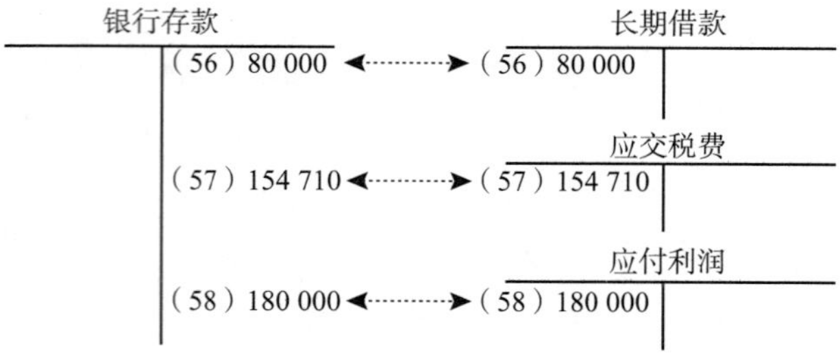

图 5－5　资金退出业务的账务处理示意图

附：账户登记与试算平衡

以上以制造业企业主要经营过程的核算为例，系统介绍了账户和复式记账的应用。为检查账务处理的正确性，验证借贷记账法的平衡原理，现根据第四章和第五章所举例题的会计分录登记有关总分类账户，分别结出本期发生额和期末余额，见附表 1 至附表 42，最后编制总分类账户试算平衡表，见附表 43。

附表 1　　　　**库存现金**　　　　单位：元

期初余额：	16 800		
（31）	100	（46）	900
本期发生额：	100	本期发生额：	900
期末余额：	16 000		

附表 2　　　　**银行存款**　　　　单位：元

期初余额：	2 600 000		
（1）	2 000 000	（10）	162 400
（6）	1 000 000	（11）	588 000
（7）	800 000	（12）	10 000
（38）	939 600	（14）	167 900
（39）	234 000	（15）	145 000
（43）	17 400	（19）	70 200
（47）	4 000	（20）	175 500
（48b）	5 000	（21）	100 000
		（23）	27 600

续表

		（25）	360 000
		（26）	43 200
		（30）	4 000
		（32）	1 650
		（33）	18 500
		（41）	16 000
		（48c）	800
		（56）	80 000
		（57）	154 710
		（58）	180 000
本期发生额：	5 000 000	本期发生额：	2 305 460
期末余额：	5 294 540		

附表 3 **应收票据** 单位：元

期初余额：	234 000		
		（39）	234 000
本期发生额：	—	本期发生额：	234 000
期末余额：	—		

附表 4 **应收账款** 单位：元

期初余额：	210 600		
（40）	835 200		
本期发生额：	835 200	本期发生额：	—
期末余额：	1 045 800		

附表 5 **预付账款** 单位：元

期初余额：	—		
（21）	100 000	（22）	127 600
（23）	27 600		
本期发生额：	127 600	本期发生额：	127 600
期末余额：	—		

附表 6 **其他应收款** 单位：元

期初余额：	3 000		
		（31）	1 000
本期发生额：	—	本期发生额：	1 000
期末余额：	2 000		

附表 7 在途物资 单位：元

期初余额：	—		
（15）	125 000	（16）	125 000
本期发生额：	125 000	本期发生额：	125 000
期末余额：	—		

附表 8 原材料 单位：元

期初余额：	102 800		
（14）	145 000	（24）	528 380
（16）	125 000	（44）	10 200
（17）	100 000		
（18）	50 000		
（22）	110 000		
本期发生额：	530 000	本期发生额：	538 580
期末余额：	94 220		

附表 9 生产成本 单位：元

期初余额：	—		
（24）	514 000		
（27）	307 000		
（28）	36 840	（37）	1 088 090
（36）	230 250		
本期发生额：	1 088 090	本期发生额：	1 088 090
期末余额：	—		

附表 10 制造费用 单位：元

（24）	7 180	（36）	230 250
（27）	32 000		
（28）	3 840		
（29）	172 730		
（33）	12 000		
（35）	2 500		
本期发生额：	230 250	本期发生额：	230 250

附表 11 库存商品 单位：元

期初余额：	469 710		
（37）	1 088 090	（42）	964 800
本期发生额：	1 088 090	本期发生额：	964 800
期末余额：	593 000		

附表 12　　固定资产　　单位：元

期初余额：	22 491 600		
（2）	100 000	（48a）	40 000
（10）	140 000		
（13）	518 000		
本期发生额：	758 000	本期发生额：	40 000
期末余额：	23 209 600		

附表 13　　累计折旧　　单位：元

		期初余额：	2 031 600
（48a）	30 000	（29）	193 730
本期发生额：	30 000	本期发生额：	193 730
		期末余额：	2 195 330

附表 14　　无形资产　　单位：元

期初余额：	600 000		
（3）	450 000		
（5）	3 000 000		
本期发生额：	3 450 000	本期发生额：	—
期末余额：	4 050 000		

附表 15　　累计摊销　　单位：元

		期初余额：	230 000
		（34）	3 750
本期发生额：	—	本期发生额：	3 750
		期末余额：	233 750

附表 16　　固定资产清理　　单位：元

期初余额：	—		
（48a）	10 000	（48b）	5 000
（48c）	800	（48d）	5 800
本期发生额：	10 800	本期发生额：	10 800
期末余额：	—		

附表 17　　在建工程　　单位：元

期初余额：	—		
（11）	508 000	（13）	518 000
（12）	10 000		
本期发生额：	518 000	本期发生额：	518 000
期末余额：	—		

附表 18　长期待摊费用　单位：元

期初余额：	57 500		
		（35）	2 500
本期发生额：	—	本期发生额：	2 500
期末余额：	55 000		

附表 19　短期借款　单位：元

		期初余额：	200 000
		（6）	1 000 000
本期发生额：	—	本期发生额：	1 200 000
		期末余额：	1 200 000

附表 20　应付票据　单位：元

		期初余额：	175 500
（20）	175 500	（18）	58 000
本期发生额：	175 500	本期发生额：	58 000
		期末余额：	58 000

附表 21　应付账款　单位：元

		期初余额：	164 200
（19）	70 200	（17）	116 000
本期发生额：	70 200	本期发生额：	116 000
		期末余额：	210 000

附表 22　应付利息　单位：元

		期初余额：	—
		（8）	6 000
本期发生额：	—	本期发生额：	6 000
		期末余额：	6 000

附表 23　应付职工薪酬　单位：元

		期初余额：	—
（25）	360 000	（27）	360 000
（26）	43 200	（28）	43 200
本期发生额：	403 200	本期发生额：	403 200
		期末余额：	—

附表 24　　应交税费　　单位：元

		期初余额：	154 710
(10)	22 400	(38)	129 600
(11)	80 000	(40)	115 200
(14)	22 900	(43)	2 400
(15)	20 000	(45)	6 030
(17)	16 000	(50)	116 437.5
(18)	8 000		
(22)	17 600		
(57)	154 710		
本期发生额：	341 610	本期发生额：	369 667.5
		期末余额：	182 767.5

附表 25　　应付利润　　单位：元

		期初余额：	—
(58)	180 000	(53)	180 000
本期发生额：	180 000	本期发生额：	180 000
		期末余额：	—

附表 26　　长期借款　　单位：元

		期初余额：	80 000
(56)	80 000	(7)	800 000
		(9)	5 000
本期发生额：	80 000	本期发生额：	805 000
		期末余额：	805 000

附表 27　　实收资本　　单位：元

		期初余额：	21 700 000
		(1)	2 000 000
		(2)	100 000
		(3)	450 000
		(4)	200 000
		(5)	2 600 000
本期发生额：	—	本期发生额：	5 350 000
		期末余额：	27 050 000

附表 28　　资本公积　　单位：元

		期初余额：	160 000
(4)	200 000	(5)	400 000
本期发生额：	200 000	本期发生额：	400 000
		期末余额：	360 000

附表 29　　盈余公积　　单位：元

		期初余额：	1 000 000
		(52)	117 931.25
本期发生额：	—	本期发生额：	117 931.25
		期末余额：	1 117 931.25

附表 30　　本年利润　　单位：元

		期初余额：	830 000
(49b)	1 083 250	(49a)	1 549 000
(51)	116 437.5		
(54)	1 179 312.5		
本期发生额：	2 379 000	本期发生额：	1 549 000
		期末余额：	—

附表 31　　利润分配　　单位：元

		期初余额：	60 000
(52)	117 931.25	(54)	1 179 312.5
(53)	180 000		
本期发生额：	297 931.25	本期发生额：	1 179 312.5
		期末余额：	941 381.25

附表 32　　主营业务收入　　单位：元

(49a)	1 530 000	(38)	810 000
		(40)	720 000
本期发生额：	1 530 000	本期发生额：	1 530 000

附表 33　　其他业务收入　　单位：元

(49a)	15 000	(43)	15 000
本期发生额：	15 000	本期发生额：	15 000

附表 34　　营业外收入　　单位：元

(49a)	4 000	(47)	4 000
本期发生额：	4 000	本期发生额：	4 000

附表 35　　主营业务成本　　单位：元

(42)	964 800	(49b)	964 800
本期发生额：	964 800	本期发生额：	964 800

附表 36　　其他业务成本　　单位：元

(44)	10 200	(49b)	10 200
本期发生额：	10 200	本期发生额：	10 200

附表 37　　营业外支出　　单位：元

(46)	900	(49b)	6 700
(48d)	5 800		
本期发生额：	6 700	本期发生额：	6 700

附表 38　　销售费用　　单位：元

(41)	16 000	(49b)	16 000
本期发生额：	16 000	本期发生额：	16 000

附表 39　　管理费用　　单位：元

(24)	7 200	(49b)	68 520
(27)	21 000		
(28)	2 520		
(29)	21 000		
(30)	4 000		
(31)	900		
(32)	1 650		
(33)	6 500		
(34)	3 750		
本期发生额：	68 520	本期发生额：	68 520

附表 40　　财务费用　　单位：元

(8)	6 000	(49b)	11 000
(9)	5 000		
本期发生额：	11 000	本期发生额：	11 000

附表 41　　税金及附加　　单位：元

(45)	6 030	(49b)	6 030
本期发生额：	6 030	本期发生额：	6 030

附表 42　　所得税费用　　单位：元

(50)	116 437.5	(51)	116 437.5
本期发生额：	116 437.5	本期发生额：	116 437.5

附表 43　　华夏公司总分类账户试算平衡表

20××年 12 月 31 日　　单位：元

账户名称	期初余额		本期发生额		期末余额	
	借方	贷方	借方	贷方	借方	贷方
库存现金	16 800		100	900	16 000	
银行存款	2 600 000		5 000 000	2 305 460	5 294 540	
应收票据	234 000			234 000		
应收账款	210 600		835 200		1 045 800	
预付账款			127 600	127 600		
其他应收款	3 000			1 000	2 000	
在途物资			125 000	125 000		
原材料	102 800		530 000	538 580	94 220	
库存商品	469 710		1 088 090	964 800	593 000	
固定资产	22 491 600		758 000	40 000	23 209 600	
累计折旧		2 031 600	30 000	193 730		2 195 330
在建工程			518 000	518 000		
固定资产清理			10 800	10 800		
无形资产	600 000		3 450 000		4 050 000	
累计摊销		230 000		3 750		233 750
长期待摊费用	57 500			2 500	55 000	
生产成本			1 088 090	1 088 090		
制造费用			230 250	230 250		
短期借款		200 000		1 000 000		1 200 000
应付票据		175 500	175 500	58 000		58 000
应付账款		164 200	70 200	116 000		210 000
应付职工薪酬			403 200	403 200		
应交税费		154 710	341 610	369 667.5		182 767.5
应付利润			180 000	180 000		
应付利息				6 000		6 000
长期借款		80 000	80 000	805 000		805 000
实收资本		21 700 000		5 350 000		27 050 000
资本公积		160 000	200 000	400 000		360 000
盈余公积		1 000 000		117 931.25		1 117 931.25
本年利润		830 000	2 379 000	1 549 000		

续表

账户名称	期初余额		本期发生额		期末余额	
	借方	贷方	借方	贷方	借方	贷方
利润分配		60 000	297 931. 25	1 179 312. 5		941 381. 25
主营业务收入			1 530 000	1 530 000		
其他业务收入			15 000	15 000		
营业外收入			4 000	4 000		
主营业务成本			964 800	964 800		
其他业务成本			10 200	10 200		
营业外支出			6 700	6 700		
销售费用			16 000	16 000		
管理费用			68 520	68 520		
财务费用			11 000	11 000		
税金及附加			6 030	6 030		
所得税费用			116 437. 5	116 437. 5		
合计	26 786 010	26 786 010	20 667 258. 75	20 667 258. 75	34 360 160	34 360 160

本章小结

销售业务的核算主要包括主营业务收入及相关成本费用、税金的确认和计量，其他业务收入及其他业务成本的确认与计量等。

企业通过经营活动实现的各项收入在抵偿了各种耗费后形成了财务成果，财务成果需要按照规定的顺序进行分配，包括提取法定盈余公积金、提取任意盈余公积金、向投资者分配利润等。

企业在对经济业务进行核算时，需要使用大量的账户，这些账户可以按照两种方法进行分类：按照经济内容分类和按照用途结构分类。按经济内容的分类，也就是按账户所要核算和监督的会计对象的具体内容进行的分类，这是账户分类的基础。但这种分类方法不能详细说明各种账户的作用及如何提供经营管理所需要的各种指标，为此，还需进一步按账户的用途和结构进行分类。账户的用途，是指设置和运用账户的目的，即通过账户的记录能够提供什么核算指标；账户的结构是指账户如何提供各种核算资料，即借方登记什么，贷方登记什么，怎样进行登记，期末有无余额，若有余额，在哪一方，表示什么意思等。

账户的两种分类方法归纳总结如下：

账户按经济内容分类

<table>
<tr><th colspan="3">类别</th><th>代表性账户</th></tr>
<tr><td rowspan="8">资产类账户</td><td rowspan="4">流动资产类</td><td>货币资产类</td><td>库存现金，银行存款，其他货币资金</td></tr>
<tr><td>证券资产类</td><td>交易性金融资产</td></tr>
<tr><td>债权资产类</td><td>应收票据，应收账款，预付账款，应收利息，应收股利，其他应收款</td></tr>
<tr><td>存货资产类</td><td>在途物资，材料采购，材料成本差异，原材料，库存商品</td></tr>
<tr><td rowspan="4">非流动资产类</td><td>长期投资类</td><td>持有至到期投资，可供出售金融资产，长期股权投资</td></tr>
<tr><td>固定资产类</td><td>固定资产，累计折旧，固定资产清理，在建工程</td></tr>
<tr><td>无形资产类</td><td>无形资产，累计摊销</td></tr>
<tr><td>其他资产类</td><td>长期待摊费用</td></tr>
<tr><td rowspan="5">负债类账户</td><td rowspan="2">流动负债类</td><td>经营活动形成的负债</td><td>短期借款，应付票据，应付账款，预收账款，其他应付款，应付职工薪酬</td></tr>
<tr><td>经营成果分配形成的负债</td><td>应付利息，应付股利，应交税费</td></tr>
<tr><td rowspan="3">长期负债类</td><td>对金融机构的负债</td><td>长期借款</td></tr>
<tr><td>对社会公众的负债</td><td>应付债券</td></tr>
<tr><td>其他</td><td>长期应付款</td></tr>
<tr><td colspan="3">共同类账户</td><td>衍生工具，套期工具</td></tr>
<tr><td rowspan="2">所有者权益类账户</td><td colspan="2">反映所有者原始投资的账户</td><td>实收资本，资本公积</td></tr>
<tr><td colspan="2">反映所有者投资盈余的账户</td><td>盈余公积，本年利润，利润分配</td></tr>
<tr><td colspan="3">成本类账户</td><td>生产成本，制造费用</td></tr>
<tr><td rowspan="2">损益类账户</td><td colspan="2">收入、收益类账户</td><td>主营业务收入，其他业务收入，投资收益，营业外收入</td></tr>
<tr><td colspan="2">费用、支出类账户</td><td>主营业务成本，其他业务成本，税金及附加，管理费用，财务费用，销售费用，营业外支出，所得税费用</td></tr>
</table>

账户按用途结构分类

<table>
<tr><th colspan="2">类别</th><th>代表性账户</th><th>特点</th></tr>
<tr><td colspan="2">盘存账户</td><td>库存现金、银行存款，原材料、库存商品，固定资产</td><td>（1）该类账户所核算的资产可通过实地盘点或双方核对账目的方式进行查实，保证账实相符。
（2）该类账户期末余额只能出现在借方。
（3）除货币资金账户外，其他盘存账户的明细分类核算应同时提供数量指标和货币指标。</td></tr>
<tr><td colspan="2">资本账户</td><td>实收资本，资本公积，盈余公积</td><td>（1）除非企业减资或清算，“实收资本”账户一般没有借方发生额。
（2）该类账户的期末余额只能出现在贷方。
（3）明细分类核算只提供货币指标。</td></tr>
<tr><td rowspan="3">结算账户</td><td>债权结算账户</td><td>应收票据，应收账款，预付账款，其他应收款，应收利息，应收股利</td><td rowspan="3">（1）账户的性质要根据余额的方向判别，当余额出现在借方时属于资产结算账户；当余额出现在贷方时属于负债结算账户。
（2）债权债务结算账户的总分类账户余额不能明确反映债权与债务的实有数，债权与债务的实有数需要根据明细账判断。
（3）明细分类核算只提供货币指标。</td></tr>
<tr><td>债务结算账户</td><td>短期借款，长期借款，应付票据，应付账款，预收账款，其他应付款，应付利息，应付股利，应付职工薪酬，应交税费</td></tr>
<tr><td>债权债务结算账户</td><td>应收账款，应付账款</td></tr>
<tr><td colspan="2">集合分配账户</td><td>制造费用</td><td>（1）具有集合和分配两大作用，账户借方起归集作用，账户贷方起分配作用。
（2）具有过渡性质，期末将当期归集的费用全部转出后，账户一般无余额。
（3）不仅要分车间或部门设置明细账，而且要分费用项目进行明细核算，但明细分类核算只提供货币指标。</td></tr>
<tr><td colspan="2">跨期摊配账户</td><td>长期待摊费用</td><td>（1）该类账户核算应由相毗连的若干会计期间共同负担的费用，借方登记实际支出数，贷方登记摊销数。
（2）账户期末余额应出现在借方，属于资产性质，但这只是一项虚资产，没有价值，也不能对外转让。
（3）明细分类核算只提供货币指标。</td></tr>
<tr><td colspan="2">成本计算账户</td><td>生产成本，材料采购，在建工程</td><td>（1）应按照成本计算对象设置明细分类账户，账内按成本项目设专栏，进行明细分类核算。
（2）明细分类账户既提供货币指标，又提供实物指标。
（3）该类账户若有期末余额，应出现在借方，属于资产。</td></tr>
</table>

续表

类别		代表性账户	特点
调整账户	备抵账户	累计折旧，累计摊销，坏账准备，利润分配	（1）调整账户不能独立存在，需要依赖于被调整账户而存在。 （2）调整账户与被调整账户所反映的经济内容相同，被调整账户反映某一项目的原始数字，调整账户反映对同一项目的调整数字。 （3）调整账户对被调整账户抵减或附加的结果，可以提供具有特定意义的经济指标。
	附加账户	—	
	备抵附加账户	材料成本差异	
集合汇转账户	收入集合汇转账户	主营业务收入，其他业务收入，营业外收入	（1）通过账户的某一方进行汇集，通过账户的另一方进行结转。 （2）期末结转后，账户一定无余额。
	费用集合汇转账户	主营业务成本，其他业务成本，税金及附加，管理费用，销售费用，财务费用，营业外支出，所得税费用	
计价对比账户		本年利润，固定资产清理	（1）账户借贷双方计价标准不同。 （2）根据借贷双方对比的差异来确定业务成果。
财务成果计算账户		本年利润	（1）账户贷方登记转入的各项收入，借方登记转入的各项费用。 （2）贷方大于借方的差额反映企业实现的利润，借方大于贷方的差额反映企业发生的亏损。 （3）年末结转后无余额。

【重要术语】

主营业务收入；主营业务成本；税金及附加；其他业务收入；其他业务成本；营业外收入；营业外支出；非经常性损益；本年利润；利润分配

思考与练习

一、思考题

1. 销售收入舞弊是企业违规事项最多的业务，你是如何看待这种现象的？

2. 广告费作为期间费用入账，能分期摊销吗？

3. 利润由哪几部分构成？

4. 账户按照经济内容如何分类？

5. 账户按照用途和结构如何分类？

6. 设置调整账户的目的是什么？试举例说明其如何对被调整账户起调整作用。

二、案例题

上海证券交易所2015年11月19日下发《关于对安徽皖江物流（集团）股份有限公司和有关责任人予以纪律处分的决定》。该决定列举安徽皖江物流公司2012年及2013年虚增收入与利润，相关财务数据披露不真实如下：

（1）2012年，皖江物流子公司淮矿现代物流有限责任公司（以下简称“淮矿物流”）虚构其与湖北华中有色金属有限公司、武汉中西部钢铁交易有限公司、上海福鹏投资控股有限公司和福鹏控股（北京）有限公司（以下统称“福鹏系公司”）等之间的采购交易42.16亿元，虚构销售收入45.51亿元；2013年，虚构与福鹏系公司之间的采购交易41.25亿元，虚构与福鹏系公司、武汉耀金源有色金属材料有限公司、武汉瑞泰实业有限公司等公司销售收入43.99亿元。

（2）2013年，淮矿物流通过签订阴阳合同的方式处理高价库存螺纹钢，合同销售价格比实际结算价格高出2.39亿元，淮矿物流按合同销售价格确认相应的收入并结转成本，虚增皖江物流销售收入2.04亿元，虚增利润2.04亿元。

请问：淮矿物流上述两点舞弊手段，对企业利润和资产有什么影响？从中你可看出收入确认和计量与资产的关联性？

三、练习题

1. 资料：欣欣公司4月发生的部分经济业务如下。

（1）3日，向甲公司出售A产品500件，不含税单价600元，增值税税率16%。货款已收到，存入银行。

（2）5日，向乙公司出售B产品30件，不含税单价1 500元，增值税税率16%，另外代垫运费800元。货款及运费尚未收到。

（3）15日，收到乙公司支付的B产品的货款及运费，存入银行。

（4）16日，向丙公司销售A产品200件，不含税单价600元；销售B产品50件，不含税单价1 500元。增值税税率16%。收到丙公司签发的商业承兑汇票一张，期限为5个月，金额为228 150元。

（5）20日，以银行存款30 000元支付广告费。

（6）30日，结转本月已售A、B两种产品的生产成本，其中A产品单位成本450元，B产品单位成本1 000元。

要求：根据上述经济业务编制会计分录。

2. 资料：甲企业是一般纳税人，下面是该企业某年12月发生的经济业务。

（1）收到某企业投资的设备一台，价值800 000元。

（2）向银行借入期限是6个月的短期借款1 200 000元，已存入银行。

(3) 外购原材料一批，价款100 000元，增值税税率16%，款项尚未支付，材料已验收入库。

(4) 销售A产品一批，价款200 000元，增值税税率16%，款项已经收到，存入银行。

(5) 行政管理部门李敏预借差旅费3 000元，用现金支付。

(6) 李敏出差归来，报销差旅费2 500元。

(7) 销售B产品一批，价款300 000元，增值税税率16%，款项尚未收到。

(8) 结转已销A、B产品的销售成本300 000元。

(9) 预提应由本月负担的短期借款利息3 000元。

(10) 本月耗用材料汇总如下：生产A产品用35 000元，生产B产品用28 000元，车间一般性消耗7 000元，行政管理部门一般性消耗500元。

(11) 本月工资分配情况如下：A产品生产工人工资15 000元，B产品生产工人工资17 000元，车间管理人员工资3 000元，行政管理人员工资8 000元。

(12) 本月应计提固定资产折旧费40 000元，其中，车间固定资产折旧25 000元，行政管理部门固定资产折旧15 000元。

(13) 按生产工时分配制造费用35 000元，A产品生产工时为300小时，B产品生产工时为200小时。

(14) 收到罚款收入50 500元，存入银行。

(15) 开出支票向广告商支付广告费8 000元。

(16) 经计算本月应交城市维护建设税2 500元。

(17) 开出支票对外捐赠1 400元。

(18) 月末，将本月损益类账户的余额结转至“本年利润”账户，并计算当月的利润总额。

(19) 按利润总额的25%计算当期应交所得税并将“所得税费用”账户的余额结转至“本年利润”账户。

(20) 按净利润的10%计提法定盈余公积金。

要求：根据上述经济业务编制会计分录。

第六章 会计凭证

问题导入

大家已经系统地学习了企业主要经济业务的核算。但是，实际工作中，没有人像课本习题一样告诉会计师发生的经济业务内容是什么。会计的语言形式是凭证、账簿、报表。根据学过的会计循环应该知道，会计凭证填制和审核是会计核算的起点。所以，会计程序的起点是会计凭证取得、填制和审核。

当小张和同学们看到老师拿来大小不一、形色不同的发票、单据，并告诉他们这就是原始会计凭证时大家一脸的懵懂。小张翻阅时注意到，原始凭证很多是从银行、供货商和服务商等外部取得的交易和服务凭证，也有内部和部门业务发生的凭证，但都有共同特点：证明经济业务发生时间、地点、内容、金额及经办人和单位等。

“原始凭证在叙述一笔笔具体业务的发生情况。”老师说。

“会计分录填在哪?”有同学问。

“在记账凭证上，你们传看一下。”老师拿起一摞大小相同的会计凭证给大家看。小张翻到一份记账凭证，那张凭证的借方科目是“管理费用——董事会会费”，贷方科目是“现金”，凭证下面还有不同岗位的会计人员的签章，后面还黏贴着购物发票、信用卡刷卡支付回单。他有点明白了。

财务会计的特征之一是以会计凭证为依据，连续、系统、完整地反映经济业务。在对这些业务进行账务处理前必须取得证明经济业务发生的书面证明，这种书面证明就是原始凭证，然后根据审核无误的原始凭证在记账凭证上编制会计分录，作为登记账户的依据。本章重点是会计凭证的填制与审核。

学习目标

了解会计凭证的类型，理解会计凭证对于会计信息体系和管理控制的意义；掌握原始凭证和记账凭证填制、审核要点。

第一节　会计凭证及其种类

一、会计凭证的含义

会计凭证，是记录经济业务，明确经济交易事项，并据以登记账簿的书面证明。填制和审核会计凭证是会计核算的专门方法和重要环节，也是企业经济业务纳入会计核算的第一步。会计凭证在法律上对于发生的经济业务具有证明效力。会计凭证的基本功能是记录和证明经济业务的真实性和完整性。《会计法》第九条规定："各单位必须根据实际发生的经济业务事项进行会计核算，填制会计凭证，登记会计账簿，编制财务会计报告。任何单位不得以虚假的经济业务事项或者资料进行会计核算。"

在实际工作中，业务部门发生的经济业务和会计人员根据经济业务记录编制的会计分录，都是记录在会计凭证上的。办理任何一笔经济业务，都要办理证明经济业务活动的会计凭证手续，由具体经办人员按照规定的程序和要求，填制或取得会计凭证，以记录经济业务的内容和数量，并在凭证上签名或盖章，明确经济责任。会计凭证经过规定的会计审核流程后，才能作为记账的依据。因此，正确填制和审核会计凭证，是会计核算工作的一项重要内容。做好这项工作，对于保证会计核算资料的客观性、可靠性和正确性，完成会计任务和发挥会计作用具有重要意义。

1. 填制和审核会计凭证，可以正确、及时地反映各项经济业务的发生和完成情况。对每笔经济业务，必须填制相应证明经济业务情况的会计凭证，履行规定的审核程序后才能记入账簿。这样，企业发生的各项经济业务，通过正确、及时的记录，形成会计凭证，为登记账簿提供可靠的依据。

2. 填制和审核会计凭证，可以明确经济责任。按照财务信息的内部控制要求，每一项经济业务都要由经办单位和人员办理相关业务手续并且签名或盖章，以便"全程留痕"，相关人员对经济业务的合法性和真实性负责。

3. 填制和审核会计凭证，有利于保障会计的监督作用。由于经济业务发生所填制的会计凭证反映了经济业务的具体情况和真实记录，因此可以通过会计凭证审核，检查各项生产经营活动内部控制的有效性，防范各种风险，评价各项经济活动的效率与效果。

4. 会计凭证记载可以为经济交易提供客观证据，为处理经济纠纷提供法律依据。

二、会计凭证的种类

《会计法》第十四条规定："会计凭证包括原始凭证和记账凭证。办理本法第十条所列的经济业务事项，必须填制或者取得原始凭证并及时送交会计机构。会计机构、会计人员必须按照国家统一的会计制度的规定对原始凭证进行审核，对不真实、不合法的原始凭证有权不予接受，并向单位负责人报告；对记载不准确、不完整的原始凭证予以退回，并要求按照国家统一的会计制度的规定更正、补充。原始凭证记载的各项内容均不得涂改；原始凭证有错误的，应当由出具单位重开或者更正，更正处应当加盖出具单位印章。原始凭证金额有错误的，应当由出具单位重开，不得在原始凭证上更正。记账凭证应当根据经过审核的原始凭证及有关资料编制"，这是对会计凭证的基本规定和要求，也是对原始凭证审核的法律规定。现实经济活动中会计凭证因业务活动的多样性和复杂性而多种多样，可以按照不同的标准进行分类。会计领域主要是按照其填制程序和用途进行分类，分为原始凭证和记账凭证两大类。

（一）原始凭证

原始凭证，又称原始单据，是经济业务发生的当时填制或取得的会计凭证，它是记录经济业务发生情况的基本证据，也是会计核算的原始资料，是会计监督的重要依据。原始凭证主要由相关业务部门来填制。一切经济业务发生时都必须填制原始凭证。会计工作中应用的原始凭证种类很多，如收货单、发货票、领料单、各种报销凭证、银行结算凭证等都属于原始凭证。此外，对于一些经常重复发生的经济业务，还可以根据同类原始凭证编制原始凭证汇总表，作为记账依据，以简化核算工作，如根据发货单编制发货汇总表等。随着各种管理软件（如 ERP、SAP 等）和专业财务软件在企业中的应用不断深化，原始凭证的格式和内容也不断变化。

原始凭证按其来源的不同分为外来原始凭证和自制原始凭证两种。

1. 外来原始凭证。外来原始凭证，是指在经济业务发生时，从本企业外部取得的原始凭证。外部原始凭证具有法律意义，应该具备作为法律凭据的一般特征，如要标明时间、单位名称、数量、金额、经办人员等。例如，从小规模纳税人企业取得的统一销货发票，从一般纳税人企业取得的增值税专用发票（见图 6 – 1），从银行取得的银行进账单、汇款单等。

山东省增值税专用发票

3700163320　　（国家税务总局监制）No. 00337084

开票日期：20××-04-04

购买方	名称	B公司	密码区	
	纳税人识别号	×××		
	地址、电话	×××		
	开户行及账号	×××		

货物或应税劳务、服务名称	规格型号	计量单位	数量	单价	金额									税率（%）	税额				
					百	十	万	千	百	十	元	角	分		千	百	十	元	角	分
钢结构件	A—	套	10	200				2	0	0	0	0	0	16		3	2	0	0	0
合　计								2	0	0	0	0	0			3	2	0	0	0
价税合计（大写）	零佰 零拾 零万 贰仟 叁佰 贰拾 零元 零角 零分 ￥2 320.00																			

销货方	名称	A公司	备注	
	纳税人识别号	×××		
	地址、电话	×××		
	开户银行及账号	×××		

二联：发票联购货方记账

收款：郝伟　　复核：李静　　开票：李四

图6-1　增值税专用发票样式

2. 自制原始凭证。自制原始凭证，是指在经济业务发生时由本单位内部经办业务的部门或人员自行填制的、证明经济业务发生情况和过程的各种凭证。由于需要证明的业务性质和种类不同，自制原始凭证种类繁多，如各种材料或产品的入库单，领料单（或称出库单，见图6-2），生产工时单，用工记录、职工出差所填制的借款单，产品完工入库的验收单等。自制原始凭证为记录和证明业务发生及其流程，凭证内容和形式根据管理需要设置，可以一式多联，供不同部门留存使用。

领料单

编号：0001

领料单位：A生产部门　　20××年6月1日　　发料单位：A仓库

材料类别	编号	材料名称	规格	单位	数量		价格	
					请领	实发	单价	金额
周转材料	1	螺丝		千克	2 000	2 000	120.00	240 000.00
用途：生产A产品							合计	240 000.00

主管：李鑫　　记账：张三　　仓库：王乐　　领料人：蔡武

图6-2　领料单格式

通常，某项经济业务产生的原始凭证不止一种，来自不同渠道的交叉原始凭据作为编制记账凭证的依据更有效力，如编制反映销售收入业务的记账凭证时，一般会有销售发票、商品出库单或运输单等作为附件，大额交易还会有销售合同；编制反映材料采购的记账凭证时，一般会取得对方开具的销货发票、本公司的入库单、付款支票存根等作为附件，大额重要交易还会有采购合同。

（二）记账凭证

记账凭证，是会计人员根据审核无误的原始凭证或汇总原始凭证，根据经济业务的内容归类，按照会计准则编制会计分录填制的，是登记会计账簿的依据。记账凭证可以使用通用记账凭证，也可以使用专用记账凭证（分为收款凭证、付款凭证和转账凭证）。

通用记账凭证是指用来反映所有经济业务的记账凭证，为各类经济业务所共同使用。其格式如图 6－3 所示。这种格式具有通用性，可以记录各种经济业务。会计软件中通常采用这种通用的记账凭证格式；手工记账时，通用记账凭证适用于经济业务不多的企业。由于货币资金的管理是财会人员的一项重要工作，为了单独反映货币资金收付情况，在货币资金收付业务量较多的单位中，手工记账时往往对货币资金的收付业务编制专用的记账凭证。

记账凭证

20××年6月15日　　　　凭证编号：转0001号

摘要	总账科目	明细科目	借方金额										贷方金额									
			千	百	十	万	千	百	十	元	角	分	千	百	十	万	千	百	十	元	角	分
销售钢结构件	应收账款	山东智联公司				4	6	4	0	0	0	0										
	应交税费	应交增值税（销项税额）															6	4	0	0	0	0
	主营业务收入															4	0	0	0	0	0	0
	合计金额					4	6	4	0	0	0	0				4	6	4	0	0	0	0

会计主管：李同　　记账：张三　　审核：李静　　填制：蔡武

图 6－3　记账凭证格式

专用记账凭证按其所记录的经济业务与现金、银行存款的收付是否有联系，以便于区分登记现金和银行存款日记账，可以将记账凭证分为收款凭证、付款凭证和转账凭证三种。

1. 收款凭证。收款凭证，是用来记录现金和银行存款收入业务的记账凭证。它是根据货币资金收入业务的原始凭证填制的，包括现金收款凭证和银行存款收款凭证。收款凭证既是登记现金日记账、银行存款日记账、各种明细账和总账等有关账簿的依据，同时也是出纳人员收入款项的依据。现金收款凭证的一般格式如图 6－4 所示。

收款凭证

借方科目：库存现金　　　　20××年 5 月 8 日　　　　凭证编号：现收 0156 号

对方单位	摘要	贷方科目		金额										记账符号
		总账科目	明细科目	千	百	十	万	千	百	十	元	角	分	
借款单 112#	收回张亮借旅费	其他应收款	旅费借款					2	0	0	0	0	0	√
附凭证 1 张		合计金额						2	0	0	0	0	0	

会计主管：李同　记账：张三　复核：李静　制单：蔡武　交款人（签名）：张亮

图 6－4　收款凭证格式

2. 付款凭证。付款凭证，是用来记录现金和银行存款支付业务的记账凭证，付款凭证是根据货币资金支出业务的原始凭证填制的，包括现金付款凭证和银行存款付款凭证，现金付款凭证的一般格式如图 6－5 所示。

付款凭证

贷方科目：库存现金　　　　20××年 5 月 7 日　　　　凭证编号：现付 0155 号

对方单位（或领款人）	摘要	借方科目		金额										记账符号
		总账科目	明细科目	千	百	十	万	千	百	十	元	角	分	
B 公司	付企管部李四办公用品	管理费用	办公费						2	5	0	0	0	√
附凭证 3 张		合计金额							2	5	0	0	0	

会计主管：李同　记账：张三　复核：李静　制单：蔡武　交款人（签名）：薛斌

图 6－5　付款凭证格式

3. 转账凭证。转账凭证，是用来记录不涉及现金、银行存款收付业务的记账凭证。它是根据有关转账业务的原始凭证填制的，如车间生产领用原材料、产品完工入库等经济业务，都属转账业务。转账凭证的一般格式如图6－6所示。

转账凭证

20××年6月7日　　　　凭证编号：转字00177号

摘要	总账科目	明细科目	借方金额										贷方金额									
			千	百	十	万	千	百	十	元	角	分	千	百	十	万	千	百	十	元	角	分
一车间领螺纹钢	生产成本	A产品					3	1	0	0	0	0										
一车间领螺纹钢	生产成本	B产品					2	8	0	0	0	0										
一车间领螺纹钢	原材料	螺纹钢															5	9	0	0	0	0
附凭证2张							5	9	0	0	0	0					5	9	0	0	0	0

会计主管：李同　　　　记账：张三　　　　复核：李静　　　　制单：蔡武

图6－6　转账凭证格式

需要说明的是，在企业现实经济活动中，不同企业所使用的收款凭证、付款凭证格式并不统一，比较一致的地方是凭证会直接打印出“收款凭证”“付款凭证”字样，凭证的内容则差别较大，如图6－4、图6－5的收款凭证和付款凭证中，直接在“借方科目”或“贷方科目”中区分了“库存现金”或“银行存款”，而在另外一些企业的“收款凭证”和“付款凭证”中，则通过“库存现金”和“银行存款”在凭证中的“借方金额”和“贷方金额”来区别，如果是借方金额就是收款凭证，如果是贷方金额就是付款凭证；还有的企业直接把收款凭证印制成红色，把付款凭证印制成蓝色，以示区别。同时，随着财务管理软件的普及应用，机器记账逐步取代手工记账，账务系统可以直接根据编制会计分录时输入的科目代码识别“库存现金”“银行存款”，然后根据其发生额在“借方”或“贷方”自动识别是收款凭证还是付款凭证，并据此形成相应日记账或明细账，因此很多企业在编制记账凭证时不再对上述三种凭证进行区分，而是统一使用“记账凭证”这一名称，内容格式与转账凭证相同。

第二节　会计凭证的填制及审核

一、原始凭证的填制和审核

（一）原始凭证的填制

原始凭证是用来证明经济业务发生和完成情况的原始记录，是编制记账凭证的依据，发票等重要原始凭证还是划分交易双方权利与责任的法律证据。因此，正确填制原始凭证，是保证账簿记录准确、真实的重要环节。另外，原始凭证有手工填制的，但随着信息技术的发展，越来越多的原始凭证由机器自动打印生成，如支票打印机、税控机（税务发票打印机）等，基本格式和内容与手工填制的原始凭证相同。

由于经济业务是复杂多样、千差万别的，因而记录经济业务的各种原始凭证的具体内容和格式也必然种类繁多。原始凭证的基本内容包括：

1. 原始凭证名称或类别；
2. 填制单位；
3. 凭证填制日期；
4. 接受凭证单位名称；
5. 经济业务内容；
6. 经济业务的数量、单价和金额；
7. 填制单位、填制人员、经办人员、验收人员的签字或盖章。

上述内容是原始凭证通常应该具备的。有些原始凭证是多部门共用或反映业务流转程序的，会印刷成一式多联格式，填制时使用复写纸套写成多份，分别传递给相应部门，此时要在每联凭证上注明"第×联"及本联的用途，如领料单或出库单；还有些法定凭证或需要连续编号记录的凭证，以防任意撕毁或丢失，需要预先印制编号，如发票。

各种原始凭证大部分是由各单位业务经办人员填制的，小部分由会计人员填制，因此，为了保证会计核算资料的真实、正确和及时，做好原始凭证的填制工作，必须使业务经办人员充分认识原始凭证在会计工作中的重要作用和法律地位，了解并掌握原始凭证的填制手续、方法和具体要求。基本要求如下：

1. 记录真实。凭证填制内容和数字，必须真实可靠，准确反映有关经济业务的实际情况。

2. 内容完整，票据要件、手续完备。各种凭证的内容必须按规定的格式逐项填写齐全，不得遗漏；受《票据法》规范的票据，如支票、银行汇票等，必须法定要件完备。此外，根据不同业务的内部控制流程，各具体业务经办单位和人员要认真审核单据并签章，对凭证的真实性和合法性负责。

3. 书写清楚、规范。凭证上的数字和文字，要字迹清楚、整齐和规范，易于辨认。不得使用未经国务院公布的简化汉字。阿拉伯数字要逐个填写清楚，不得连写；反映金额的小写数字前应填写人民币符号；对于手工套写的多联式凭证，用力要均匀适当，保证各联次书写清晰；大写金额数字一律用“壹、贰、叁、肆、伍、陆、柒、捌、玖、拾、佰、仟、万、亿、元、角、分、零、整”等规范填写，不得简化；大写金额数字到元或角字为止的，在元或角字之后应写“整”字，大写金额数字有分的，后面不写“整”字；大写金额数字前通常应加写“人民币”三字；“人民币”三字与金额数字之间不得留有空隙；金额数字中间有“0”字时，如小写金额￥103. 50元，大写金额应写成：人民币壹佰零叁元伍角整，小写金额中连续有几个“0”时，大写金额中可以只写一个“零”字，如小写金额￥10 003. 36，大写金额应写成：人民币壹万零叁元叁角陆分；对类似小写金额￥110 000 元，不能写成：人民币拾壹万元整，应写成：人民币壹拾壹万元整，以防止作弊。书写时若产生错误，则要按照规定的办法更正，不得随意涂改、刮擦和挖补。

4. 填制及时。要根据经济业务的完成和执行情况，及时填制原始凭证，并按照规定的程序及时送交财会部门，由财会部门审核，并据以编制记账凭证。

（二）原始凭证的审核

为了正确反映经济业务发生或完成情况，充分发挥会计的监督作用，保证原始凭证的合法性、真实性，会计人员必须严格规范地审核原始凭证。

原始凭证的审核应该包括两个方面：

1. 合法性审核。即审核原始凭证所记录的经济业务是否符合国家法律法规和公司政策；是否违反财务、会计制度；审批手续是否完备。如发现违反财经纪律和法律法规的情况，会计人员有权拒绝付款、报销或执行；对于弄虚作假、营私舞弊、伪造涂改凭证等行为，会计人员应扣留凭证，并及时向单位负责人汇报；如受到报复或威胁，有权向政府会计主管部门反映。

2. 技术性审核。即审核原始凭证的填制是否符合规定的要求，如项目书写是否齐全，有关经办人员是否都已签名或盖章，是否经过主管人员审批同意，手续是否完备，书写是否清晰，数字是否填写清楚、正确，数量、单价、金额、合计数等有无差错，大写与小写金额是否相符等。对于内容缺失不全、手续遗漏、书写不清的原始凭证应退回补办手续或更正后，才能据以办理有关业务并登记入账。

【例6-1】某汽车组装公司车间于6月5日领用轮胎800条，会计人员对作为原始凭证的领料单进行审核，如图6-7所示。

从领料单可以看出该公司的生产组织流程，即生产岗位工人根据生产安排填制领料单（填制除“实发”“单价”“金额”以外的栏目）提交生产管理负责人批准，然后到材料管理仓库领取材料；材料管理人员发出材料（填写“实发”“单价”“金额”栏，如果采用计划成本法仅填写数量）后将领料单传递给负责成本核算的会计人员进行相应会计期间的成本核算。该流程也同时规定了各部门和岗位的职责，不难看出，第一仓库是原料（轮胎）的保管责任单位，具体保管责任人王乐，对原材料质量保障和材料实物保管负责；轮胎组装车间是生产单位和成本归集单位，李鑫对生产管理和生产进度安排负责，蔡武是轮胎安装岗位的具体责任人；张三是会计部成本核算岗位会计，对正确、完整的成本核算负责，将成本归集到“飞驰”汽车。

审核该领料单的注意要点包括：审核领料单位是否为成本归集单位、审核日期是否正确、审核发料单位是否为材料核对和保管责任单位、审核用途是否是用于成本核算对象、审核领料单位负责人是否为生产管理责任人、审核记账人是否为产品成本核算会计、审核仓库保管人是否为材料保管责任人、审核领料人是否为生产岗位责任人以及领取材料的规格数量金额等是否正确等。

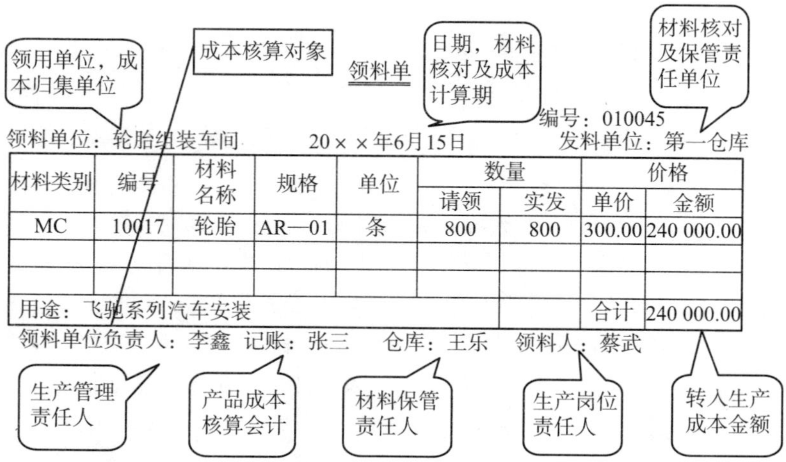

领料单

编号：010045

领料单位：轮胎组装车间　　20××年6月15日　　发料单位：第一仓库

材料类别	编号	材料名称	规格	单位	数量		价格	
					请领	实发	单价	金额
MC	10017	轮胎	AR—01	条	800	800	300.00	240 000.00
用途：飞驰系列汽车安装							合计	240 000.00

领料单位负责人：李鑫　记账：张三　仓库：王乐　领料人：蔡武

图6-7　领料单审核要点

原始凭证审核是采集会计信息的第一步和会计核算的基础性工作，也是加强企业管理的基础性和前沿性工作，会计人员必须认真负责，规范审核，才能保证会计核算的质量，防止舞弊行为的发生。经审核的原始凭证应根据不同情况处理：

（1）对于完全符合要求的原始凭证，应及时据以编制记账凭证入账。

（2）对于真实、合法、合理但内容不够完整、填写有错误的原始凭证，应退回给有关经办人员，由其负责将有关凭证补充完整，更正错误或重开后，再办理正式会计手续。

（3）对于不真实、不合法的原始凭证，会计机构、会计人员有权不予接受，并向单位负责人报告。

二、记账凭证的填制和审核

记账凭证填制与审核

（一）记账凭证的填制

记账凭证是根据审核无误的原始凭证填制的，是确定会计分录和登记账簿的直接依据。正确地填制记账凭证，是保证账簿记录质量的前提。记账凭证应由专门岗位的会计人员填制，该岗位通常称为“制单”或“审核”岗位。

记账凭证必须具备以下基本内容：

1. 填制单位名称；

2. 记账凭证名称、凭证编号；

3. 记账凭证填制日期；

4. 经济业务的内容摘要；

5. 应借、应贷的账户名称，包括总分类账户、二级账户和明细分类账户的名称和金额；

6. 所附原始凭证的张数和其他有关资料，记账凭证所附原始凭证张数的计算原则是：没有经过汇总的原始凭证按照自然实有张数计算；经过汇总的原始凭证，每一张汇总单或汇总表算一张。例如，某职工填报的差旅费报销单后附有火车票、汽车票和住宿费等原始凭证共 37 张。这 37 张原始凭证在差旅费报销单上的“所附原始凭证张数”栏已进行了登记，在计算记账凭证附件张数时，这一张差旅费报销单算作一张。

7. 填制人员、复核人员、记账人员、会计主管或其他指定人员审核签章。

记账凭证的填制与原始凭证的填制有很多共同之处。例如，记录真实，内容完整，手续完备，书写清楚、规范，填制及时等。除了这些基本要求之外，填制记账凭证时还必须符合下列要求：

1. 填制凭证日期。记账凭证的日期是指会计人员填制记账凭证的日期，不是原始凭证日期或业务发生真实日期。经济业务发生后应及时将原始凭证送交会计人员编制记账凭证。

2. 各种记账凭证必须连续编号。采用通用凭证的，可按经济业务发生的先后顺序编号，每月以第一号编起。如果一项经济业务需要填制多张记账凭证的，可采用分数编号法。例如，一笔经济业务需要填 4 张转账凭证，凭证的顺序号是 18 号，则可编制“转字第 18 号 1/4”“转字第 18 号 2/4”“转字第 18 号 3/4”“转字第 18 号4/4”，前面的整数为总顺序号，后面的分数为该项经济业务的分号，分母表示该项经济业务的记账凭证总张数，分子表示该项经济业务的顺序号。采用多种记账凭证的可分类分别编号。例如，收字第 1 号、付字第 1 号、转字第 1 号等。每月末最后两张记账凭证的编号旁边要加注“全”字，以免凭证散失。

3. “摘要”栏是对经济业务内容的简要说明，文字说明要简练、概括，一般用“主—谓—宾”格式，如“张三借差旅费”。

4. 应当区别经济业务的内容，按照会计制度的规定，确定应借、应贷账户，不得任意变更或简化账户的名称及其核算内容，确保会计分录的口径一致和会计政策一致，提供统一、可比的核算资料。在采用账户编号的情况下，凭证中要同时填写账户的编号和名称，不得只填写账户的编号。

5. 在记账凭证中，应借、应贷的账户名称，必须保持清晰的对应关系。编制复合分录时，一般不能多借多贷，只能一借多贷或一贷多借，防止账户对应关系不清。

6. 金额的登记方向、大小写数字必须清晰、准确，符合数字书写规范，角分位不留空白。多余的金额栏应划斜线注销。合计金额的第一位数字前要填写人民币符号￥。

7. 所附原始凭证的张数必须填列准确，以利查对。如果根据同一原始凭证填制两张以上记账凭证的，则应在未附原始凭证的记账凭证上注明：“附件见第 × × 号记账凭证”，如有重要资料或原始凭证数量过多须单独保存的，应在记账凭证摘要栏中加以说明。

8. 填制凭证人员、稽核人员、记账人员、会计主管的签名或盖章。收付款的记账凭证还应由出纳签名或盖章。通过签名或盖章明确经济责任，并且相互牵制。

记账凭证的填制方法因记账凭证的种类和记账方法不同而不同。下面仅就收款凭证、付款凭证和转账凭证的填制方法说明如下：

1. 收款凭证的填制方法。收款凭证的摘要栏应填列经济业务的简要说明。左上方借方账户应填列“库存现金”账户或“银行存款”账户。贷方账户栏应填列上述“库存现金”“银行存款”相对应的一级账户及其明细账户。各一级账户的应贷金额应填入账户同一行的一级账户金额栏中，所属明细账户应贷金额应填入各明细账户同一行的明细账户金额栏中。各一级账户应贷金额应等于所属各明细账户应贷金额之和。借方账户应借金额应为合计行的合计金额。“记账符号”栏用于手工登记账簿时标记，“√”表示已登记入账，以便事后查对账目，避免重复过账（见图6－8）。

收款凭证

借方科目：库存现金　　20××年5月8日　　凭证编号：现收0156号

对方单位	摘要	贷方科目		金额										记账符号
		总账科目	明细科目	千	百	十	万	千	百	十	元	角	分	
借款单112#	张亮借旅费退回	其他应收款	张亮					2	0	0	0	0	0	
附凭证2张		合计金额						2	0	0	0	0	0	

会计主管：李同 记账：张三 复核：李静 出纳：薛斌 制单：蔡武 交款人（签名）：张亮

图6－8 收款凭证填制

2. 付款凭证的填制方法。付款凭证的填制方法与收款凭证的填制方法基本相同。左上方贷方账户应填列“银行存款”或“库存现金”账户。在借方账户栏中填列与上述“银行存款”“库存现金”相对应的账户。对于现金与银行存款之间的提存业务，如以现金存入银行或从银行提取现金，只编制付款凭证，不编收款凭证，以避免重复。收付款的记账凭证需要出纳人员签字或盖章，此外，出纳人员在办理收款或付款业务后，应在凭证上加盖“收讫”或“付讫”的戳记，以避免重收重付。

3. 转账凭证的填制方法。转账凭证的“账户名称”栏应分别填列应借、应贷的一级账户和所属明细账户的名称。借方账户应记金额，要在借方账户同一行的“借方金额”栏内填列；贷方账户应记金额，要在贷方账户同一行的“贷方金额”栏填列。“借方余额”栏合计数应与“贷方金额”栏合计数相等（见图6－9）。

转账凭证

20××年6月7日　　　　凭证编号　转字00177号

摘要	总账科目	明细科目	借方金额										贷方金额										记账符号
			千	百	十	万	千	百	十	元	角	分	千	百	十	万	千	百	十	元	角	分	
一车间领螺纹钢	生产成本	A产品					3	1	0	0	0	0											
一车间领螺纹钢	生产成本	B产品					2	8	0	0	0	0											
一车间领螺纹钢	原材料	螺纹钢															5	9	0	0	0	0	
附凭证2张							5	9	0	0	0	0					5	9	0	0	0	0	

会计主管：李鑫　　记账：张三　　复核：李静　　制单：蔡武

图6-9　转账凭证填制

（二）记账凭证的审核

为了保证和监督记账凭证填制的正确性，在制单人员填制记账凭证后，还应该由其他岗位的会计人员对已填制的记账凭证进行再次审核。该岗位通常称为“复核”岗位，通常该岗位工作人员相对“制单”岗位人员更有经验和资历，从而更容易发现问题。记账凭证填制的内容都在审核内容之内。主要包括：

1. 记账凭证所附原始凭证是否真实完整，反映业务内容的单据和手续是否齐全，所附原始凭证的内容和张数是否与记账凭证摘要和附件数量填写相符。

2. 摘要填写是否清楚，是否正确地归纳了所附原始凭证所反映的内容。

3. 记账凭证所确定的会计分录，包括应借、应贷的账户名称是否正确，对应关系是否清楚，所记金额有无错误，借方金额与贷方金额是否相等，一级账户金额与所属明细账户金额是否相等。应借、应贷的账户名称、账户核算内容，是否符合会计制度的规定。

4. 记账凭证中的有关项目是否填列齐全，有无错误，有关人员是否签名或盖章。

记账凭证审核过程中若出现问题或错误，应及时查明原因，予以处理，包括补办手续、补填内容或拒绝办理。只有经过审核无误的记账凭证，才能作为记账的依据。

【例6-2】A公司于20××年8月20日向B公司赊购甲商品60 000元，取得普通发票，该经济业务发生后，在使A公司“库存商品”资产增加60 000元的同时，也使其对B公司形成“应付账款”

负债60 000元（假设不考虑增值税）。按照借贷记账法编制的会计分录如下：

借：库存商品——甲商品　　　　　　　　　　60 000

　　贷：应付账款——B公司　　　　　　　　　　60 000

由于这项经济业务没有导致货币资金发生增减变化，所以A公司应将上述会计分录记录在转账凭证中，如图6－10所示。

对转账凭证的审核要点包括：审核日期凭证和编号是否填写正确、审核记账凭证与所附原始凭证的内容和张数信息是否一致、审核记账凭证所表明的摘要、账户科目名称、借贷方向和金额是否正确、审核记账凭证的内容是否完整、控制手续是否完备，并核对有关人员的签章是否真实等。

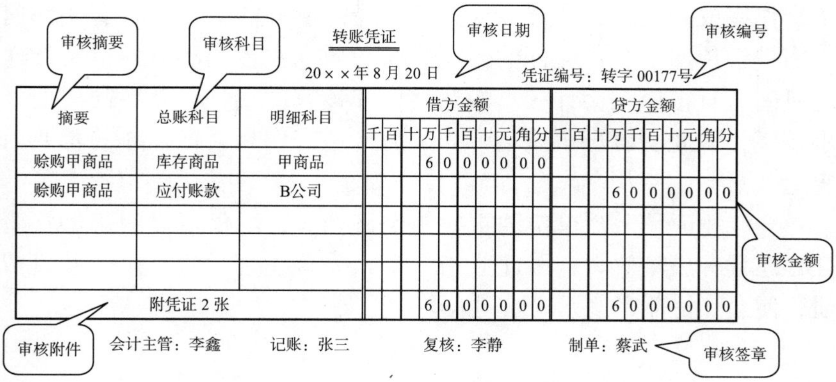

图6－10　转账凭证审核要点

信息技术对会计凭证的影响

使用财务软件管理账务的企业，会计人员在系统中填制记账凭证时，有些项目是自动生成的，如日期、记账凭证编号等；有些项目输入后是自动检查与核对的，如借方、贷方合计金额的平衡；记账凭证上会计人员的签名则是根据权限、密码自动打印出来的。记账凭证上填制或出现的内容，在日后会计账务查询时都可以作为关键词检索，如日期、金额、记账凭证号数、会计科目、摘要内容等，既可以单项检索，也可以交叉检索。

当前，信息技术的发展和办公无纸化进程对传统会计业务处理模式产生重要影响，一些传统的业务处理流程和模式正在迅速改变。比如，一些企业已经通过扫描原始凭证信息后传递到异地的财务部门来审核和填制记账凭证；更为先进的是，随着原始凭证的规范化和人工智能的发展，一些企业通过扫描读取原始凭证信息后，可以直接生成记账凭证。这些发展与变化不仅会带来会计业务模式和内部控制流程的改变，也会对会计职业的发展产生深远影响。

第三节　会计凭证的传递与保管

一个单位的经济业务，往往要由企业内的若干个业务部门来分工合作完成，因此，会计凭证就随着经济业务的进程在各有关部门之间进行传递。会计凭证的传递路线和凭证在各个环节停留及传递的时间，直接影响会计核算的及时性和核算质量，以及各部门的办事效率。因此，合理组织会计凭证的传递工作是会计工作的重要内容之一。

会计凭证是一个单位的重要的经济档案，不仅可以明确经济责任，还具有法律效力，因此应指定专人妥善整理保管，及时装订成册，使会计凭证完整无缺地列入会计档案。

一、会计凭证的传递

会计凭证的传递，是指会计凭证从填制、办理业务手续、审核、整理、记账到装订保管的全过程，会计凭证传递过程也是会计工作内部监督和内部控制过程。会计凭证的传递程序，是会计制度的组成部分，应在单位会计凭证流转制度里给予明确规定。由于各种会计凭证所记载的经济业务不同，所涉及的部门和人员不同，所要办理的业务手续也不尽相同，所以应当为每种会计凭证规定合理的传递程序，即会计凭证填制之后，应交到哪个部门、哪个工作岗位上，由谁接办业务手续，直到归档保管为止。

为了能够高效、合理、安全地进行会计凭证的传递，在确定会计凭证的传递程序和传递时间时应考虑以下几点要求：

1. 确定会计凭证的传递路线和环节时，既要保证会计凭证经过必要的环节进行处理和审核，又要尽量避免会计凭证经过不必要的环节，应该做到既有利于会计核算和监督，又要减少不必要的劳动。

2. 确定会计凭证传递时间（包括停留在各环节的时间）时，应考虑各环节的工作内容和工作量以及正常情况下完成工作所需要的时间。

3. 确定会计凭证在传递过程中的衔接手续时，应做到既完备严密，又简便易行，凭证的签收、交接要有一定的制度，以确保会计凭证的安全和完整。

会计凭证的传递程序和传递时间确定后，可分别为若干主要经济业务绘制流程图，供有关人员遵照执行并可以根据实际管理环境变化适时调整。

【例6－3】普通销售业务的程序如图6－11所示。

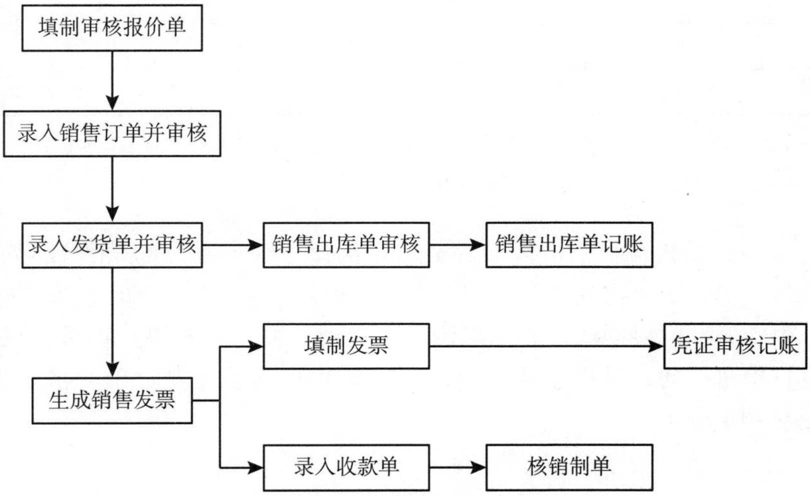

图6－11　普通销售业务流程图

销售业务所涉及的凭证传递过程如下：

（1）销售报价。销售报价是企业向客户提供货品、规格、价格、结算方式等信息，双方达成协议后，销售报价单可以转为有效力的销售合同或销售订单。其格式如图6－12所示。

销售报价单

单据号：0001　　日期：20××－01－10　　业务类型：普通销售

需方名称：B公司　　需方联系方式：×××　　需方地址：×××

供方名称：A公司　　供方联系方式：×××　　供方地址：×××

存货编号	存货名称	规格型号	主计量	数量	报价	税额	价税合计
1	钢结构件		套	10	200.00	320.00	2 320.00
合计							2 320.00

主管：张三　　财务：李四　　核对：王顺　　业务：蔡武

图6－12　销售报价单

（2）销售订货。销售订货是指企业与客户签订销售订单，已审核的销售订单可以参照生成销售发货单或销售发票。销售订单的格式如图 6－13 所示。

销售订单

订单号：0001　　订单日期：20××－02－20　　业务类型：普通销售
客户名称：B 公司　　客户联系方式：×××　　客户地址：×××

存货编号	存货名称	规格型号	主计量	数量	报价	税额	价税合计
1	钢结构件		套	10	200.00	320.00	2 320.00
合计							2 320.00

主管：张三　　财务：李四　　核对：王顺　　业务：蔡武

图 6－13　销售订单

（3）销售发货。销售发货是企业执行与客户签订的销售合同或销售订单、将货物发往客户的行为，是销售业务的执行阶段。发货单是由销售部门根据销售订单编制，客户通过发货单取得货物所有权。发货单审核后，可以生成销售发票和销售出库单。发货单的格式如图 6－14 所示。

发货单

发货单号：00003　　发货日期：20××－04－03　　发货地址：×××
客户名称：B 公司　　客户联系方式：×××　　客户地址：×××
订单号：0001　　发票号：No. ×××　　业务类型：普通销售

存货编号	存货名称	规格型号	主计量	数量	报价	税额	价税合计
1	钢结构件		套	10	200.00	320.00	2 320.00
合计							2 320.00

主管：张三　　财务：李四　　核对：王顺　　业务：蔡武

图 6－14　销售发货单

（4）销售开票。销售开票是在销售过程中企业给客户开具销售发票及其所附清单的过程，它是销售收入确认、销售成本计算、应交销售税金确定和应收账款确定的依据，是销售业务的必要环节。其格式如图 6－15 所示。

（5）销售出库。销售出库是销售业务处理的必要环节，并生成销售出库单。其格式如图 6－16 所示。

山东省增值税专用发票

3700163320　　（国家税务总局监制）No. 00337084

开票日期：20××－04－04

购买方			
名称	B 公司	密码区	
纳税人识别号	×××		
地址、电话	×××		
开户行及账号	×××		

货物或应税劳务、服务名称	规格型号	计量单位	数量	单价	金额									税率（%）	税额					
					百	十	万	千	百	十	元	角	分		千	百	十	元	角	分
钢结构件	A—	套	10	200				2	0	0	0	0	0	16		3	2	0	0	0
合　计								2	0	0	0	0	0			3	2	0	0	0
价税合计（大写）	零佰 零拾 零万 贰仟 叁佰 贰拾 零元 零角 零分 ¥2 320.00																			

销货方			
名称	A 公司	备注	
纳税人识别号	×××		
地址、电话	×××		
开户银行及账号	×××		

二联：发票联购货方记账

收款：郝伟　　复核：李静　　开票：李四

图 6－15　增值税专用发票

出库单

出库单号：00003　　出库日期：20××－04－03　　发货地址：×××

客户名称：B 公司　　客户联系方式：×××　　客户地址：×××

订单号：0001　　发票号：No. ×××　　业务类型：普通销售

存货编号	存货名称	规格型号	主计量	实发数量	单价	金额
1	钢结构件		套	10		
合计						

主管：张三　　财务：李四　　核对：王顺　　业务：蔡武

图 6－16　出库单

（6）出库单记账。销售出库之后，根据不同的存货发出计价方式进行单据记账，进行出库成本的确定。其记账凭证如图 6－17 所示。

（7）应收账款确定及收款处理。及时进行应收账款确定及收款处理是财务核算工作的基本要求。其涉及的记账凭证如图 6－18、图 6－19 所示。

转账凭证

20××年 4 月 4 日　　　凭证编号：转字 00178 号

摘要	总账科目	明细科目	借方金额										贷方金额									
			千	百	十	万	千	百	十	元	角	分	千	百	十	万	千	百	十	元	角	分
结转钢结构件成本	主营业务成本						1	5	0	0	0	0										
结转钢结构件成本	库存商品	钢结构件															1	5	0	0	0	0
附凭证 1 张	合计						1	5	0	0	0	0					1	5	0	0	0	0

会计主管：张洋　　　出纳：郝伟　　　复核：李静　　　制单：李四

图 6－17　出库单记账

转账凭证

20××年 4 月 4 日　　　凭证编号：转字 00177 号

摘要	总账科目	明细科目	借方金额										贷方金额									
			千	百	十	万	千	百	十	元	角	分	千	百	十	万	千	百	十	元	角	分
销售钢结构件	应收账款	B 公司					2	3	2	0	0	0										
销售钢结构件	主营业务收入																2	0	0	0	0	0
销售钢结构件	应交税费	应交增值税（销项）																3	2	0	0	0
附凭证 2 张	合计						2	3	2	0	0	0					2	3	2	0	0	0

会计主管：张洋　　　出纳：郝伟　　　复核：李静　　　制单：李四

图 6－18　应收账款记账

收款凭证

20××年6月20日　　　　凭证编号：收字00100号

摘要	总账科目	明细科目	借方金额										贷方金额									
			千	百	十	万	千	百	十	元	角	分	千	百	十	万	千	百	十	元	角	分
收B公司钢结构款	银行存款	中行存款/人民币户					2	3	2	0	0	0										
收B公司钢结构款	应收账款	B公司															2	3	2	0	0	0
附凭证1张	合计						2	3	2	0	0	0					2	3	2	0	0	0

会计主管：张洋　　　出纳：郝伟　　　复核：李静　　　制单：李四

图6－19　收款处理

二、会计凭证的保管

会计凭证的保管，是指会计凭证在据以登记入账以后的整理、装订和归档存查。

（一）原始凭证的整理

每笔经济业务，不管与其有关的原始凭证张数有多少，都应按左上角理平，平摊正放粘附在各该记账凭证后面，随记账凭证保管，并在记账凭证上注明附件张数。对于某些数量过多，或今后需要抽出利用的原始凭证，也可另行装订或单独保管，但应在记账凭证中注明。如果遇到特殊情况，需要某项凭证作证时，应予复制，避免抽出原始凭证而致原册残缺。

（二）记账凭证的装订

会计部门根据会计凭证登记账簿以后，应将各种记账凭证按照编号顺序连同所附原始凭证，定期装订成册，以防散失。为了便于查阅，每册凭证都应加具封面、应在封面上注明单位名称，记账凭证的种类、张数、起讫号数及其所属的年度、月份、起讫日期。装订成册后的会计凭证应加粘封签，并由会计主管人员签名或盖章。

（三）会计凭证的归档存查

由于会计凭证对经济活动的法定证明效力，《会计法》对会计资料的保管做出了明确的法律规定。《会计法》第二十三条规定：“单位对会计凭证、会计账簿、财务会计报告和其他会计资料应当建立档案，妥善保管”；第四十四条规定：“隐匿或者故意销毁依法应当保存的会计凭证、会计账簿、财务会计报告，构成犯罪的，依法追究刑事责任”。各种会计凭证的保管要实行科学管理，指定专人或专门的部门负责保管。当年内的凭证可暂由会计部门保管，会计年度结束后，应由会计部门编制清册，移交给本单位的档案部门负责管理。为了便于查阅，会计凭证应集中存放，并按时间顺序分册排列，要建立健全会计凭证查阅和附件资料复制手续与登记制度，一般不得出借。

会计凭证的保管期限和销毁手续，必须严格执行会计制度的有关规定。对一般的会计凭证如原始凭证、记账凭证和汇总凭证，应保存30 年；对重要的会计凭证，如涉及外事和重要业务资料，必须长期保存。未到规定保管期限的会计凭证，任何人不得随意销毁。对保管期满需要销毁的会计凭证，必须开列清单，经本单位领导审核，报上级主管部门批准后，才能销毁。

本章小结

会计凭证是记录经济业务，明确经济交易事项，并据以登记账簿的书面证明。填制和审核会计凭证是会计核算的专门方法和重要环节，也是企业经济业务纳入会计核算的第一步。会计凭证包括原始凭证和记账凭证。原始凭证根据来源不同可分为自制原始凭证和外来原始凭证两种。记账凭证又包括通用记账凭证和专用记账凭证（收款凭证、付款凭证和转账凭证），企业可以根据自身业务的复杂性合理选择不同种类的记账凭证。

原始凭证和记账凭证的审核、传递、保管应遵守规定的程序和要求。对会计凭证的合法性和技术性进行审核，可以正确反映经济业务发生或完成情况，充分发挥会计的监督作用。同时会计凭证的传递路线和会计凭证登记入账以后的整理、装订和归档存查工作，直接影响会计核算的及时性和核算质量以及各部门的办事效率，因此，合理组织会计凭证的传递和保管是会计工作的重要内容之一。

【重要术语】

原始凭证；记账凭证；收款凭证；付款凭证；转账凭证

思考与练习

一、思考题

1. 原始凭证的功能是什么？原始凭证是如何分类的？
2. 记账凭证的功能是什么？记账凭证是如何分类的？
3. 记账凭证的填制内容有哪些？
4. 原始凭证与记账凭证的联系是什么？

二、案例题

学会计的小张毕业前在一家公司的证券部实习。有一天公司要召开董事会，董事会秘书安排小张和另一位同事到公司门口的水果摊点买一些水果用于会议接待。小张他们到水果摊买了一些水果，付款时水果摊主说没有正式发票，只能写一张签有收款人、数量和金额的收条给他们。小张很担心，这样的收条能从财务报销吗？带着困惑，小张请教了公司财务人员。公司财务人员说，现实经济环境具有多样性，外来的原始凭证种类也比较多，只要是经济业务发生的真实凭据，经由具体经办人员和业务负责人签字后就可以作为原始凭证，用来编制记账凭证，形成会计记录。财务人员的解释正确吗？你是如何理解的？

三、练习题

企业为小规模纳税人5月发生了以下业务，请对每项业务编制的记账凭证进行审核并更正。

1. 20××年5月1日，企业从银行提取现金2 000元。

收款凭证

借方科目：库存现金　　　　20××年5月1日　　　　凭证编号：现收0001号

对方单位	摘要	贷方科目		金额										记账符号
		总账科目	明细科目	千	百	十	万	千	百	十	元	角	分	
银行	提取现金	银行存款						2	0	0	0	0	0	
附凭证2张		合计金额						2	0	0	0	0	0	

会计主管：　记账：　　复核：王飞　出纳：孙立　制单：刘明　交款人（签名）：

2. 5月3日，以银行存款50 000元购买甲材料，材料已验收入库。

付款凭证

贷方科目：银行存款　　　　20××年5月3日　　　　凭证编号：银付0001号

对方单位（或领款人）	摘要	借方科目		金额										记账符号
		总账科目	明细科目	千	百	十	万	千	百	十	元	角	分	
×企业	购买甲材料	原材料	甲材料				5	0	0	0	0	0	0	
附凭证2张		合计金额					5	0	0	0	0	0	0	

会计主管：　记账：　　复核：王飞　出纳：孙立　制单：刘明　交款人（签名）：

3. 5月3日，以银行存款100 000元偿还前欠Y企业货款。

付款凭证

贷方科目：银行存款　　　　20××年5月3日　　　　凭证编号：银付0003号

对方单位（或领款人）	摘要	借方科目		金额										记账符号
		总账科目	明细科目	千	百	十	万	千	百	十	元	角	分	
Y企业	购买甲材料	应付账款	Y企业			1	0	0	0	0	0	0	0	
附凭证2张		合计金额				1	0	0	0	0	0	0	0	

会计主管：　记账：　　复核：王飞　出纳：孙立　制单：刘明　交款人（签名）：

4. 5月10日，销售产品150 000元，货款存入银行。

收款凭证

借方科目：银行存款　　　　20××年5月10日　　　　凭证编号：银收0001号

对方单位	摘要	贷方科目		金额										记账符号
		总账科目	明细科目	千	百	十	万	千	百	十	元	角	分	
购货企业	销售产品	库存商品				1	5	0	0	0	0	0	0	
附凭证2张		合计金额				1	5	0	0	0	0	0	0	

会计主管：　记账：　　复核：王飞　出纳：孙立　制单：刘明　交款人（签名）：

5. 5月15日，一车间领取甲材料5 000元，用于生产A产品。

转账凭证

20××年5月15日　　　　凭证编号：转字0001号

摘要	总账科目	明细科目	借方金额										贷方金额										记账符号
			千	百	十	万	千	百	十	元	角	分	千	百	十	万	千	百	十	元	角	分	
一车间领甲材料	生产成本	A产品															5	0	0	0	0	0	
一车间领甲材料	原材料	甲材料					5	0	0	0	0	0											
附凭证2张							5	0	0	0	0	0					5	0	0	0	0	0	

会计主管：　　　　记账：　　　　复核：刘春　　　　制单：张全

第七章
会计账簿

问题导入

小张的妈妈是一家公司的会计主管，小张小时候经常到妈妈办公室玩耍，每次总能看到妈妈和同事的办公桌上摆着一堆等待记账的凭证和会计账簿，并且不停地翻开这个账簿登记一下，然后又翻开那个账簿登记一下，并且自己登记完了还会传递给别人登记，有时还会相互对账。

小张还发现，负责收付款的小王阿姨登记的账簿叫“现金日记账”，经常到银行办业务的小李叔叔负责登记的账簿写着“银行存款日记账”，还有的阿姨登记的是“销售收入明细账”和“原材料明细账”，只有作为主管的妈妈登记得最多，包括“总分类账”和“往来结算明细账”。小张搞不清楚大家登记的账簿有什么关系，但是知道很重要，因为大家常常加班，有时还会为对不上账而愁眉不展。学习了本章，小张就有机会解开这些困惑了。

本章讲述账簿的设置和登记。通过本章的学习，可以了解账簿的分类、掌握账簿登记、错账更正、账项调整、结账等方法。通过本章的学习，你可以承担为企业建账并负责账簿登记的工作。

学习目标

了解会计账簿的作用、类型，理解会计账簿设置的原则；掌握账簿的启用、登记错账更正的方法和结账的方法，熟悉对账的内容，期末账项调整的原则、内容与要求。

第一节　会计账簿及其种类

一、会计账簿的意义

通过会计凭证的填制和审核，虽然可以具体、详细地反映和监督每一笔经济业务的发生和执行情况，但即使把一个会计期间的会计凭证全部翻阅一遍，得到的也只是许多零星的和大体上的印象。这是因为会计凭证比较分散，每一张凭证只能记录个别的经济业务，不能把某一个时期的全部经济活动情况完整地反映出来。为了全面、系统，连续地反映会计主体的经济活动和财务收支情况，需要把会计凭证所记载的大量分散的资料加以分类、整理，为经济管理提供更为集中、全面的信息资料，这项工作是通过登记账簿的方法来完成的。

账簿是根据会计凭证序时、分类、连续、系统、全面地记录经济业务的簿籍。簿籍是账簿的外表形式，它是由若干具有一定格式又互相联系的账页组成。在账页上注明会计科目，这个账页就成为用来记录和反映该科目所规定核算内容的账户，因此账簿是账户的载体。登记账簿是会计核算的专门方法之一。

科学地设置和正确地登记账簿，对充分发挥会计作用具有重要的意义。

1. 账簿是完整、系统地归纳和整理会计资料的工具。通过登记账簿，可以把会计凭证分散反映的经济业务进行归类汇总，以连续、系统、分类地反映和监督会计单位经济活动的过程和效果，为加强经济核算提供完整的资料。

2. 账簿记录是编制会计报表的主要依据。企业的“资产负债表”“损益表”“现金流量表”等会计报表的主要依据来自账簿记录。因此，账簿记录的正确性、完整性和及时性，直接关系到会计报表的质量。

3. 利用账簿的核算资料，可以为开展财务分析和会计检查提供依据。通过对账簿资料的检查和分析，可以了解企业的生产经营情况和管理效率。

会计账簿的相关法律规定

《会计法》第十五条规定：“会计账簿登记，必须以经过审核的会计凭证为依据，并符合有关法律、行政法规和国家统一的会计制度的规定。会计账簿包括总账、明细账、日记账和其他辅助性账簿。会计账簿应当按照连续编号的页码顺序登记。会计账簿记录发生错误或者隔页、缺号、跳行的，应当按照国家统一的会计制度规定的方法更正，并由会计人员和会计机构负责人（会计主管人员）在更正处盖章。使用电子计算机进行会计核算的，其会计账簿的登记、更正，应当符合国家统一的会计制度的规定。”

第四十五条规定："授意、指使、强令会计机构、会计人员及其他人员伪造、变造会计凭证、会计账簿，编制虚假财务会计报告或者隐匿、故意销毁依法应当保存的会计凭证、会计账簿、财务会计报告，构成犯罪的，依法追究刑事责任。"

二、会计账簿的种类

会计核算中应用的账簿很多，不同的账簿，其用途、形式、内容和登记方法也都各不相同。除总分类账外，企业中账簿设置的种类、详细程度主要取决于管理需要。为了更好地了解和使用各种账簿，需对账簿进行必要的分类。

（一）账簿按其用途分类

账簿按其用途的不同，一般可分为序时账簿、分类账簿和备查账簿三类。

1. 序时账簿。序时账簿是按照经济业务发生时间的先后顺序，逐日逐笔连续登记的账簿。因此，又称为日记账。日记账可以根据反映经济业务内容的不同分为特种日记账和普通日记账。

特种日记账是为了简化记账手续，加强监督和管理而设置的，用来记录单位频繁发生的重要的某一类经济业务的账簿，用以反映某个特定项目的详细情况。如现金日记账、银行存款日记账等。其格式将在本章第三节中详细介绍。

普通日记账是把会计分录按照记账凭证编制的先后顺序记入日记账中，以方便连续登记分类账，所以又称为分录日记账。在会计实际工作中，由于经济业务的复杂性，用一本账簿序时记录企业的全部经济业务比较困难，且查阅很不方便，且有了分类账之后也无必要，因此，普通日记账很少采用。目前，使用较多的是用来记录某种经济业务的特种日记账。

2. 分类账簿。分类账簿又称为分类账。是对全部经济业务按照总分类账户和明细分类账户进行分类登记的账簿。它按照分类的详细程度不同，又分为总分类账簿（简称总账）和明细分类账簿（简称明细账）。

总分类账簿，又称为总分类账，简称总账。是按照一级账户设置的，用来总括反映一定期间内某类经济业务全貌的账簿，如"应交税费"为总账账户。其格式将在本章第四节中详细介绍。

明细分类账簿，又称为明细分类账，简称明细账。是根据二级或更为明细的账户设置的，用来详细地反映某一类资产、负债、所有者权益、收入、成本、费用、利润的账簿，如“应交税费——应交增值税”为二级明细账户，“应交税费——应交增值税——销项税额”为三级明细账户。明细账是对总账的补充和具体化，并受总账的控制和统驭。其格式将在本章第四节中详细介绍。

在实际工作中，经济业务核算比较简单的小型企业，也可以用明细账来代替总账，或者以总账代替明细账，即把总账的一级科目直接定义为明细科目。但是，无论总账还是明细账，不管格式如何，都应该按记账凭证编制的时间顺序登记。

3. 备查账簿。备查账簿，也称辅助账簿，是对那些在日记账或分类账等主要账簿中未能记载的事项或记载不全的经济业务提供以后查询的参考资料。例如，以人民币为记账本位币的外币登记簿，租入固定资产登记簿，受托加工材料登记簿等。备查账簿并非每个单位都需要，它应根据单位的具体情况来确定是否需要设置或需要设置哪些备查账。

（二）账簿按其外表形式分类

账簿按其外表形式的不同，一般可分为订本式账簿、活页式账簿和卡片式账簿三种。

1. 订本式账簿。订本式账簿，又称为订本账。是一种在账簿启用前，就把若干账页固定装订成册的账簿。其优点在于可以避免账页散失，防止账页被随意抽换，但缺点是账页固定，不便增减，一方面可能出现浪费账页或账页不足的现象，因此，必须预先估计每一个账户需要的页数，以此来保留空白账页，如果账页不够，就要影响账户的连续登记；如果账页多余很多，又会造成浪费。另一方面由于在同一时间里，只能由一人登账，也不便于同时分工记账。在实际工作中，一些较重要的账簿如总分类账、各种日记账等都采用订本式账簿的格式。

2. 活页式账簿。活页式账簿，又称为活页账。是把若干零散的具有专门格式的账页装存在账夹内，并可以随时取放（增减）账页的账簿。其优点是根据需要可以增减账页，不会造成账页的浪费，便于同时分工记账。但缺点是账页易散失和被抽换，在实际工作中，原材料、应收账款、应付账款等明细账宜采用活页式账簿的格式。

3. 卡片式账簿。卡片式账簿，又称为卡片账。是把若干零散的具有专门格式的硬纸卡片，存放在卡片箱中保管的账簿。卡片账可跨年度使用，使用时，可以在卡片上编号并放在卡片箱内，以保证安全。其优缺点同活页账相似。实际工作中，固定资产明细账和材料明细账常常采用卡片式账簿的格式。

使用财务软件记账的企业，往往在使用财务软件之前就对各种账簿格式做好了初始设置，或财务软件自身会提供各种格式的账簿供企业选择使用。账簿登记由系统自动完成，即凭证审核人员在软件中输入会计分录并打印记账凭证后，记账凭证自动传递给另一位记账凭证审核人员；凭证经审核无误后传递给有权记账的会计主管人员，会计主管人员点击“记账”按钮后机器就自动完成账簿登记工作。通常情况下，企业内需要会计资料的人员，可以根据权限设置从财务系统中随时查询到所需账务信息，并不需要打印出纸质账簿，这时传统的订本式账簿、活页式账簿与卡片式账簿的分类也就不大使用了，企业只是在按规定存档时才打印纸质账簿，履行规定手续后存档。由于计算机数据易于涂改并且不会留下痕迹，因此使用财务软件管理账务的企业，会计部门往往有专门的软件管理人员和严格的授权控制，定期做好软件安全与数据备份工作。

第二节　会计账簿的要素、设置原则与登记原则

登记账簿，也称记账，是会计工作的一项重要内容。记账的规范性程度将直接影响会计工作的执行和会计核算质量的高低。为了切实做好账簿的登记工作，做到登记及时、内容完整、数字准确、摘要简明清楚、反映真实，需要遵守一系列账簿登记的规则。

一、会计账簿的基本要素

各种账簿所记录的经济内容不同，账簿的格式又多种多样，不同账簿格式所包括的具体内容也不尽一致，但各种账簿应具备一些基本要素，这些基本要素主要包括以下三项内容。

（一）封面

封面主要标明账簿名称，如总分类账、材料物资明细账、债权债务明细账等。

（二）扉页

扉页主要列明科目索引及账簿使用登记表，一般将科目索引列于账簿最前面，将账簿使用登记表列于账簿最后面。活页账、卡片账装订成册后。填列账簿使用登记表。

（三）账页

账页是账簿的主要内容，各种账页格式一般包括以下六个方面：（1）账户名称，或称会计科目；（2）登账日期栏；（3）凭证种类和号数栏；（4）摘要栏；（5）借、贷方金额及余额的方向、金额栏；（6）总页次和分户次。

二、设置账簿的原则

账簿的种类较多，而且各种账簿所提供的会计信息不同，如何设置账簿关系到会计核算的相关性和核算的效率，因此，设置账簿需要依据下列原则：（1）按会计科目的层次和数量设计分类账簿，确保账簿体系完整、严密、协调；（2）账簿的数量及其分割，必须充分考虑企业的生产经营和管理的要求；（3）尽量精简账簿数据的处理程序和方法，提高核算工作效率；（4）为对账、查账、结账和编制财务报表提供方便。

三、账簿的启用

1. 新账簿启用前，应在账簿扉页上填列“账簿启用和经管人员一览表”，详细记载单位名称、账簿名称、账簿编号、账簿册数、账簿页数、启用日期、单位公章及会计主管和记账人员签章及经管人员交接记录，以便明确责任。其一般格式如图 7－1 所示。

账簿启用和经管人员一览表

单位名称：金科有限责任公司　　账簿名称：现金日记账

账簿编号：001　　账簿册数：全 1 册

账簿页数：100　　会计期间日期：20×7－01－01 到 20×7－12－31

记账人员：王五　　会计主管：李刘

顺序号	移交日期			移交人		接管日期			接管人		会计主管		备注
	年	月	日	姓名	签章	年	月	日	姓名	签章	姓名	签章	
01	20×7	6	30	王五	王五	20×7	7	1	赵六	赵六	李刘	李刘	出纳岗位调整

图 7－1　账簿启用

2. 账簿经管人员应办理交接手续，即交接双方都应在账簿启用表中登记、签章，记账人员调动时，应由会计主管人员监交。

3. 账簿应顺序编号。订本式账簿启用前，应查点页数是否正确，未印编号的应顺序编号。活页账簿应列明账户编号及该账户的页次，年度结束时，装订成册，并编顺序总号，在启用表中注明总页数。卡片式账簿启用前也应编号。

4. 分类账簿启用时应该编制账户目录。按照账户的编号顺序排列，列示出账户的名称和编号。

四、账簿登记

账簿登记又称记账。基本规则如下：

1. 记账要有依据，内容要完整。必须根据审核无误的合法的记账凭证及黏附的各种原始凭证进行记账，不能虚假记账或随意增减账目。账簿登记完毕，应在记账凭证“过账”栏内注明账簿的页数或作出“√”标记，表示已经登记入账，以免重记或漏记。

2. 根据财政部和国家档案局发布的《会计档案管理办法》，企业和其他组织的会计凭证和账簿保管年限为 30 年，年度财务会计报告为永久保管。为使账簿记录保持清晰、耐久、防止涂改，登记账簿时，必须使用蓝、黑墨水书写，不得使用铅笔和圆珠笔。红墨水只能在结账、画线、改错和冲账时使用。

3. 各种账簿必须按编定的页次顺序登记，不得隔页、跳行。如果发生隔页、跳行时，应将空页或空行用红线对角划掉，加盖“作废”字样，表示注销，并由记账人员加盖签章。对订本式账簿，不得任意撕毁，对活页式账簿，也不得任意抽换账页。

4. 每记满一张账页时，应在账页的最后一行，加计本页发生额合计，结出余额，并在摘要栏内注明“转次页”。然后，将发生额合计和余额，记入下一页的第一行，并在此行摘要栏内注明“承前页”。

5. 记账要及时，不得拖延、积压。

第三节　序时账簿的设置与登记

序时账簿，又称日记账，是按记账凭证发生时间、编号连续地记录和反映全部或某一类经济业务情况的账簿。反映全部经济业务记录的称为普通日记账，反映某一类型业务记录的称为特种日记账。普通日记账适用于规模较小、业务量较少的企业，一般企业不适用。一般企业要记录特种日记账，如现金日记账、银行存款日记账等记录流动性强、业务敏感的业务。企业可以根据管理需要设置普通日记账或特种日记账。

一、普通日记账的设置与登记

普通日记账的格式是按照会计分录的要求而设计的。因此，又称之为分录簿，其主要特点是设有借方和贷方两个金额栏，以便分别记入各项经济业务所确定的账户名称及其借方和贷方金额，所以又称它为两栏式日记账。其一般格式如图 7 – 2 所示。

第 5 页

20×7 年		摘要	账户名称	借方金额						贷方金额						过账
月	日			千	百	十	元	角	分	千	百	十	元	角	分	
3	1	从银行提取现金	库存现金	5	5	0	0	0	0							
			银行存款							5	5	0	0	0	0	
	4	归还前欠贷款	短期借款	3	8	0	0	0	0							
			银行存款							3	8	0	0	0	0	
	9	赊销商品	应收账款	6	5	0	0	0	0							
			主营业务收入							6	5	0	0	0	0	

图 7 – 2　两栏式日记账

采用这种日记账，每天应按照记账凭证的日期先后顺序逐笔进行登记。登记时，首先在日期栏中登记记账凭证日期，然后在账户名称栏内登记应借或应贷账户名称；其次，在摘要栏中登记经济业务的简要说明；最后把借方金额和贷方金额分别记入相应金额栏内。每天还要根据日记账中应借和应贷的账户名称和金额分别登记总分类账，并标记过账符号“√”。

普通日记账在登记过程中还应注意以下事项：

1. 日期栏用来登记记账凭证编制日期而不是经济业务实际发生的日期或原始凭证的日期。

2. 摘要栏登记应简明扼要，一般根据记账凭证中的摘要填写。如果本页日记账已记满或本月结束，本栏应加盖“过次页”或“本月合计”字样的签章。

3. 账户名称栏登记借方和贷方账户名称。一般情况下，借方账户记在前一行，贷方账户记在后一行，以示区别。

4. 图中的第五栏和第六栏是金额栏（见图 7 – 3）。登记借方和贷方增减变动的数额。填写时，借方（或贷方）金额应与相应的借方（或贷方）账户列在同一行；如果账页中有漏记的空白行次，则应划一红色斜线，以示注销。每页记满或每月月终，应加总合计数，并划一红线，以示清晰。

普通日记账也可以采用多栏式，其一般格式如图 7－3 所示。

20×7 年		凭证号数	摘要	银行存款		材料采购借方	主营业务收入贷方	管理费用贷方	其他账户名称	结余		
月	日			借	贷					借	贷	余
5	1		期初余额							借		200
	15	银付－501	采购货物		100	100				借		100
	31		期末余额		100	100				借		100

第 10 页

图 7－3　多栏式日记账

多栏式日记账的登记方法与两栏式日记账基本相同，需每天逐笔进行登记，不同的是对经常发生的业务按相应账户（如现金、银行存款、材料采购、主营业务收入等）设置专栏，登记日记账时只需把金额记入相应的专栏内；对应没有设置专栏的账户，记入“其他”栏下的账户名称栏内，并把借方和贷方金额记入“借方”和“贷方”金额栏内。“其他”栏的分录还需要逐笔过账，记入另外设置的账簿中。设有专栏的账户只需在月末结算合计数，将合计数记入总账。

多栏式日记账与两栏式日记账相比，节省了大量的过账工作，这是多栏式日记账的主要优点。但无论是两栏式日记账还是多栏式日记账都只设有一本日记账，因此不便于分工记账，也不能完整反映各类经济业务的发生或完成情况。所以它只适用于规模较小、经济业务比较简单的企业，目前这种普通日记账已很少被采用。

二、特种日记账的设置与登记

为了清晰地反映某一类经济业务的发生或完成情况，以便强化该类业务的管理，发生次数频繁的同类经济业务可以单独登记，如现金日记账、银行存款日记账和转账日记账等特种日记账。

（一）现金日记账的设置与登记

现金日记账是由出纳人员根据记录现金的记账凭证（或现金收、付款凭证）顺时逐笔进行登记的，用来反映现金收入、付出及其结余情况的账簿，现金日记账采用连续页码的订本式账簿。其一般格式为借、贷、余三栏式，如图 7－4 所示。

现金日记账的“记账凭证”栏，记录每笔业务所依据的记账凭证（或现金收、付款凭证）类型和号数，以便查对，如图 7－4 所示业务，表示分别根据“现金收款凭证 0001 号”和“现金付款凭证

0001 号”登记日记账。“摘要”栏，记录简明扼要的经济业务内容。“对方科目”栏可根据记账凭证所列的对方账户名称登记，以说明每笔收入的来源和付出的去向。“借方金额”和“贷方金额”栏的金额应分别根据记账凭证（或现金收款凭证、现金付款凭证）上“现金”科目的“借方”和“贷方”金额进行登记。“余额”栏根据公式“期初余额 + 本日合计借方金额 - 本日合计贷方金额 = 余额”计算填列，通常只需每日终了时结出余额，并标明方向（借或贷）。每日终了时，应将结出的余额与出纳管理的库存现金数额核对，做到账实相符。

现金日记账

第 53 页

20×7 年		记账凭证		摘要	对方科目	借方金额	贷方金额	余额	
月	日	收款	付款					借或贷	金额
6	2			上月结转				借	12 350
6	2	现收 0001#		张三交旅费余款	其他应收款	150		借	12 500
6	2		现付 0001#	李四报水果款	管理费用		200	借	12 300
				……					
				本日合计		1 400	2 000	借	11 750
6	2			转次日				借	11 750

图 7－4 现金日记账

（二）银行存款日记账

银行存款日记账通常是由出纳人员根据记录银行存款业务的记账凭证（或银行存款收款、付款凭证），逐日逐笔序时登记的，用来反映银行存款的增加、减少和结存情况的账簿，银行存款日记账采用连续页码的订本式账簿。其一般格式也为三栏式，如图 7－5 所示。

银行存款日记账

第 43 页

20×7 年		记账凭证	摘要	结算凭证		借方金额	贷方金额	余额	
月	日			种类	号数			借或贷	金额
6	1		上月结转					借	11 000
6	1	银付 0001#	付材料款	转支	56678#		2 000		
6	1	银收 0001#	收 A 销售款	汇	00008#	3 500			
			……						
6	1		本日合计			8 500	8 000	借	11 500
			转次日					借	11 500

图 7－5 银行存款日记账

银行存款日记账中的“年月日”“记账凭证”“摘要”栏，应根据记账凭证（或银行存款收款、付款凭证）登记，“结算凭证”栏应根据银行结算凭证（如汇款编号，支票号码等）填列，设置此栏是为方便和银行对账，因而单独列出每笔凭证所依据的结算凭证的种类和号数，如图 7－5 所示，表明分别根据“银行付款凭证 0001 号，结算方式是转账支票 56678（尾号）”和“银行收款凭证 0001 号，结算方式是汇款（00008 是银行汇款标志）”登记日记账。“借方金额”和“贷方金额”栏应分别根据记账凭证上（或银行存款收款凭证、银行存款付款凭证）“银行存款”科目“借方金额”和“贷方金额”进行登记。涉及把现金存入银行的业务，因为仅编制现金付款凭证，所以登记银行存款收入数时，就应根据现金付款凭证。每日终了，应结出银行存款余额及方向（借或贷），余额计算方法与现金日记账相同。

（三）转账日记账

转账日记账是根据每天的转账凭证按照时间顺序逐日逐笔进行登记，格式与现金和银行存款日记账类似。企业一般不设置转账日记账，而是通过设置相应账户的明细账来实现管理目的。

第四节　分类账簿的设置与登记

分类账是分类登记经济业务的账簿。分类账按照提供资料的详细程度不同，可分为总分类账和明细分类账。总分类账账户和明细分类账账户之间具有统驭和从属的关系，记账时必须采用平行登记的方法。

一、总分类账和明细分类账之间的关系

总分类账，又称总账，是用来总括反映企业经济活动及资产、负债、所有者权益、收入、费用、利润等状况的账簿。它按照规定的一级账户分设账页，以集中登记属于各账户的业务及其发生的增减变动。明细分类账，又称明细账，是用来比较详细地反映企业经济活动及资产、负债、所有者权益、收入、费用、利润等状况的账簿。设置总分类账户的前提是会计核算时使用的会计科目必须具体到明细一级科目，否则无法登记明细账。总账与明细账记录的经济内容相同，只是详细程度不同，明细账体现了更为详细、更为具体的会计信息，明

细账是所属总账的从属账户，对总账起着辅助和说明作用。举例来说，“应收账款”是总账账户，“应收账款——A 公司”“应收账款——B 公司”等是明细账户，明细账户的发生额加总即为总账账户发生额，二者反映的是同一内容，明细账户具体解释、说明了对哪些公司的应收账款；同理，“银行存款”是总账账户，“银行存款——中国银行”“银行存款——建设银行”“银行存款——工商银行”等是明细账户，具体说明银行存款变动是由哪些具体银行账户变化产生的；其他如“原材料”“产品销售收入”“应付账款”“固定资产”等都是总账账户。需要说明的是，总账账户统属的明细账户分类标准并不统一，各单位可以结合管理需要进行分类，但是明细分类的标准要明确，并且具有排他性，不能出现某一业务同时出现在两个不同的明细账中的现象。

二、总分类账的设置与登记

由于总账能够全面、总括地反映经济活动情况，并为编制会计报表提供资料，因此每个单位都必须设置总账。总账一般采用三栏式的订本账，设“借方”“贷方”“余额”三个金额栏，其一般格式如图 7－6 所示。

总分类账

账户名称：应收账款　　　　　　　　　　　　　　第 36 页

20×7 年		记账凭证		摘要	借方金额	贷方金额	余额	
月	日	种类	号数				借或贷	金额
2	1			月初余额			借	46 800
	2	转	0032	赊销产品	4 200		借	51 000
	9	银收	0002	收回前欠货款		5 000	借	46 000
	21	转	0008	赊销产品	2 000		借	48 000
	27	转	0014	发生坏账损失		6 000	借	42 000
	31			本月发生额及月末余额	6 200	11 000	借	42 000

图 7－6　总分类账

总分类账登记的依据和方法，主要取决于所采用的会计核算组织程序。它可以直接根据各种记账凭证逐笔进行登记，也可以把各种记账凭证先进行汇总，编制成汇总记账凭证或科目汇总表后进行登记。每月应将当月已完成的经济业务全部登记入账，并于月终结出总账各账户的本期发生额和期末余额，作为编制会计报表的主要依据。

会计上，将经济业务从记账凭证转记到总分类账户和明细分类账户的方法，称为过账。通过过账，可以把相同经济内容的业务加以分类综合，从而便于分析该类业务增减变动及其结果。

过账的基本程序和方法如下：

第一，按照记账凭证编号的顺序依次过入记账凭证中会计分录所涉及的有关总分类账户。通常是先过入借方账户，再过入贷方账户。如果贷方账户的账页在总账中排列的次序在借方账户的账页之前，也可先过入贷方账户，以减少账页前后翻动的时间，但应避免漏记或重记。

第二，记账日期，凭证种类及编号，借方金额或贷方金额各栏，均应根据记账凭证上标明的相关内容进行登记。摘要栏要总括、综合地反映所涵盖记账凭证记载业务的内容。每笔账过完之后，应在记账凭证的“过账”或“账页”栏内作出过账标记“√”。

第三，在会计实务中，过账工作应尽快完成，并定期结算账户余额，以便进行余额平衡与核对，也便于及时提供管理信息。余额的计算公式决定于账户性质，不同性质的账户，余额通常所在的方向不同。

资产类账户和成本、费用类账户余额计算的公式是：

期初借方余额 + 本期借方发生额 − 本期贷方发生额 = 余额

该类账户余额一般在借方。

负债类、所有者权益类、收入类、利润类账户余额的计算公式是：

期初贷方余额 + 本期贷方发生额 − 本期借方发生额 = 余额

相应账户的余额一般在贷方。

有些账户的余额可能为0，此时应在“借或贷”栏内填“平”字，并在余额栏内作“0”标记。

三、明细分类账的设置与登记

明细账也是编制会计报表的重要依据和参考，一般单位都会在设置总账的基础上，设置一些重要业务的明细账，如原材料、应收账款、应付账款、应付职工薪酬、应交税费等。明细账可以根据管理需要明细到不同程度，如二级明细账（如利润分配——未分配利润），三级明细账（如应交税费——应交增值税——销项税额）等；明细账一般采用活页式账簿，常用的格式主要有以下三种。

（一）三栏式明细账

这种格式的明细账，只设借方、贷方和余额三个金额栏。适用于只要求反映金额的经济业务，如应收账款、应付账款、其他应收款及结算业务的明细分类核算。其一般格式如图7－7所示。

三栏式明细分类账

明细科目：应付账款　　　　　　　　　　　　　　　　　　　　第 30 页

20×7 年		凭证		摘要	借方	贷方	借或贷	余额
月	日	字	号					
3	1			月初余额			贷	4 800
	15	转	001	购买材料欠款		4 000	贷	8 800
	31	银付	002	偿还前欠货款	2 000		贷	6 800
	31			本月发生额及余额	2 000	4 000	贷	6 800

图 7－7　三栏式明细分类账

（二）数量金额式明细账

这种格式的明细账，适用于既需反映数量，又需反映金额的经济业务，如原材料、产成品、固定资产等物资的明细核算。在其账页上设有收入、支出和结存三栏，各栏中又分设数量、单价和金额栏目。其一般格式如图 7－8 所示。

数量金额式明细账

类别：×××　　　　　　　　　储备定额：×××

名称和规格：A 材料　　　　　存放地点：×××

计量单位：千克

明细科目：原材料　　　　　　　　　　　　　　　　　　　　第 3 页

20×7 年		凭证		摘要	收入			支出			结存		
月	日	字	号		数量	单价	金额	数量	单价	金额	数量	单价	金额
5	1			月初余额							40	10	400
	15	现付	002	购进材料 A	10	10	100				50	10	500
	31			发生额及余额	10		100				50	10	500

图 7－8　数量金额式明细账

（三）多栏式明细账

这种格式的明细账，是根据经济业务的经济内容和提供资料的要求，在一张账页上按照明细项目分设若干专栏，以提供该类业务的详细资料。主要适用于生产成本、制造费用、本年利润、应交税费、销售收入等的明细分类核算。具体如制造费用多栏式明细账（见图 7－9），其他账户与此类似。

各种明细账的登记方法，应根据各个单位业务量的大小和经营管理上的需要，以及所记录的经济业务内容而定。可以根据原始凭证、汇总原始凭证或记账凭证，采取逐日逐笔或定期汇总登记的方法进行登记。

多栏式明细分类账

明细科目：制造费用　　　　　　　　　　　　　　　　　　　　第 8 页

20×7 年		凭证		摘要	借方					合计
月	日	种类	编号		工资	福利费	折旧费	办公费	其他	
4	1			月初余额						1 000
	20	转	023	分配职工工资	2 000					3 000
	30			发生额及余额	2 000					3 000

图 7－9　多栏式明细分类账

平行登记

四、总分类账与明细分类账之间的平行登记

在会计核算中，为了进行账户记录的交叉核对，保证核算资料的完整性和正确性，总分类账户与其所属明细分类账户必须采用平行登记的方法，即对记录每一笔经济业务的记账凭证，一方面要在总分类账户中进行总括登记；另一方面还要在其所属明细分类账户中进行详细具体的登记。总账与明细账平行登记的具体要求体现为“四个一致”：

1. 凭证一致。企业发生的每一项经济业务都会形成记账凭证，总账和明细账登记时所依据的是同一张记账凭证。

2. 时间一致。经济业务按照权责发生制原则编制成记账凭证，记账凭证的填制日期就是登记总账和明细账依据的日期。需要说明的是，由于总账可能采取期间汇总方式登记，如 5 天或 10 天为一个登记期间，所以，总账和明细账具体登记日期可能不一致，但必须属于同一会计期间，如同一个月份，不能出现二者分属不同会计期间的现象。

3. 方向一致。登记总账和明细账时依据的是同一张记账凭证，因此记账凭证记录的账户方向（借或贷）就是总账和明细账账户登记的方向。

4. 金额一致。登记总账和明细账时依据的是同一张记账凭证，因此登记时依据的金额也是同一方向的同一金额，因此总账登记的发生额应该与所属明细账登记的发生额总额相同。

【例 7－1】某公司 2017 年 6 月销售情况如下（不考虑增值税）：1 日销售 A 产品 10 件，实现销售收入 15 000 元，记账凭证编号 0003；5 日销售 B 产品 15 件，实现销售收入 2 000 元，记账凭证编号 0015；15 日销售 A 产品 7 件，实现销售收入 10 000 元，货款暂未收到，记账凭证编号 0105；21 日销售 B 产品 20 件，实现销售收入 2 500 元，货款暂未收到，记账凭证编号 0198。该公司根据 A、B 两个产品类别设置明细账，10 日为一个总账登记期间，“主营业务收入”总账（见图 7－10）和明细账户“主营业务收入——A”（见图 7－11）、“主营业务收入——B”（见图 7－12）、“应收账款”

总账（见图7－13）、明细账户“应收账款——销售A产品”（见图7－14）、“应收账款——销售B产品”（见图7－15）登记如下：

分录如下：

（1）6月1日

借：银行存款　　15 000

　　贷：主营业务收入——A产品　　15 000

（2）6月5日

借：银行存款　　2 000

　　贷：主营业务收入——B产品　　2 000

（3）6月15日

借：应收账款　　10 000

　　贷：主营业务收入——A产品　　10 000

（4）6月21日

借：应收账款　　2 500

　　贷：主营业务收入——B产品　　2 500

总分类账

发生额等于A、B产品明细账当期发生额之和

等于A、B产品明细账余额之和且方向一致

账户名称：主营业务收入　　第3页

三栏式明细分类账

20×7年		记账凭证		摘要	借方金额	贷方金额	余额	
月	日	种类	号数				借或贷	金额
6	1			上月结转			贷	11 000
6	1－10			产品销售		17 000	贷	28 000
6	11－20			产品销售		10 000	贷	38 000
6	21－30			产品销售		2 500	贷	40 500
				本月合计		29 500	贷	40 500
				结转次月			贷	40 500

图7－10　“产品销售收入”总分类账

三栏式明细分类账

明细科目：主营业务收入——A　　第8页

20×7年		凭证		摘要	借方	贷方	借或贷	余额
月	日	字	号					
6	1			期初余额			贷	10 000
6	1	记	0003	销售A产品		15 000	贷	25 000
6	15	记	0105	销售A产品		10 000	贷	35 000
6	30			本月合计		25 000	贷	35 000
				结转次月			贷	35 000

图7－11　“A产品销售收入”明细分类账

三栏式明细分类账

明细科目：主营业务收入——B　　第5页

20×7年		凭证		摘要	借方	贷方	借或贷	余额
月	日	字	号					
6	1			期初余额			贷	1 000
6	5	记	0015	销售B产品		2 000	贷	3 000
6	21	记	0198	销售B产品		2 500	贷	5 500
6	30			本月合计		4 500	贷	5 500
				结转次月			贷	5 500

图7-12　“主营业务收入——B”明细分类账

总分类账

账户名称：应收账款　　第10页

20×7年		记账凭证		摘要	借方金额	贷方金额	余额	
月	日	种类	号数				借或贷	金额
6	1			期初余额			借	10 000
	11-20			产品销售	10 000		借	20 000
	21-30			产品销售	2 500		借	22 500
				本月合计	12 500		借	22 500
				结转次月			借	22 500

图7-13　“应收账款”总分类账

三栏式明细分类账

明细科目：应收账款——甲公司　　第8页

20×7年		凭证		摘要	借方	贷方	借或贷	余额
月	日	字	号					
6	1			期初余额			借	5 000
6	15	记	0105	销售A产品	10 000		借	15 000
6	30			本月合计	10 000		借	15 000
				结转次月			借	15 000

图7-14　“应收账款——甲公司”明细分类账

三栏式明细分类账

明细科目：应收账款——乙公司　　第8页

20×7年		凭证		摘要	借方	贷方	借或贷	余额
月	日	字	号					
6	1			期初余额			借	5 000
6	21	记	0198	销售B产品	2 500		借	7 500
6	30			本月合计	2 500		借	7 500
				结转次月			借	7 500

图7-15　“应收账款——乙公司”明细分类账

在本例中，“主营业务收入”总账与“主营业务收入——A”“主营业务收入——B”两个明细账户，以及“应收账款”总账与“应收账款——甲公司”、“应收账款——乙公司”两个明细账户登记时依据的是同一项业务和记账凭证，账簿登记所属的会计期间相同，登记的金额和记账方向也完全相同，体现了“四个一致”。

综上所述，总分类账户及其所属的明细分类账户按平行登记规则进行登记，可以概括为：凭证一致、时间一致、方向一致、金额一致。

根据总分类账与其所属明细分类账的平行登记规则记账之后，总分类账与明细分类账之间产生了下列数量关系：

第一，总分类账有关账户本期发生额与其所属各个明细分类账户本期发生额的合计数之和必然相等。以公式表示为：

总账本期发生额 = 明细账本期发生额合计

第二，总分类账有关账户期末余额与其所属各个明细分类账户期末余额之和必然相等。以公式表示为：

总账期末余额 = 所属明细账期末余额合计

在会计核算工作中，可以利用上述关系检查账簿记录的正确性。检查时，根据总分类账与明细分类账之间的数量关系，编制明细分类账的本期发生额和余额明细表，同其相应的总分类账户本期发生额和余额相互核对，以检查总分类账与其所属明细分类账记录的正确性。明细分类账户本期发生额和余额明细表根据不同的业务内容可以分别采用不同的格式。

第五节　对账与错账更正

对账是指账务的核对工作，是为减少或及时发现会计处理过程中的错误而进行的。对账可以及时发现会计凭证编制、账务登记、业务部门信息传递等方面的错误，也是实施会计控制的重要环节。

一、对账

《会计法》第十七条规定：“各单位应当定期将会计账簿记录与实物、款项及有关资料相互核对，保证会计账簿记录与实物及款项的实有数额相符、会计账簿记录与会计凭证的有关内容相符、会计账簿之间相对应的记录相符、会计账簿记录与会计报表的有关内容相符”。由于会计业务复杂烦琐，在会计业务过程中难免会发生记账、过账、计算错误等，此外为加强管理和内部控制需要，也需要会计部门与其他业务部门（如材料管理部门）的管理记录和实物进行核对，以便保证各种账簿记录的正确性、完整性以及会计监督的有效性，为编制会计报表提供真实可靠的数据资料。对账工作根据核对的内容不同，对账时间和频次安排也不相同，如库存现金的核对需要每日进行，银行存款、原材料等实物资产与账务记录的核对一般每月进行，其他财产清查工作则定期进行；总账与明细账的核对日常登记时进行，以便发现问题及时改正，保证账证相符、账账相符和账实相符。

对账的主要内容包括：账证核对、账账核对和账实核对。

（一）账证核对

账证核对，是指各种账簿记录与据以记账的会计凭证相核对。应把会计凭证上所记录的每笔经济业务的内容、数量、金额以及会计分录与各种账簿的记录相核对。可以逐笔核对，也可以抽查核对。有的单位设置总稽核会计岗位，既进行日常会计凭证的抽查工作，又负责账证的抽查核对。

（二）账账核对

账账核对，是指各种账簿和账户之间的金额、方向以及逻辑关系的核对。账账核对主要包括：总分类账中各账户发生额及余额借贷方向、金额平衡；各种明细分类账、日记账的本期发生额合计数，以及期末余额合计数，应分别与有关总分类账的相应数字相平衡。会计部门各种财产物资明细账的结存数，应与财产物资使用或保管部门的有关保管记录的结存数相核对。

（三）账实核对

账实核对，是指各种反映财产物资与债权债务账户的账面余额与实际数额的核对。账实核对主要包括：现金日记账余额应与库存现金实存数相核对；银行存款日记账的收入、付出、结存数应与银行对账单相核对；各种财产物资明细账的结存数应与财产物资的实际结存数相核对；各种应收、应付款明细账余额应与债权债务单位账面余额相核对等。账实核对主要是通过财产清查的方法来进行的。

核对的结果，应当做到账证相符、账账相符、账实相符。

二、错账更正

记账过程中，如果发生错误，不能随意涂改，应根据错账的具体情况，采用相应的方法进行更正。

（一）划线更正法

记账后，如果发现记账凭证无误，但是账簿登记时发生数字或文字错误，可用划线更正法进行更正。更正时，先在错误的数字或文字上划一条红线，表示注销。然后在划线的上面写上正确的数字或文字，并在划线处加盖记账员图章，以示负责。但值得注意的是，错数应整笔划掉，不能只划去其中一个或几个写错的数字，并保持划去的字迹仍然清晰可以辨认。例如，将 5 389 元错记为 5 398 元，更正时就不能只将 98 划去，改为 89，而应把“5 398”全部用红线划去，并在其上方写上“5 389”。

（二）红字更正法

红字更正法，适用于下列两种情况。

1. 记账后，如果发现是因记账凭证中应借、应贷科目或金额有错误导致记账错误，应用红字更正法进行更正。红字在记账中表示减少，即起着冲销作用。更正时，先用红字金额填制一张内容与错误记账凭证相同的凭证。在摘要栏中注明更正某月某日的错账，用红字金额记入有关账簿，冲销原来的错误记录，然后再填制正确的记账凭证，注明更正某月某日的错账，并记入有关账簿。

【例 7－2】 车间管理部门耗用材料 5 000 元。编制记账凭证时，误作下列分录，并已登记入账。

借：生产成本　　　　5 000

　　贷：原材料　　　　5 000

用红字更正法更正时，应先用红字金额填制一张内容与原来一样的记账凭证：

借：生产成本　　　　[5 000]

　　贷：原材料　　　　[5 000]

（注：[5 000]表示红字）

然后，再用蓝字填制一张正确的记账凭证：

借：制造费用　　　　5 000

　　贷：原材料　　　　5 000

根据以上记账凭证记入账簿后，可以将有关账户的记录情况进行调整。

2. 记账后发现记账凭证中应借、应贷的账户没有错误，只是所填金额大于应填金额，可将多填的金额部分，填制一张红字金额记账凭证，在“金额”栏中填列多计的数额，在“摘要”栏内注明“冲销第×号凭证多记数”并据以入账，以冲销原来多记的金额。

【**例 7 -3**】以银行存款 3 000 元偿还应付账款。在填制记账凭证时，误将 3 000 元记为 30 000 元，并已入账。原错记的会计分录如下：

借：应付账款　　30 000

　　贷：银行存款　　30 000

用红字更正法更正，可将多记的 27 000 元，用红字金额填制一张记账凭证，其分录为：

借：应付账款　　[27 000]

　　贷：银行存款　　[27 000]

上述会计分录过账后，“应付账款”和“银行存款”账户的记录就为如下所示：

应付账款账户：30 000 - 27 000 = 3 000

银行存款账户：30 000 - 27 000 = 3 000

（三）补充登记法

补充登记法，适用于记账后结账前，发现记账凭证的应借、应贷的会计科目虽无错误，但数字金额有错误，且错误金额数小于应计的正确金额数的情况。更正时，把少记的金额用蓝字填制一张与原记账凭证相同的凭证，在“摘要”栏内注明“补记第 × 号凭证少记数”，并据以登记入账。

【**例 7 -4**】银行转来购货单位偿还前欠款 8 000 元。在编制会计分录时，误将 8 000 记为 3 000，并已入账。原错记的会计分录如下：

借：银行存款　　3 000

　　贷：应收账款　　3 000

用补充登记法更正，可将少记的 5 000 元用蓝字填制一张记账凭证，其分录为：

借：银行存款　　5 000

　　贷：应收账款　　5 000

上述会计分录过账后，“银行存款”和“应收账款”账户的记录就为如下所示：

银行存款账户：3 000 + 5 000 = 8 000

应收账款账户：3 000 + 5 000 = 8 000

当然，上述【例 7 -3】、【例 7 -4】中出现的错误，也可以使用红字更正法，先将错误的凭证编制红字冲销凭证并记账，然后编制正确的记账凭证并重新记账。可见，会计差错应视不同的情况，采用相应的方法予以更正。

第六节　账项调整与结账

登记账簿作为会计核算的专门方法之一，它包括记账、过账、对账和结账四个相互联系、不可分割的工作环节。结账是为编制财务报表打下基础并提供资料准备，以便恰当反映企业在某一时点的财务状况和某一期间的经营成果和资金流动状况，为企业管理者和其他利益相关者提供决策参考，这也是会计分期的目的。在讨论了各种账簿的登记方法、过账的基本程序与对账之后，本节讨论结账之前的账项调整和结账的具体要求与方法。

一、账项调整

账项调整

在结账之前，企业应仔细检查本会计期间内所发生的经济业务，是否已全部填制记账凭证，并登记入账。企业既不能提前结账，也不能将本期发生的经济业务推迟到下期入账，在实务中，由于账项调整和期末对账需要一定的时间，企业真正结账往往会从期末延长几天到下一个会计期间，但是账项调整编制的会计凭证日期和账簿登记日期仍然计入所属期间，通常是期末最后一天。按照会计准则的规定，判断某项经济业务属于本期还是其他会计期间的基本原则为权责发生制。期末账项调整，正是遵循这一原则进行的。

权责发生制，是以成本、费用是否应由本期产品或服务负担、收益是否应归属本期为标准，计算和确认费用及收益归属期间的一种会计处理方法。具体地说，凡是应该由本期的产品来负担的费用，不论其款项是否已在本期支付，都作为本期的费用处理；反之，凡是不该由本期产品成本负担的费用，即使在本期已经实际支付，也不计入本期成本；凡是属于本期获得的收益，不论款项是否已在本期收到，都作为本期的收入处理；对于那些本期虽然收到款项，但不属于本期实现的收入，不能确认为本期的收入。例如，本期销售一批产品，按照权责发生制原则，只要把产品销售出去，不管本期是否实际收到了货款，均已取得了收取货款的权力，应确认为本期收入。如果销售产品货款尚未收到，应在确认产品销售收入的同时确认“应收账款”；以后收到货款时借记“银行存款”，贷记“应收账款”。

期末账项调整主要涉及收益类和费用类业务的确认期间问题，通常需要考虑的会计处理业务包括：应计收入和预收收入，应付费用和预付费用的确认；应付职工薪酬费用、制造费用、固定资产折旧费用、无形资产摊销费用的分配与确认等，此外还包括各种资产减值准备计提、公允价值变动损益与投资收益确认、所得税费用确认等复杂业务。

> **账项调整**
>
> 账项调整是期末结账前的一项重要工作，尤其是年末账项调整在很多方面涉及财务报表，对于需要进行年报信息披露的上市公司至关重要。由于账项调整比日常业务更复杂，因此需要业务能力更强、思维更缜密、专业财务知识更全面的会计人员来做，有时还需要与外部专业人员（如外部审计师，资产评估师等）沟通，如公允价值的确定、大额资产减值准备计提金额的确定以及有关的会计政策和估值技术等。企业在年终结账前通常会召开年终结账会议，讨论并安排专业、称职的会计人员完成年终账项调整工作。

【例 7－5】 下面以固定资产折旧的账项调整为例，说明账项调整的原理和方法。

企业购置的厂房、建筑物和机器设备等固定资产，价值数额较大，可以供企业长期使用，按照其在生产经营中发挥作用的方式，这类固定资产的购置费用，不能一次性地计入购置期间的产品成本，而应该在固定资产发挥作用的整个使用期内共同摊销。在固定资产购置以后的各个会计期间里，虽然不用现实地支付设备购置费用，但是应把其价值损耗分期分批计入相应期间的产品成本，这种固定资产的费用摊销又称固定资产折旧，需要在各期期末通过会计分录进行账项调整。

某公司 6 月 30 日计提本月份固定资产折旧 20 000 元。其中车间用固定资产应计折旧 11 000 元，厂部管理用固定资产应计折旧 9 000 元。

这笔账项调整业务的会计分录如下：

借：制造费用	12 000	
管理费用	9 000	
贷：累计折旧		21 000

二、结账

记账和过账工作是会计人员在日常业务处理中完成的。结账一般是在某一会计期末进行的，结账的目的在于，在会计分期假设下，查看企业某一会计期末的财务状况和该会计期间的经营成果。结账，就是结算账目，即在把一定时期内所发生的经济业务全部登记入账的基础上，计算出各个账户的本期发生额和期末余额，以便据以编制会计报表，总结企业在一定时期内的经济活动情况。

在将全部经济业务均已登记入账的基础上，需要结算各类账户的本期发生额和期末余额，以反映期末的财务状况，并计算本期的利润或亏损。账户结算，又分别包括月结和年结，分别在月末和年末进行，结账方法通常采用画线结账法。月结相对简单，一般结算出总分类账和明细分类账的本期发生额和期末余额，然后计算出当期经营成果。年结则较为复杂，要按照会计分期假设，将损益类账户，如收入类、成本费用类账户结转“本年利润”，结转后相应账户余额为零；将资产类、负债类、所有者权益类账户期末余额结转为下期的期初余额，使前后期的账簿记录既前后连续又划分清楚。

（一）月结

月结，就是在每月的月末，在把本月发生的经济业务全部登记入账的基础上，结算各个账户，计算出各个账户的本月发生额和月末余额，并将其记录在账簿中最后一笔记录的下一行，在摘要栏内注明“×月份月结”或“×月份发生额及余额”或“本月合计”字样，并在月结行上下面各划一条通栏红线，表示月结，对于本月份未发生数额变化的账户，不进行月结。月结时没有余额出现时，应在余额栏内写上“平”或“-θ-”的符号。

（二）年结

年结，就是在12月月结之后，进一步计算本年各月份发生额合计数，结算出年终余额。在年结行的日期栏内，填写12月31日，在“摘要”栏内注明“年度发生额及余额”或“本年合计”字样。将本年度末借（贷）方余额，填列在下一行的借（贷）方栏内，并在“摘要”栏内注明“结转下年”字样，对需要更换新账的，应同时在新账中有关账户的第一行“摘要”栏内注明“上年结转”或“年初余额”字样，并将上年余额记入“余额”栏内。新旧账有关账户之间转记余额，不必编制记账凭证。最后，加总借、贷方合计数，借方、贷方合计数应该相等。再在合计数下面划两条通栏红线，表示封账。需要注意的是，资产类、负债类、所有者权益类账户结账后一般会有余额结转下年；损益类账户，如收入、费用类账户，经过年终结转“本年利润”后应该没有余额。结账方法如图7-16所示。

总分类账

会计科目：应付账款　　　　　　　　　　　　　　　　　　　　　　　　　　　　　　　第4页

20×7年		凭证号	摘要	借方	贷方	借或贷	余额
月	日						
1	1		上年结转			贷	5 000
		汇1	1～15日汇总	7 000	8 000		6 000
		汇2	16～31日汇总	8 000	8 500		6 500
1	31		本月发生额合计及余额	15 000	165 000	贷	6 500
2			……				
2	28		本月发生额合计及余额	14 500	14 000	贷	6 000
3			……				
3	31		本月发生额合计及余额	15 000	13 000	贷	4 000
3	31		第一季度发生额合计及余额	44 500	43 500	贷	4 000
⋮	⋮	⋮	⋮	⋮	⋮	⋮	⋮
			……				
12	31		本年发生额合计及余额	142 000	152 000	贷	15 000
			结转下年			贷	15 000

图7－16　结账

需要说明的是，为定期反映会计年度内某一期间（如月度、季度或半年度）的经营成果，企业通常通过单独编制“损益表”，将该期间损益类账户合计发生额列在同一张表中（不编制结转账务的记账凭证），以便计算本期经营成果（又称表结），只在年末结账时才通过编制用于年终结转的记账凭证，结转经营成果（又称账结），并登记入账。

本章小结

会计账簿是联结会计凭证与会计报表的关键环节，会计账簿的登记、核对和账务结转是形成会计报表的基础。企业可以根据业务复杂性和管理需要设置总分类账和明细分类账的种类。通常情况下，企业必须设置总账、现金日记账和银行存款日记账。为便于核对与监督，会计人员应及时并根据规定的程序登记账簿。企业发生错账时通常使用划线更正法、红字更正法和补充登记法来更正。为及时发现账簿登记和企业管理中存在的问题，必须重视对账工作，以保证账证相符，账账相符，账实相符。每期结账前，应根据权责发生制原则进行账项调整工作；为反映企业的财务状况和某一会计期间的经营成果和现金流量情况，企业需要进行期末结账工作。期末结账包括月结和年结，月结通常采用表结方式，年结采用账结方式。

【本章重要术语】

总分类账；明细分类账；特种日记账；过账；对账；结账；红字更正法；账项调整

【延伸阅读】

浙江大学原副校长涉故意销毁会计凭证、会计账簿罪 http://politics.people.com.cn/n1/2017/0116/c1001-29026704.html。

思考与练习

一、思考题

1. 举例说明什么是总账，什么是明细账？

2. 月结和年结有何不同？

3. 错账更正方法有哪些？分别在什么情况下使用？

4. 对账的主要内容是什么？

5. 账项调整的主要内容是什么？

二、案例题

李先生在一家上市公司做会计主管，发现该公司的“原材料”账户和应收账款账户平时不登记总分类账，只登记明细分类账，往往等一段时间才补登总分类账；而“固定资产”账户平时不登记明细分类账，只登记总分类账。他提出这种做法不符合总分类账与明细分类账之间的平行登记规则，但财务主管认为这样没有违背平行登记规则。你认为谁的看法正确？

三、核算题（不考虑增值税）

（一）兴华工厂1~2月发生以下业务

1. 兴华工厂2××9年1月初现金日记账余额为600元，银行存款日记账余额为856 000元。本月发生下列有关经济业务：

（1）3日，签发现金支票3 000元，从银行提取现金。

（2）5日，取得短期借款75 000元，存入开户银行。

（3）7日，收到银行通知，购货单位偿还上月所欠贷款82 000元，已经收妥入账。

（4）10日，签发转账支票30 000元，支付供应单位的欠款。

（5）13日，销售产品的货款共计3 000元，已收到并存入银行。

（6）16日，以银行存款支付为购货单位代垫的运杂费300元。

（7）20日，购进材料一批，货款79 800元，运杂费200元，款项以银行存款支付，材料已验收入库。

（8）25日，通过银行支付供应单位加收的包装物押金400元。

（9）30日，收到银行付款通知，支付本月生产用电费17 000元。

（10）31日，以现金支付产品销售费用200元。

2. 兴华工厂2××9年1月31日有关总分类账户和明细分类账户

的余额如下：

（1）总分类账户。

“原材料”940 000 元

“应付账款”300 000 元（贷方余额）

（2）明细分类账户。

“原材料”：

甲材料：1 100 吨，单价 400 元，金额 440 000 元

乙材料：2 000 吨，单价 200 元，金额 400 000 元

“应付账款”：

南化工厂：250 000 元（贷方余额）

东华工厂：50 000 元（贷方余额）

3. 2 月发生下列有关经济业务：

（1）3 日，用银行存款 40 000 元购进甲材料 100 吨，材料已验收入库。

（2）8 日，用银行存款 100 000 元偿还所欠南化工厂材料货款。

（3）12 日，向东华工厂购进乙材料 500 吨，单价 200 元，货款 100 000 元尚未支付，材料已验收入库。

（4）20 日，仓库发出一批材料用于产品生产，其中：甲材料 1 000 吨，单价 400 元；乙材料 2 250 吨，单价 200 元。

（5）23 日，以银行存款 150 000 元偿还前欠东华工厂材料款。

要求：

（1）根据资料 1，设置并登记兴华工厂现金日记账和银行存款日记账。

（2）根据资料 2 和资料 3，编制会计分录（购进材料时通过“材料采购”科目），设置并平行登记“原材料”“应付账款”总分类账和明细分类账。

（二）某工业企业将账簿记录与记账凭证进行核对时，发现下列经济业务的记账凭证内容或账簿记录有误

1. 开出现金支票 200 元，支付企业行政管理部门的日常零星开支。原编制的记账凭证的会计分录为：

借：管理费用　　200

　　贷：库存现金　　200

2. 收到购货单位偿还上月所欠货款 6 500 元，存入银行。原编制的记账凭证的会计分录为：

借：银行存款　　5 600

　　贷：应收账款　　5 600

3. 结转本月已销售产品的成本 45 000 元，原编制的记账凭证的会计分录为：

借：主营业务成本　　　　　　　　　　　　　42 000

　　贷：库存商品　　　　　　　　　　　　　　　42 000

4. 用银行存款支付所欠供应单位货款 3 800 元。原编制的记账凭证的会计分录为：

借：应付账款　　　　　　　　　　　　　　　4 000

　　贷：银行存款　　　　　　　　　　　　　　　4 000

5. 收到购货单位暂存的包装物押金 980 元。原编制的记账凭证的会计分录为：

借：银行存款　　　　　　　　　　　　　　　890

　　贷：其他应收款　　　　　　　　　　　　　　890

要求：将上述各项经济业务账簿处理的错误，分别采用适当的更正错账方法予以更正。

第八章

财产清查

问题导入

小张经过前面循序渐进地学习，自己感觉进步很大。周末她跟表姐微信聊天，说自己学习进步很大，很快自己也会编制会计报表了。表姐告诉她，编制会计报表前还有一步工作很重要，就是财产清查。这种会计核算方法与前面内容相比，学起来简单得多，但是实践中很烦琐。恰巧表姐单位下属公司更换负责人，要进行财产清查。小张就恳求表姐帮忙联系，去了解一下财产清查。

这是一家禽类养殖公司。公司原董事长兼总经理离职，由于时间较为紧张，时下是第三季度末，考虑到年终还要全面清查，公司副经理不准备进行全面清查，但是新任领导不同意。

在仓库，看到堆积的满满的货物，小张不知如何下手清查。看到清查人员拿着一沓银行对账单在与银行存款核对，小张瞪大眼睛，这就是银行存款的清查方法?

公司在清查中发现，有部分库存产品 6 000 件，由于长期积压，已经失去变现价值，但是账实数量相符，清查人员也要记录下来。小张不明白，这样做的目的是什么?

因为感染病毒导致一批价值 20 000 元鸡苗死亡。保险公司同意赔偿 13 000 元。但赔偿款还未到账。小张想知道，有赔偿的部分损失还需要计入损益吗?

学习目标

本章学习的内容是财产清查。通过本章的学习，掌握财产清查的含义，了解财产清查的意义及种类；理解实物资产的永续盘存制和实地盘存制；掌握财产清查方法，各种单证和银行存款余额调节表的结构用途和填制；掌握财产清查结果的账务处理。

第一节　财产清查概述

一、财产清查的概念

财产清查，是通过对企业的货币资金、实物资产和往来款项的盘点和核对，确定其实存数，查明各项货币资金、实物资产和往来款项的实存数与账面结存数是否相符的一种专门方法，是对账工作的重要环节。

《企业会计准则——基本准则》要求，企业应当以实际发生的交易或者事项为依据进行会计确认、计量和报告，如实反映符合确认和计量要求的各项会计要素及其他相关信息，保证会计信息真实可靠，内容完整。企业发生的日常经济业务需要通过填制和审核会计凭证、登记账簿、试算平衡和对账等一系列会计处理方法，来保证账证相符和账账相符，因此从理论上来讲，会计账簿上记载的财产的增减变动和结存情况，应该与实际的财产收发和结存相符。但是在实际工作中，账簿记录的资料与各项财产物资的实有数往往存在差异，究其原因为以下几个方面：

（1）财产物资在运输、保管、收发过程中的自然损耗；

（2）在财产物资收发过程中，由于计量、检验不准确造成账实差异；

（3）因非常事故，如火灾、水灾、风灾等灾害造成的非常损失；

（4）由于管理不善或工作人员失职造成财产破损、变质、短缺或人为地调整会计资料；

（5）在财产管理工作中，由于工作的疏忽，发生错收、错付或在账簿中错记、漏记和重记等情况；

（6）在结算过程中，由于未达账项和拒付等原因，造成企业与银行账簿记录不相符；

（7）由于不法分子营私舞弊、贪污盗窃等有关人员作弊所造成财产的损失和账目上的混乱。

此外，企业经营管理的不善或外界环境的变化，如市场供求变化、物价水平变动等，会造成某些财产物资虽然账实相符，但与账面价值相比，其实际价值已经发生了很大的变化，有的实际价值已低于其账面价值，有的已经发生大幅度的升值。这些情况并不发生数量上的增减，但已影响了会计信息的客观性，影响企业的经营决策。因此，为了保证会计账簿记录的客观真实性，进一步建立和健全财产物资的管理制度，确保企业财产物资的真实完整，企业必须运用财产清查这一会计方法，对各项财产物资进行定期或不定期的盘点与核对，及时发现并处理差异等问题，以做到账实相符。

二、财产清查的意义

加强财产清查工作，对于加强企业管理、保证财产物资的安全完整和会计核算资料的真实可靠、挖掘各项财产物资的潜力、充分发挥会计的监督作用具有重要的意义。

提醒：财产清查不仅是一种账实核对的方法，也是一种管理方法。

1. 通过财产清查，可以查明各项货币资金、实物资产与往来款项的账存数和实有数的差异，通过对差异性质及原因的分析，积极采取有效措施，及时调整账面记录，做到账实相符，保证会计核算资料的真实完整。

2. 通过财产清查，可以查明各项财产物资的保管、收发和结存情况，查明有无因管理不善造成损失浪费、霉烂变质、损坏丢失或非法挪用、贪污盗窃等情况，以便及时进行调查与处理，改善经营管理，保证各项财产物资的安全与完整。

3. 通过财产清查，可以查明有关财产物资的验收、保管、收发、调拨、报废和毁损情况，现金出纳和账款结算手续制度的贯彻执行情况，及时发现管理中的漏洞，建立健全各项规章制度，提高企业的管理水平。

4. 通过财产清查，可以查明财产物资的储备和利用情况，有无储备不足、积压、闲置等情况，以便根据不同的情况分别采取措施，保证生产经营的需要，加速资金周转速度，提高资金的使用效率；查明各项往来款项的结算情况，有无长期拖欠、拒付款项及未达账项等，以便及时发现问题，为经营管理提供决策有用的信息。

三、财产清查的种类

财产清查可以按照清查的对象和范围、清查的时间和清查的执行单位等标准进行分类。

1. 财产清查按照清查的对象和范围不同，可以分为全面清查和局部清查。

全面清查，是指对所有的货币资金、实物资产和往来款项等进行盘点和核对。以工业企业为例，全面清查的内容一般包括：

（1）库存现金、银行存款等各项货币资金；

（2）原材料、在产品、半成品、产成品、包装物、低值易耗品等存货；

（3）房屋、建筑物、机器设备等固定资产；

（4）各项应收、应付、预收、预付等往来结算款项；

（5）各项股票、债券等对外投资款项；

（6）受托加工、保管的各项财产物资等。

通过全面清查，企业可以对所拥有的各项财产物资进行全面的清点与核对，有利于企业加强经济核算，加速资金周转，提高经济效益。对受托加工、保管的各项财产物资进行专门的核算与管理，并及时与对方单位联系，妥善处理。由于全面清查范围广、内容多，所需要的时间、人力、物力也比较多，有时还会影响企业正常生产经营活动的进行，所以一般只在以下情况下进行：

（1）年终决算之前，为保证年度财务报表的真实可靠，需要进行全面清查；

（2）单位撤销、合并、改变原来隶属关系，或改变原有经营方式，如租赁、合营、股份制改造、重新承包之前，需要全面清查；

（3）开展清产核资。为了摸清国有企业家底，确保国有资产的安全与完整，国家组织大规模的清产核资工作，需要进行全面清查；

（4）单位主要负责人调离工作，为明确经济责任，通常需要进行全面清查。

局部清查，是指根据需要对企业的部分财产物资进行清点与核对。在工业企业中，一般主要对以下各项财产物资进行局部清查：

（1）流动性较大的财产物资，如原材料、在产品、半成品、产成品等，一般在年度内采取轮流抽查盘点的方法进行局部清查；

（2）贵重物资，每月都要进行清查，以防毁损或破坏；

（3）库存现金应由出纳人员每日盘点一次，银行存款和借款等每月应与银行等金融机构至少核对一次；

（4）其他债权债务应每年定期与有关单位核对一至两次。

2. 财产清查按照清查的时间不同，可以分为定期清查和不定期清查。

定期清查，是指根据预先计划安排的时间对财产物资等进行清查。定期清查通常在财产管理制度中予以规定，一般在年末、季末或月末结账前进行。清查的对象和范围可以根据实际需要确定，可以是全面清查，也可以是局部清查。

不定期清查，是指事先不确定清查的时间，而是根据需要临时进行的财产清查。同定期清查一样，它可以是对全部财产物资的全面清查，也可以是对部分财产物资的局部清查。从实际工作来看，不定期清查一般在以下几种情况下进行：

（1）更换财产物资保管员或库存现金出纳员时，为了明确经济责任需要进行临时性清查；

（2）财产物资发生非常损失时，为了查明损失情况需要对受损财产物资进行清查；

（3）上级主管部门、财税机关等对本单位进行会计检查时，按照检查的要求和范围对财产物资进行清查；

（4）其他临时性清资核查工作。

3. 财产清查按照清查的执行单位不同，可以分为内部清查和外部清查。

内部清查，是指由本企业的有关人员对本企业的财产物资进行的清查，这种清查也称为自查。

外部清查，是指由企业外部的有关部门或人员，根据国家法律或制度的规定，对本企业的财产物资进行的清查。

由于清查目的的不同，对清查对象的范围、清查的时间和执行单位等要求也不尽相同。在实际工作中，企业应根据实际的需要和可操作性，选取适当的财产清查种类。

对财产清查的认识

财产清查不仅是一种通过账实核对、保证会计信息真实可靠的会计核算方法，也是一种管理方法，对于检查内部控制有效性、分清经济责任，有效实施奖罚机制，提高资产管理效果非常有效。

财产清查费工费力，是有成本的。企业应根据需要合理确定财产清查的目的、恰当安排财产清查的范围、有效组织财产清查工作，及时处理财产清查结果。

财产清查结果具有重要影响。企业在重大资产置换和合并重组、改制时清查决定着交易价格。企业领导和相关人员更替时清查决定着经管责任的划分和审计评价结论。

四、财产清查前的准备工作

不管在什么情况下进行财产清查，都要涉及管理部门、财务会计部门、财产物资保管部门，以及与本单位有业务和资金往来的外部各单位和个人。因此，为了保证财产清查工作有条不紊地进行，一般应在财产清查前，有组织、有领导、有步骤地做好财产清查的准备工作。

（一）组织准备

首先，要建立财产清查小组，通常清查小组应包括单位有关负责人，会计主管人员和职工代表，并由清查小组具体负责组织财产清查工作；其次，清查小组应根据财产清查的目的和要求，制订财产清查计划，包括财产清查的范围、财产清查的时间进度、清查人员的分工及解决清查中出现问题的原则与方法等。

（二）业务准备

1. 有关财会人员应将有关账目结算清楚，做到账证、账账相符，为清查工作提供可靠依据。

2. 财产物资保管部门有关人员，应在截至清查日止，将全部业务凭证填好，并登记入账，结出余额，同时将各项财产物资整理有序，标出品种及规格，注明结存数，以便实地盘点的顺利进行。

3. 在清查地点准备好各种必要的度量衡器具，并对它们进行详细的检查，以保证计量的准确性。

4. 准备好有关清查的登记表册，在进行银行存（借）款和有关结算款项的清查时，还应取得对账所需要的有关资料。

第二节 财产清查的内容和方法

企业的财产物资种类较多，特点不同，从内容上主要分为货币资金、实物资产和往来款项等，各项财产物资的清查方法也存在差异。

一、货币资金的清查方法

货币资金的清查包括对库存现金的清查和对银行存款和其他货币资金的清查。

（一）库存现金的清查方法

对库存现金清查的基本方式是实地盘点法。实地盘点法，是指通过实地盘点库存现金的实有数，将其与现金日记账的余额进行核对，查明账存与实存是否相符。库存现金的清查包括库存现金出纳人员每日进行的清查和专门清查人员进行的清查。

1. 出纳人员的每日清查。在日常工作中，库存现金出纳人员需要每日清点库存现金的实有金额，及时与现金日记账的账面余额核对，这种清查方法实际上是库存现金出纳人员的分内职责。

2. 专门清查人员的清查。在由专门清查人员进行的清查工作中，为了明确经济责任，出纳人员必须在场。清查时，清查人员要认真审核现金收付和账簿记录，检查经济业务和账务处理是否合理合法，有无涂改捏造的假证、假账，同时注意不能以白条、借据充抵现金，库存现金不得超过规定限额等。

库存现金盘点完毕后，应根据盘点结果，填制“库存现金盘点报告表”，由盘点人员和出纳人员共同签章。“库存现金盘点报告表”是重要的原始凭证，既有实物财产清查“盘存单”的作用，又有“实存账存对比表”的作用。“库存现金盘点报告表”的一般格式如表 8－1 所示。

表 8－1　　　　库存现金盘点报告表

单位名称：　　　　年　月　日

实存金额	账存金额	实存与账存对比		备注
		盘盈	盘亏	

盘点人签章：　　　　出纳员签章：

（二）银行存款的清查方法

对银行存款的清查通常采用银行存款日记账与开户银行的对账单相核对的方法。核对前，首先要检查本企业银行存款日记账记录的正确性和完整性，对发生的错账、漏账及时查清更正，然后与银行的对账单逐笔核对，以检查银行存款的账实是否相符。即使在双方记账都不存在错误的情况下，也可能会出现银行存款日记账的余额与银行对账单的余额不一致的情况，这是由于未达账项造成的。所谓未达账项，是指由于凭证的传递时间不同，导致双方记账时间不一致而发生的一方已经入账，另一方尚未入账的账项。未达账项通常分为两大类：一类是企业已经入账而银行尚未入账的账项；另一类是银行已经入账而企业尚未入账的账项。具体情况分为以下四种：

（1）企业送达银行的款项，企业已经作为银行存款增加入账，而银行尚未入账。

（2）企业开出的付款凭证，企业已经入账，而银行尚未收到通知，未减少企业的银行存款。

（3）银行代企业收进的款项，银行已经入账，作为企业银行存款增加，而企业尚未收到通知，尚未入账。

（4）银行代企业付出的款项，银行已作为企业存款的减少入账，而企业尚未入账。

以上任何一种情况的存在，都将导致企业银行存款日记账余额与银行对账单余额不一致，这种不一致主要是由企业同银行之间结算凭证传递时间的差异造成的。

为了查明银行存款的实有数，检查双方账目是否存在错记、漏记的情况，企业应根据上述资料，编制“银行存款余额调节表”来核对银行存款余额。

“银行存款余额调节表”的编制方法

银行存款余额调节表编制的目的是，通过调整使银行存款日记账和银行对账单的记账口径一致，在此基础上分析银行存款账实是否一致。具体有如下两种方法：

1. 余额调节法

余额调节法是在企业银行存款日记账余额和银行对账单余额的基础上，补充登记未达账项的金额，使双方记账口径一致，从而达到余额平衡的一种方法。其基本计算公式为：

企业银行存款账面余额 + 银行已收企业未收款项 − 银行已付企业未付款项 = 银行对账单余额 + 企业已收银行未收款项 − 企业已付银行未付款项

2. 差额调节法

差额调节法是以企业银行存款余额与银行对账单的余额为基础，各自减去本单位已经入账的未达账项，使双方记录中都不含有未达账项，以使双方调整后差额平衡的一种方法。其调整公式为：

企业银行存款账面余额 − 企业已收银行未收款项 + 企业已付银行未付款项 = 银行对账单余额 − 银行已收企业未收款项 + 银行已付企业未付款项

【例 8－1】 ABC 公司 20××年 6 月 30 日银行存款账面余额为 19 000 元，银行对账单上存款余额为 20 500 元，经核对，发现以下几笔未达账项：

（1）6 月 30 日，企业从某单位收到的转账支票 2 000 元，企业已经入账，作为存款的增加，而银行尚未入账；

（2）6 月 30 日，企业开出的现金支票 800 元，企业已经入账，而银行尚未收到支票，未减少企业存款；

（3）企业委托银行向外地客户收取的销货款 6 000 元，银行已经收妥入账，而企业尚未收到入账通知；

（4）银行代企业支付的水电费 3 300 元，银行已经付款，作为企业存款的减少，但企业尚未接到银行的付款通知单，尚未入账。

根据以上资料，用余额调节法编制“银行存款余额调节表”，如

表 8－2 所示。

表 8－2　　银行存款余额调节表

20××年6月30日　　单位：元

项目	金额	项目	金额
企业银行存款日记账余额	19 000	银行对账单余额	20 500
加：银行已收而企业未收的款项	6 000	加：企业已收而银行未收的款项	2 000
减：银行已付而企业未付的款项	3 300	减：企业已付而银行未付的款项	800
调节后的银行存款日记账余额	21 700	调节后的银行对账单余额	21 700

【例 8－2】 以【例 8－1】为例，采用差额调节法编制“银行存款余额调节表”，如表 8－3 所示。

表 8－3　　银行存款余额调节表

20××年6月30日　　单位：元

项目	金额	项目	金额
企业银行存款日记账余额	19 000	银行对账单余额	20 500
减：企业已收而银行未收的款项	2 000	减：银行已收而企业未收的款项	6 000
加：企业已付而银行未付的款项	800	加：银行已付而企业未付的款项	3 300
调节后的银行存款日记账余额	17 800	调节后的银行对账单余额	17 800

无论采用哪一种方法，其实质是一样的：消除未达账项的影响，使双方记账依据一致。因此调节后的银行存款日记账余额和调节后的银行对账单余额应当一致。如果调整后双方余额仍不相符，说明账实不符，须继续寻找原因。

对于长期悬而未决的未达账项，应及时查明原因予以解决。另外，即使调节后的银行存款日记账余额和银行对账单余额一致，也不能肯定双方记账完全正确，因为有些错误并不影响银行存款余额调节表的平衡，比如重记和漏记的金额完全一致等。

注　意

编制“银行存款余额调节表”只是银行存款清查的方法，并不需要更改账簿记录，它只起到对账的作用，对于未达账项也不必立即做出账务处理。企业并不能根据调节后的余额更改账簿记录，而应在有关凭证到达后，再据以记账，此时未达账项会自然消失。因此，“银行存款余额调节表”只是一种清查资料，不能作为账务处理的原始凭证，可与银行对账单一并附在当月银行存款日记账后保存。

二、实物资产的清查方法

（一）实物资产的盘存制度

存货盘存制度

财产清查的重要环节是盘点财产的实存数量。为使财产清查工作顺利进行，企业应建立科学的盘存制度。财产物资的盘存制度有两种：实地盘存制和永续盘存制。

1. 实地盘存制。实地盘存制是指对各项财产物资平时只在账簿中登记增加数，不登记减少数，会计期末通过实地盘点确定财产物资的结存数，据以倒挤出财产物资减少数的一种盘存方法。采用这一方法，平时对财产物资明细账的有关科目只记借方，不记贷方。

采用实地盘存制的优点是，由于平时不需要计算、记录财产物资的减少数和结存数，可以大大简化日常核算工作量，财产物资的收发手续也比较简便。其缺点是，由于平时不作存货的减少记录，使得日常财产物资的实体流转与账面变化并不一致，期末所得的财产物资减少数是一个倒挤数，有可能把非正常的财产物资的耗损数，如被盗、浪费、遗失或盘点遗漏等造成的损失都包括在发出成本中，影响日常核算的真实性，影响经营成果核算，不便于管理人员掌握有关情况；发货过程存在随意性，核算方式存在的漏洞可能掩盖仓库管理等问题，不利于实物资产的控制和管理；由于每个会计期末都必须花费大量的人力、物力和财力对财产物资进行盘点和计价，加大了期末会计核算工作量，有时会影响正常的生产经营活动；另外，采用这种盘存制度只能等到会计期末盘点时才能结转已耗用或已销售存货的成本。这种方法只适用于那些经营品种多、价值低、交易频繁的商品，以及数量不稳定、损耗大且难以控制的鲜活商品等商品流通企业，在工业企业中，很少采用这种盘存制度。

2. 永续盘存制。永续盘存制是通过账簿记录随时反映各项财产物资增减变化及结存数额的一种方法。在这种方法下，会计人员通过设置财产物资明细账，逐笔地序时登记各项财产物资增减变化，并随时计算出各项财产物资的结存数，因此这种盘存制度也被称为账面盘存制。应当注意的是，采用永续盘存制，虽然在账面上能及时地反映各项财产物资的增减变动及结存数额，但是仍可能发生账实不符的情况。因此，采用永续盘存制的单位仍需要对各项财产物资进行定期或不定期的清查盘点，至少每年实地盘点一次，以便核对账存数和实存数是否相符。对于账实不符的，应及时查明原因，按照有关规定进行处理，以保证会计资料的真实性和完整性。

永续盘存制与实地盘存制相比有明显的优点，即由于该种方法能在账面上如实记录财产物资的增减数额及其结存数，保证了账簿记录的真实性与准确性，有利于随时掌握财产物资的进出及储备情况，便于采取科学方法控制存货的储备量，节约储备资金的占用，提高资金周转速度。同时通过对财产物资的清查工作，还可以及时发现账实不符情况，检查财产物资保管工作的质量，保障经济责任制的执行。此外，各项财产物资明细账的结存数还可以随时与预定的最高和最低库存限额进行比较，取得财产物资积压或不足的信息，从而及时采取相应的对策。永续盘存制的主要不足之处在于，日常核算时各项财产物资明细分类核算的工作量较大，需要较多的人力、物力和财力。在实际工作中，大多数企业均采用永续盘存制作为财产物资的盘存制度。

综上所述，不同的财产物资盘存制度对财产清查工作的要求、目的和作用是不同的，但无论如何，财产清查工作必不可少。

（二）实物资产的清查方法

由于企业各项实物资产的性质、保管地点、储备条件和使用状况有所不同，因此在实际工作中，应因地制宜地采取适当的清查方法。

1. 实地盘点法。实地盘点法是指通过点数、过磅、量尺等方法，确定财产物资实有数额的方法。在清查工作中，为了清查方便，凡是可以实地盘点的财产应尽量用标准器具计量，并在事先按“五五”堆码等方法进行堆放。另外，有些财产物资价值较少、数量多，难以一一清点，也可以采取“抽样盘存法”进行清查，即先测算其总体积或总重量，再抽样盘点单位重量或单位体积，然后测算出其总数。

2. 技术推算法。技术推算法是指利用技术方法对实物资产的实存数进行推算的一种方法，这种方法主要适用于那些不能逐一点清的实物资产，如大量成堆放置的原煤等。

3. 函证核对法。函证核对法是指对于委托外单位加工或保管的实物资产等，可以采用向对方单位寄发函证调查，并与本单位的账存数进行核对的方法。

对实物资产的质量检验，可以依据各项财产物资性质的不同采取不同的技术方法。检验结束后，应按照成本计价原则的规定，对清查的各项财产物资价值做如实记录。

在财产清查过程中，为了明确经济责任，实物资产保管人员必须在场，并参加盘点工作。对各项财产物资的盘点结果，应如实准确地登记在“盘存单”中，参与盘点的保管人员和清查人员要同时在“盘存单”上签字盖章。“盘存单”是实物盘点结果的书面证明，也是反映实物财产物资实有数额的原始凭证，其一般格式如表 8－4 所示。

表 8-4 盘存单

单位名称： 盘点时间： 编号： 财产类别： 存放地点：

序号	名称	规格型号	计量单位	实存数量	单价	数额	备注

盘点人签章： 保管人签章：

“盘存单”的“实存数量”栏，应在清查时如实填写。“单价”栏，一般按照有关明细账记录的单价填写；如果系账外财产物资，单价无账可查，可以按计划价、市场价或重估价格填写；如果该项财产是残旧物品或已变质、毁坏，则应按质论价，评估后确定单价。“金额”栏是根据实存数量和单价计算填列的。“备注”栏内注明储备不足或超储积压、呆滞、不配套以及变质等情况。

为了查明账实是否相符，要根据“盘存单”和有关账簿记录编制“实存账存对比表”。在清查工作中，为了节省时间，也可以不编制“盘存单”，根据盘点结果和账簿记录直接编制“实存账存对比表”。该表是调整账簿记录的原始凭证，也是分析盈亏原因、明确经济责任的重要依据。其一般格式如表 8-5 所示。

表 8-5 实存账存对比表

单位名称： 年 月 日 金额单位：元

<table>
<tr><th rowspan="3">编号</th><th rowspan="3">类别与名称</th><th rowspan="3">计量单位</th><th rowspan="3">单价</th><th colspan="2">账存</th><th colspan="2">实存</th><th colspan="4">对比结果</th><th rowspan="3">备注</th></tr>
<tr><th rowspan="2">数量</th><th rowspan="2">金额</th><th rowspan="2">数量</th><th rowspan="2">金额</th><th colspan="2">盘盈</th><th colspan="2">盘亏</th></tr>
<tr><th>数量</th><th>金额</th><th>数量</th><th>金额</th></tr>
<tr><td></td><td></td><td></td><td></td><td></td><td></td><td></td><td></td><td></td><td></td><td></td><td></td><td></td></tr>
</table>

盘点人财务领导： 监盘人：

三、往来款项的清查

对各项往来款项的清查应采取函证核对法，通过与对方单位核对账目的方法确定账实是否相符。清查单位在寄发对账单前，必须确认本单位各项往来款项账簿记录的真实性和完整性。清查单位根据本单位账簿记录编制有关往来款项的对账单，送交对方，请对方协助核对。对账单一般一式两份，其中一联作为对方的回联。对方单位如核对相等，应在对账单上签章退回清查单位；如不符，应在对账单上注明不符情况，并说明原因后签章退回。在清查过程中，如果发现未达账项，清查单位应编制未达账项调节表予以调整，企业可根据需要自行设计未达账项调节表的格式。

在收到对方回单后，企业可编制“往来款项清查表”，查明各项往来款项是否账实相符，分析账实核对不符的原因是否是未达账项，如果不是，查明具体原因，并按照规定进行处理，从而确保会计资料的客观可靠。“往来款项清查表”的一般格式如表 8 –6 所示。

表 8 –6　　往来款项清查表　　单位：元

明细分类账户		清查结果		核对不符原因分析			备注
名称	账面余额	核对相符金额	核对不符金额	未达账项金额	有争议款项金额	其他	

第三节　财产清查结果的账务处理

通过财产清查可以发现各项财产物资管理和会计核算中存在的问题，如实反映、妥善处理这些问题，是财产清查的重要环节和内容，也是能够发挥财产清查作用的关键所在。企业对财产清查的结果，应当按照国家有关财务制度的规定对有关问题进行认真妥善地处理。

财产清查结果处理步骤

一、财产清查结果的处理原则

1. 认真核准财产清查过程中发现的账实不符的各项财产物资的名称和数额，查明差异的性质和原因，明确经济责任，提出妥善的处理意见。财产清查人员必须实事求是地反映问题，不得弄虚作假，对于账实不符的原因和责任的分析，要深入具体，认真调查核实。有关财产盈亏的处理办法，应根据财经制度的规定和具体情况拟出处理方案。

2. 积极处理积压的财产物资和长期挂账、有争议的往来款项。对于在清查中发现的积压呆滞、价值毁损的各项财产物资，企业应积极协调组织利用，力求物尽其用，减少资金的占用，提高资金使用效率。对于长期拖欠以及有争议的各项往来款项，企业应指定专人或专门的问题解决小组，主动与对方单位沟通解决，加速资金周转。

3. 认真总结经验教训，建立和健全财产物资管理制度。通过财产清查，要认真总结货币资金、实物资产和有关往来款项管理使用方面的经验；对于发现的问题和漏洞，应吸取教训，提出改进措施，建立健全财产物资管理的规章制度，加强经济管理责任制，提高企业的管理水平。

4. 调整账面记录，做到账实相符。对于清查中发现的账实不符情况，根据账存实存对比表等原始凭证，编制记账凭证，在账簿上如实反映，使各项财产物资的账存数和实存数完全一致。再将已查清差异原因的盘盈、盘亏和损失等情况，按规定批准的方案进行处理，并将处理结果在账簿上反映出来。

二、财产清查结果的账务处理

对财产清查结果的会计处理，通常要分两步：

第一步，将已查明属实的财产盘盈、盘亏和损失，先编制会计分录，在账簿上如实反映，使各项财产的账存数和实存数完全一致。

第二步，将已查清差异原因的盘盈、盘亏和损失情况，按规定批准的方案处理，并将处理结果在账簿上反映出来。

为了反映和监督各单位在财产清查过程中查明的财产物资的盘盈、盘亏、报废和毁损情况及其报经批准后的处理结果，各单位应在账簿中设置“待处理财产损溢”账户。

“待处理财产损溢”账户从内容上属于资产账户，从用途上属于损益汇转账户，具有双重性质的特征，其借方登记财产清查中查明的待处理的财产物资盘亏、报废和毁损数以及各项盘盈财产报经批准后的转销数；其贷方登记财产清查中查明的待处理的财产物资盘盈数额以及各项盘亏、报废和毁损财产报经批准后的转销数。按规定，企业的各项盘亏、盘盈等必须于期末结账前处理完毕，所以该账户期末无余额。为了分别反映流动资产和长期资产的盘盈、盘亏和毁损，该账户下设两个明细账户：待处理流动资产损溢和待处理固定资产损溢。

（一）库存现金清查结果的账务处理

盘盈现金，借记“库存现金”科目，贷记“待处理财产损溢——待处理流动资产损溢”科目，报经批准处理后，属于应支付给有关单位或人员的，记入“其他应付款”科目；属于无法查明原因的，记入“营业外收入”科目。

【例8－3】 现金清查中，发现库存现金较账面余额多出800元。经反复核查，上述现金长款原因不明，经批准转作营业外收入处理。

借：库存现金　　800

　　贷：待处理财产损溢——待处理流动资产损溢　　800

借：待处理财产损溢——待处理流动资产损溢　　800
　　贷：营业外收入　　800

盘亏现金，借记“待处理财产损溢——待处理流动资产损溢”科目，贷记“库存现金”科目。报经批准处理后属于应由责任人赔偿或保险公司赔偿的部分，记入“其他应收款”科目；属于无法查明原因的，记入“管理费用”科目。

【例8－4】 现金清查中，发现库存现金较账面余额短缺650元。经查，上述现金短缺属于出纳员王芳的责任，应由该出纳员赔偿。

借：待处理财产损溢——待处理流动资产损溢　　650
　　贷：库存现金　　650
借：其他应收款——王芳　　650
　　贷：待处理财产损溢——待处理流动资产损溢　　650

（二）存货清查结果的账务处理

企业盘盈的各项原材料、半成品、在产品和产成品等存货，借记“原材料”“库存商品”等科目，贷记“待处理财产损溢——待处理流动资产损溢”科目。盘盈的存货，通常是由企业日常收发计量或核算上的误差等原因造成的，报经批准处理后，贷记“管理费用”科目。

【例8－5】 ABC公司在清查中，发现盘盈甲种材料100公斤，估价每公斤10元。经查明原因是计量不准确造成的，经批准冲减管理费用。

首先，根据“实存账存对比表”中核定的上述金额，编制记账凭证，并登记入账，会计分录如下：

借：原材料——甲材料　　1 000
　　贷：待处理财产损溢——待处理流动资产损溢　　1 000

其次，在审批后，根据批复意见，编制记账凭证，并据以登记入账。会计分录如下：

借：待处理财产损溢——待处理流动资产损溢　　1 000
　　贷：管理费用　　1 000

【例8－6】 ABC公司在清查中，发现盘盈A产品700元，经查，系产品自然升溢造成，经批准转销。

首先，应根据“账存实存对比表”编制记账凭证，并据以登记入账。会计分录如下：

借：库存商品——A产品　　700
　　贷：待处理财产损溢——待处理流动资产损溢　　700

其次，在审批后，根据批复意见批准转销，会计分录为：

借：待处理财产损溢——待处理流动资产损溢　　700
　　贷：管理费用　　700

企业盘亏的各项存货，报经批准前借记“待处理财产损溢——待处理流动资产损溢”科目，贷记“原材料”“库存商品”等科目。报经批准后，根据造成盘亏的原因，分别以下情况进行账务处理：

（1）属于自然损耗产生的定额内的合理损耗，报经批准处理后借记“管理费用”科目，贷记“待处理财产损溢——待处理流动资产损溢”科目。

（2）属于超定额短缺的，能确定过失的，应由过失人赔偿，借记“其他应收款——××”科目；属于保险责任范围内的，应向保险公司索赔，借记“其他应收款——××保险公司”科目；收回的残料价值，借记“原材料”等科目，扣除过失人赔偿、保险公司赔偿以及残料价值之后的净损失，借记“管理费用”科目，贷记“待处理财产损溢——待处理流动资产损溢”科目。

（3）属于非常损失（如管理不善造成货物被盗、发生霉烂变质等损失，以及属于自然灾害损失的）所造成的存货盘亏或毁损，应扣除保险公司赔款和残料价值后的净损失，记入“营业外支出”科目。借记“其他应收款——××”“其他应收款——××保险公司”“营业外支出”科目，贷记“待处理财产损溢——待处理流动资产损溢”科目。

【例8-7】 ABC公司盘亏A产品100千克，单位成本200元。经查明，属于定额内合理损耗。

首先，应根据“账存实存对比表”编制记账凭证，并据以登记入账。会计分录如下：

借：待处理财产损溢——待处理流动资产损溢　20 000
　　贷：库存商品　20 000

其次，在审批后，根据批复意见批准转销，会计分录为：

借：管理费用　20 000
　　贷：待处理财产损溢——待处理流动资产损溢　20 000

【例8-8】 ABC公司在财产清查中，发现盘亏甲种材料400公斤，每公斤10元。经查明，是由于保管人员失职造成的材料损毁，应由过失人赔偿3 000元。毁损材料的残值为300元。

首先，根据财产清查结果资料编制记账凭证，调整原账面记录，其会计分录为：

借：待处理财产损溢——待处理流动资产损溢　4 680
　　贷：原材料——甲材料　4 000
　　　　应交税费——应交增值税（进项税额转出）　680

然后，按规定编制记账凭证转销原材料盘亏，其会计分录为：

借：管理费用　1 380
　　其他应收款——××保管员　3 000

原材料　　300

贷：待处理财产损溢——待处理流动资产损溢　　4 680

【例 8－9】 ABC 公司在财产清查中，发现盘亏乙种材料一批，实际成本为 3 000 元。经查，系非常事故造成的损失，保险公司应予 2 000 元的赔偿。

首先，根据财产清查结果资料编制记账凭证，调整原账面记录，其会计分录为：

借：待处理财产损溢——待处理流动资产损溢　　3 510

贷：原材料——乙材料　　3 000

应交税费——应交增值税（进项税额转出）　　510

然后，按规定编制记账凭证转销原材料盘亏，其会计分录为：

借：营业外支出　　1 510

其他应收款——××保险公司　　2 000

贷：待处理财产损溢——待处理流动资产损溢　　3 510

（三）固定资产清查结果的账务处理

企业在财产清查中盘盈的固定资产，作为前期差错处理，通过“以前年度损益调整”科目核算。盘盈的固定资产，应按以下规定确定其入账价值：如果同类或类似固定资产存在活跃市场的，按同类或类似固定资产的市场价格，减去按该项资产的新旧程度估计的价值损耗后的余额，作为入账价值；若同类或类似固定资产不存在活跃市场的，按该项固定资产的预计未来现金流量的现值，作为入账价值。按此确定的入账价值，借记“固定资产”科目，贷记“累计折旧”“以前年度损益调整”科目。

进一步说明

固定资产的盘盈并不通过“待处理财产损溢”账户进行，而是将其作为前期差错事项，通过“以前年度损益调整”账户核算。这是因为，由于企业无法控制的因素造成盘盈的可能性极少，通常情况下出现的固定资产盘盈，是企业以前会计期间少计或漏记这些资产等会计差错而形成的，所以应当按照前期差错进行更正处理。

【例 8－10】 ABC 公司于 2016 年 12 月 20 日对企业全部的固定资产进行盘查，发现一台六成新的账外的机器设备，该设备同类产品市场价格为 10 万元。企业所得税税率为 25%，按净利润的 10% 提取法定盈余公积金。

首先，根据“实存账存对比表”中确定的上述金额，编制记账凭证，并据以登记账簿，会计分录为：

借：固定资产 100 000

贷：累计折旧 40 000

以前年度损益调整 60 000

借：以前年度损益调整 15 000（60 000×25%）

贷：应交税费——应交所得税 15 000

借：以前年度损益调整 45 000（60 000－15 000）

贷：利润分配——未分配利润 45 000

借：利润分配——未分配利润

4 500［（60 000－15 000）×10%］

贷：盈余公积——法定盈余公积 4 500

对于盘亏的固定资产，企业应按已计提的固定资产减值准备，借记“固定资产减值准备”科目；按已提折旧额，借记“累计折旧”科目；按盘亏固定资产的账面价值，借记“待处理财产损溢——待处理固定资产损溢”科目；按原值贷记“固定资产”科目。报经批准后，按可收回的保险赔偿或过失人赔偿，借记“其他应收款——××”科目；按扣除赔偿后的净损失，借记“营业外支出”科目；贷记“待处理财产损溢——待处理固定资产损溢”科目。

【例8－11】 ABC公司在财产清查中，发现短缺机器一台，账面原价15 000元，已提折旧11 000元，经批准，转作营业外支出处理。

首先，根据“实存账存对比表”，编制记账凭证，并登记入账，会计分录为：

借：待处理财产损溢——待处理固定资产损溢 4 000

累计折旧 11 000

贷：固定资产 15 000

然后，再根据批示意见，编制会计凭证，并登记入账。会计分录为：

借：营业外支出——固定资产盘亏 4 000

贷：待处理财产损溢——待处理固定资产损溢 4 000

（四）往来款项清查结果的账务处理

1. 应收账款清查结果的处理。在财产清查过程中，如发现长期应收而收不回的款项，即坏账损失，经批准可以转销。坏账损失的转销在批准前不作会计处理，即不通过“待处理财产损溢”账户进行核算。转销方法通常采用备抵法。

提醒：坏账损失的核算在中级财务会计中学习。

2. 应付账款清查结果的处理。由于债权单位撤销或其他原因等而产生无法支付的应付账款，经批准予以转销。无法支付的款项在批准前不作账务处理，即不需要通过“待处理财产损溢”账户进行核算，按规定的程序批准后，将应付款项转入“营业外收入”账户。

【例 8－12】 在财务清查中，企业将无法支付的应付账款 50 000 元，经批准予以转销。

借：应付账款	50 000	
贷：营业外收入		50 000

本章小结

财产清查是通过对企业的货币资金、实物资产和往来款项的盘点和核对，确定其实存数，查明各项货币资金、实物资产和往来款项的实存数与账面结存数是否相符的一种会计核算专门方法。按照清查的执行单位不同，可以分为内部清查和外部清查；按照清查的时间不同，可以分为定期清查和不定期清查；财产清查按照清查的对象和范围不同，可以分为全面清查和局部清查。

对库存现金的清查采用实地盘点法；对银行存款的清查采用银行存款日记账与开户银行的对账单相核对的方法，银行存款日记账的余额与银行对账单的余额不一致的情况，可能是由于未达账项造成的，应编制“银行存款余额调节表”来核对银行存款余额；实物资产的清查方法采用实地盘点法、技术推算法、函证核对法等；对各项往来款项的清查应采取函证核对法。

财产物资的盘存制度有两种：实地盘存制和永续盘存制。实地盘存制是指对各项财产物资平时只在账簿中登记增加数，不登记减少数，会计期末通过实地盘点确定财产物资的结存数，据以倒挤出财产物资减少数的一种盘存方法。对于单位价值低、收发较频繁、耗用数量多的物资通常采用实地盘存制；永续盘存制是通过账簿记录随时反映各项财产物资增减变化及结存数额的一种方法，大多数企业均采用永续盘存制作为财产物资的盘存制度。

为了反映和监督财产清查过程中查明的财产物资的盘盈、盘亏、报废和毁损情况及其报经批准后的处理结果，应设置“待处理财产损溢”账户。该账户借方登记财产清查中查明的待处理的财产物资盘亏、报废和毁损数以及各项盘盈财产报经批准后的转销数；其贷方登记财产清查中查明的待处理的财产物资盘盈数额以及各项盘亏、报废和毁损财产报经批准后的转销数。按规定，企业的各项盘亏、盘盈等必须于期末结账前处理完毕，所以该账户期末无余额。

【重要术语】

财产清查；永续盘存制；实地盘存制；未达账项；银行存款余额

调节表；待处理财产损溢

思考与练习

一、思考题

1. 什么是财产清查？财产清查有哪些种类？
2. 实物资产的清查方法有哪些？
3. 比较分析永续盘存制和实地盘存制。
4. 什么是未达账项？未达账项有几种情况？
5. 如何编制银行存款余额调节表？
6. 如何进行库存现金、存货、固定资产盘亏的账务处理？
7. 如何进行库存现金、存货、固定资产盘盈的账务处理？

二、案例题

20××年5月3日，出纳小赵在现金业务结束后的例行清查中，发现现金短缺40元，对此他反复核查和思考，也没找出短款的原因，为了保全自己的面子和息事宁人，便自掏腰包补齐；5月20日的例行清查中又发现现金长款20元，他认为金额较小，于是就放进了自己的腰包。

20××年10月，公司有一笔银行借款到期，但账上显示银行存款余额不足。财务总监感到纳闷，通过查阅公司在银行的账户，发现银行存款余额远超过应还的借款金额。于是财务总监指派有关人员检查了小赵的工作。结果发现，小赵每次编制银行存款余额调节表时，只根据公司银行存款日记账的余额加或减对账单中企业的未入账的金额来确定公司银行存款的实有数，而且每次编完调节表后，就立即将这些未入账的款项登记入账。

请你分析出纳小赵的上述做法是否恰当？如果不恰当，你认为正确的做法是什么？

三、练习题

1. 某企业20××年12月30日银行存款日记账账面余额691 600元，银行对账单余额为681 600元。经查对发现有以下未达账项：

（1）12月23日企业开出转账支票3 000元，持票人尚未到银行办理转账，银行尚未登记入账。

（2）12月25日企业委托银行收款4 000元，银行已入账，企业尚未收到收款通知。

（3）12月27日存入银行一张转账支票，金额为15 000元，银行尚未入账。

（4）12月30日，银行收取企业借款利息2 000元，企业尚未收到付款通知。

根据以上未达账项，编制银行存款余额调节表，并分析调节后是否需要编制有关会计分录。

2. 某企业于20××年12月31日对企业全部的财产物资进行盘查，发现以下情况：

（1）盘亏一台机器设备，原值为10 000元，已计提折旧8 000元。经批准，转作营业外支出。

（2）盘盈A材料100件，每件15元，经查明是企业日常收发计量的误差造成的。

（3）库存现金长款500元。经过反复核查，上述现金长款原因不明，经批准转作营业外收入。

（4）盘亏原材料一批，经查：由于收发过程中的计量差错导致B材料盘亏100公斤，每公斤5元；由于变质导致C材料损失24 000元；由于洪灾导致D材料损失40 000元；由于管理不善，E材料被盗损失20 000元。

根据上述资料，编制相应的会计分录。

第九章
财务会计报告

问题导入

小张收到一个“巨灵黄金眼”微信，盘点了2016年上市公司年报经营状况。让他特别兴奋的是：会计报表如此神奇，能够提供各行业、各企业的经营状况。

1. A股整体盈利

2016年全年A股上市公司整体实现营业收入32.6万亿元，相比上年同期增长6.75%；实现净利润2.76万亿元，同比增长5.43%。

2. 分行业净利润对比

从分行业来看，银行金融和房地产业是赚钱大户。其中银行和金融服务实现净利润最多，约为15 291亿元，其次是房地产业，实现净利润1 312.12亿元。建筑和工程行业排名第三，为1 172.8亿元。而休闲品和奢侈品行业净利润总额最低，为65.38亿元。

3. 个股方面

营业收入方面，营业收入最高的两家上市公司分别为中石化和中石油，分别为19 309.11亿元、16 169.03亿元。营业收入靠前的行业主要集中在石油化工业、建筑和工程、银行和金融服务、交运设备。

净利润方面，排名靠前的公司皆属银行和金融业，其中工商银行2016年度净利润为2 782亿元，排名A股首位，建设银行、农业银行紧随其后。

在每股收益方面，作为A股价值投资者最为推崇的个股，贵州茅台每股收益高居榜首，为13.31元。吉比特和亿联网络位居第二、三位。

在亏损单方面，石化油服是2016年的亏损王，亏损161亿元。其次是中海油服，亏损114.6亿元。这两家公司大规模亏损主要是和其所在行业不景气有关。

4. 在每股现金流量方面，西水股份以每股现金流量96.18元高居榜首，此外银行和金融业公司上榜数最多。

其实，财务会计报表不仅仅提供了盈利和现金流信息，而且能够提供财务状况的信息，为决策者预测未来发展前景提供了信息。财务会计报表是财务会计报告的主要部分。理解财务报告所承载的信息，读懂报表上的数字，是帮助财务信息使用者作出决策的关键。

财务会计报告包括哪些内容？每一张财务报表能够提供哪些信息？如何编制财务报表呢？从本章的内容你就会找到答案。

学习目标

本章阐述的内容是财务会计报告。通过本章的学习，应当理解财务报告的含义、构成及作用；了解财务报表的分类和编制要求；掌握资产负债表和利润表的作用、内容、结构及编制方法；掌握现金流量表和所有者权益变动表的作用、内容和结构；了解财务报表附注的作用和内容。

第一节　财务会计报告概述

一、财务会计报告的定义与构成

财务会计报告，是指企业对外提供的反映企业某一特定日期的财务状况和某一会计期间的经营成果、现金流量等会计信息的文件。根据《企业会计准则——基本准则》第四十四条规定，财务会计报告包括以下内容。

1. 会计报表。《企业会计准则第 30 号——财务报表列报》规定，财务报表是对企业财务状况、经营成果和现金流量的结构性表述。财务报表至少应当包括下列组成部分：资产负债表、利润表、现金流量表、所有者权益（或股东权益，下同）变动表和附注，上述五个组成部分具有同等的重要程度。

2. 会计报表附注。会计报表附注是对在资产负债表、利润表、现金流量表和所有者权益变动表等报表中列示项目的文字描述或明细资料，以及对未能在这些报表中列示项目的说明等。

3. 其他相关信息和资料。

二、财务会计报告的作用

财务报告的作用表现在以下几个方面。

（一）财务会计报告有助于投资者和债权人等作出合理的决策

在企业外部集团中，投资者、债权人是财务报告最重要的使用者。对于投资者和债权人来说，利用企业中有关经济资源和经济义务等方面的财务信息，判断企业在激烈竞争的市场环境中生存、适应、成长与扩展的能力是非常有益的。财务报告提供的信息虽然主要是对过去经营成果和财务状况的反映与总结，但反映过去是为了预测未来。由于事物的发展存在着一定程度的连续性、系统性和规律性，财务报告对企业已发生的资金运动及其结果的反映，有助于投资者和债权人等预测企业未来时期的现金流入净额、流入时间和不确定性。这些因素是外部使用者进行投资、信贷等决策时必须考虑的。

（二）财务会计报告能够反映企业管理当局的受托经管责任

股份有限公司的“两权分离”使股东和企业管理当局之间出现委托与受托关系。股东把资金投入公司，委托管理人员进行经营管理。他们为了确保自己的切身利益，保证其投入资本的保值与增值，需要经常了解管理当局对受托经济资源的经营管理情况。通过公认会计原则或企业会计准则和其他一些法律规章的制约，财务报告能够较全面、系统、连续和综合地跟踪反映企业投入资源的渠道、性质、分布状况以及资源的运用效果，从而有助于评估企业的财务状况与经营绩效以及管理当局对受托资源的经营管理责任的履行情况。

（三）财务会计报告能够帮助企业管理当局改善经营管理，协调企业与相关利益集团的关系，促进企业快速、稳定地发展

在现代企业中，相关利益集团是企业各种资源的提供者，任何企业的生存与发展都必须依赖他们的贡献、配合与协作。企业管理当局的主要职能就是鼓励和激发各种集团保持或扩大对企业的贡献，协调企业与相关利益集团之间的关系。为此，管理人员不但要有效管理利用受托的各种资源，并且需要定期向有关利益集团全面、系统、连续和客观地报告对受托资源的管理与利用情况，以及利用这些资源所创造的效益及其分配情况。财务报告提供的信息，在这一领域发挥了不可替代的重要作用。

（四）财务会计报告能够帮助国家有关部门实现其经济与社会目标，并进行必要的宏观调控，促进社会资源的有效配置

由于企业是国民经济的细胞，通过对企业提供的财务报告资源进行汇总分析，国家有关部门可以考核国民经济各部门的运行情况、各种财经法律制度的执行情况，一旦发现问题即可及时采取相应措施，

通过各种经济杠杆和政策倾斜，发挥政府在市场经济优化资源配置中的补充作用。

三、财务报表的分类

财务报表可以按照不同的标准进行分类：

1. 按财务报表编报期间的不同，可以分为中期财务报表和年度财务报表。中期财务报表是以短于一个完整会计年度的报告期间为基础编制的财务报表，包括月报、季报和半年报等。年度财务报表是以一个完整会计年度为基础编制的财务报表。

2. 按财务报表编报主体的不同，可以分为个别财务报表和合并财务报表。个别财务报表是由企业在自身会计核算基础上对账簿记录进行加工而编制的财务报表，它主要用以反映企业自身的财务状况、经营成果和现金流量情况。合并财务报表是以母公司和子公司组成的企业集团为会计主体，根据母公司和所属子公司的财务报表，由母公司编制的综合反映企业集团财务状况、经营成果及现金流量的财务报表。

四、财务报表列报的基本要求

（一）依据各项会计准则确认和计量的结果编制财务报表

企业应当根据实际发生的交易和事项，按照各项具体会计准则的规定进行确认和计量，并在此基础上编制财务报表。企业应当在附注中对这一情况作出声明，只有遵循了企业会计准则的所有规定时，财务报表才应当被称为“遵循了企业会计准则”。企业不应以在附注中披露代替对交易和事项的确认和计量。也就是说，企业如果采用不恰当的会计政策，不得通过在附注中披露等其他形式予以更正。

此外，如果按照各项会计准则规定披露的信息，不足以让报表使用者了解特定交易或事项对企业财务状况和经营成果的影响时，企业还应当披露其他的必要信息。

（二）列报基础

在编制财务报表的过程中，企业管理层应当对企业自报告期末起至少 12 个月的持续经营能力进行评价，需要考虑的因素包括市场经营风险、企业目前或长期的盈利能力、偿债能力、财务弹性以及企业管理层改变经营政策的意向等。评价后对企业持续经营的能力产生严重怀疑的，应当在附注中披露导致对持续经营能力产生重大怀疑的重要的不确定因素。

在非持续经营情况下，企业应当在附注中声明财务报表未以持续经营为基础列报，披露未以持续经营为基础的原因以及财务报表的编制基础。

（三）权责发生制

除现金流量表按照收付实现制编制外，企业应当按照权责发生制编制其他财务报表。

（四）依据重要性原则单独或汇总列报项目

关于项目在财务报表中是单独列报还是合并列报，应当依据重要性原则来判断。总的原则是，如果某项目单个看不具有重要性，则可将其与其他项目汇总列报；如具有重要性，则应当单独列报。企业在进行重要性判断时，应当根据所处环境，从项目的性质和金额大小两方面予以判断：一方面，应当考虑该项目的性质是否属于企业日常活动，是否对企业的财务状况和经营成果、现金流量具有显著影响等因素；另一方面，判断项目金额大小的重要性，应当通过单项金额占资产总额、负债总额、所有者权益总额、营业收入总额、营业成本总额、净利润、综合收益总额等直接相关项目金额的比重或所属报表单列项目金额的比重加以确定。企业对于各个项目重要性的判断标准一经确定，不得随意变更。

（五）列报的一致性

可比性是会计信息质量的一项重要质量要求，目的是使同一企业不同期间和同一期间不同企业的财务报表相互可比。为此，财务报表项目的列报应当在各个会计期间保持一致，不得随意变更。这一要求不仅只针对财务报表中的项目名称，还包括财务报表项目的分类、排列顺序等方面。

（六）财务报表项目金额间的相互抵销

财务报表项目应当以总额列报，资产和负债、收入和费用、直接计入当期利润的利得和损失项目的金额不能相互抵销，即不得以净额列报，但企业会计准则另有规定的除外。比如，企业欠客户的应付款不得与其他客户欠本企业的应收款相抵销，如果相互抵销就掩盖了交易的实质。

（七）比较信息的列报

企业在列报当期财务报表时，至少应当提供所有列报项目上一可比会计期间的比较数据，以及与理解当期财务报表相关的说明，目的是向报表使用者提供对比数据，提高信息在会计期间之间的可比性，以反映企业财务状况、经营成果和现金流量的发展趋势，提高报表使用者的判断与决策能力。列报比较信息的这一要求适用于财务报表的所有组成部分，既适用于四张报表，也适用于附注。

（八）财务报表表首的列报要求

财务报表一般分为表首、正表两部分，其中，在表首部分企业应当概括地说明下列基本信息：（1）编报企业的名称，如企业名称在所属当期发生了变更的，还应明确标明；（2）对资产负债表而言，须披露资产负债表日，而对利润表、现金流量表、所有者权益变动表而言，须披露报表涵盖的会计期间；（3）货币名称和单位，按照我国企业会计准则的规定，企业应当以人民币作为记账本位币列报，并标明金额单位，如人民币元、人民币万元等；（4）财务报表是合并财务报表的，应当予以标明。

（九）报告期间

企业至少应当编制年度财务报表。根据《中华人民共和国会计法》的规定，会计年度自公历 1 月 1 日起至 12 月 31 日止。因此，在编制年度财务报表时，可能存在年度财务报表涵盖的期间短于一年的情况，比如企业在年度中间（如 3 月 1 日）开始设立等，在这种情况下，企业应当披露年度财务报表的实际涵盖期间及短于一年的原因，并说明由此引起财务报表项目与比较数据不具可比性这一事实。

第二节 资产负债表

一、资产负债表的结构与内容

资产负债表，是指反映企业在某一特定日期（一般是月末、季末或年末）财务状况的财务报表。它是一种静态报表，反映的是企业处于某一特定时点上的资产、负债、所有者权益的总额、构成以及各项目之间的组合等，其编制依据是“资产 = 负债 + 所有者权益”这一基本会计等式。

资产负债表由表首标题、报表主体和附注三部分组成。其中，表首标题包括报表名称、编制单位、编制日期、报表编号、货币名称和计量单位等；正表列示用以说明企业财务状况的各个项目，包括资产、负债和所有者权益项目。

目前，资产负债表的结构主要有账户式和报告式两种。账户式资产负债表也称水平式资产负债表，采用左右对照的形式，左方列示企业的资产项目，右方列示企业的负债和所有者权益项目。账户式资产负债表左右双方平衡，资产总计等于负债和所有者权益总计，即"资产 = 负债 + 所有者权益"。报告式资产负债表采用上下结构，报表上半部分列示企业的资产项目，下半部分列示企业的负债和所有者权益项目。目前，我国企业普遍采用的是账户式资产负债表。

《企业会计准则》规定，资产负债表中的资产类至少应当单独列示反映下列信息的项目：货币资金、以公允价值计量且其变动计入当期损益的金融资产、应收款项、预付款项、存货、被划分为持有待售的非流动资产及被划分为持有待售的处置组中的资产、可供出售金融资产、持有至到期投资、长期股权投资、投资性房地产、固定资产、生物资产、无形资产和递延所得税资产；负债类至少应当单独列示反映下列信息的项目：短期借款、以公允价值计量且其变动计入当期损益的金融负债、应付款项、预收款项、应付职工薪酬、应交税费、被划分为持有待售的处置组中的负债、长期借款、应付债券、长期应付款、预计负债和递延所有税负债；所有者权益类至少应当单独列示反映下列信息的项目：实收资本（或股本，下同）、资本公积、盈余公积和未分配利润，在合并资产负债表中，应当在所有者权益类单独列示少数股东权益。

资产类项目应按照变现能力依次排列，《企业会计准则》规定，资产应当按照流动资产和非流动资产列示。满足下列条件之一的资产，应当归类为流动资产：

1. 预计在一个正常营业周期中变现、出售或耗用；
2. 主要为交易目的而持有；
3. 预计在资产负债表日起 1 年内变现；
4. 自资产负债表日起 1 年内，交换其他资产或清偿负债的能力不受限制的现金或现金等价物。

正常营业周期，是指企业从购买用于加工的资产起至实现现金或现金等价物的期间。正常营业周期通常短于 1 年，其不能确定的，应当以 1 年（12 个月）作为正常营业周期。流动资产以外的资产应当归类为非流动资产，并按其性质分类列示，被划分为持有待售的非流动资产应当归类为流动资产。

负债类项目应根据偿还期限由短到长依次排序，《企业会计准则》规定，负债应当分别按照流动负债和非流动负债列示。负债满足下列条件之一的，应当归类为流动负债：

1. 预计在一个正常营业周期中清偿；
2. 主要为交易目的而持有；
3. 自资产负债表日起1年内到期应予以清偿；
4. 企业无权自主地将清偿推迟至资产负债表日后1年以上。

企业对资产和负债进行流动性分类时，应当采用相同的正常营业周期。企业正常营业周期中的经营性负债项目，如应付账款、应付职工薪酬等，即使在资产负债表日后超过1年才予以清偿的，仍应当划分为流动负债。流动负债以外的负债应当归类为非流动负债，被划分为持有待售的非流动负债应当归类为流动负债。对于在资产负债表日起1年内到期的负债，企业有意图且有能力自主地将清偿义务展期至资产负债表日后1年以上的，应当归类为非流动负债。

所有者权益类应根据永久性由大到小排列，具体顺序为实收资本、资本公积、盈余公积、未分配利润等项目。

资产负债表的一般格式及内容，如表9－1所示。

表9－1　　　　**资产负债表**　　　　会企01表

编制单位：　　　　年　月　日　　　　单位：

资产	期末余额	年初余额	负债与所有者权益	期末余额	年初余额
流动资产：			流动负债：		
货币资金			短期借款		
交易性金融资产			交易性金融负债		
衍生金融资产			衍生金融负债		
应收票据及应收账款			应付票据及应付账款		
预付款项			预收款项		
其他应收款			合同负债		
存货			应付职工薪酬		
合同资产			应交税费		
持有待售资产			其他应付款		
一年内到期的非流动资产			持有待售负债		
其他流动资产			一年内到期的非流动负债		
流动资产合计			其他流动负债		
非流动资产：			流动负债合计		
债权投资			非流动负债：		

续表

资产	期末余额	年初余额	负债与所有者权益	期末余额	年初余额
其他债权投资			长期借款		
长期应收款			应付债券		
长期股权投资			其中：优先股		
其他权益工具投资			永续债		
其他非流动金融资产			长期应付款		
投资性房地产			预计负债		
固定资产			递延收益		
在建工程			递延所得税负债		
生物性生物资产			其他非流动负债		
油气资产			非流动负债合计		
无形资产			负债合计		
开发支出			所有者权益（或股东权益）：		
商誉			实收资本（或股本）		
长期待摊费用			其他权益工具		
递延所得税资产			其中：优先股		
其他非流动资产			永续债		
非流动资产合计			资本公积		
			减：库存股		
			其他综合收益		
			盈余公积		
			未分配利润		
			所有者权益（或股东权益）合计		
资产总计			负债和所有者权益（或股东权益）合计		

法定代表人：××× 主管会计工作负责人：××× 会计机构负责人：××

二、资产负债表的信息与作用

资产负债表的作用体现在以下几个方面：

1. 反映企业拥有或控制的经济资源的数量和结构。资产负债表可以反映在某一特定日期企业拥有或控制的资产及其分布情况，表明经济资源的占用形态，便于财务报表使用者评价企业资源结构的合理性，衡量企业的经济实力，分析企业的生产经营能力。

2. 反映企业的资金来源及其构成情况。资产负债表可以反映企业在某一特定日期的负债总额及其结构、所有者权益总额及其结构，从而反映企业的资金来源及其构成。资产负债表通过反映企业在特定时点承担的债务或者义务以及清偿时间，表明企业在未来一段时间内的偿债能力和持续经营能力；通过反映企业拥有的所有者权益总额及分布，有利于财务报表使用者判断资本保值增值情况以及对负债的保障程度，从而分析企业资本结构的合理性和企业所面临的财务风险。

3. 反映企业的经营业绩，为财务报表使用者做出经济决策提供依据。财务报表使用者可以通过对资产负债表进行财务分析，得到企业的流动比率、速动比率和资产负债率等财务指标，一方面反映了企业的流动性、偿债能力和支付能力等，另一方面也反映了企业的财务弹性。同时，通过对企业前后期资产负债表的对比分析，可以使财务报表使用者了解企业资金结构和财务状况等的变动趋势，有助于其正确地评价企业当前的竞争实力和未来的发展前景。

三、资产负债表的编制方法

资产负债表的编制

资产负债表的编制是以日常会计核算记录的数据为基础进行归类、整理和汇总，加工成报表项目的过程。企业编制结账后试算表或工作底稿的，资产负债表大部分可参照试算表或工作底稿的数字填列。应当注意的是，“报表项目”与“会计科目”不是同一个概念，资产负债表中有的项目与相关会计科目的内容不完全相同，故这些项目的数字不能直接根据账户的期末余额填列，而应根据报表项目的特定要求，对账簿资料进行整理、加工、分析和计算后才能填列。具体填列方法如下。

（一）“期初余额”的填制方法

《企业会计准则》规定，当期财务报表的列报，至少应当提供所有列报项目上一个可比会计期间的比较数据，以及与理解当期财务报表相关的说明。资产负债表中“期初余额”栏内各项目数字，应根据上年末资产负债表“期末余额”栏内所列数字填列。如果本年度资产负债表规定的各个项目的名称和内容同上年度不相一致，应对上年年末资产负债表各项目的名称和数字按照本会计年度的规定进行调整，按调整后的数字填入本会计年度资产负债表的“期初余额”栏内。

（二）“期末余额”的填制方法

“期末余额”是指某一会计期末（通常为月末、季末、半年末或年末）的数字。如前所述，资产负债表是指反映企业某一特定日期资产、负债和所有者权益数额及其分布状况的财务报表，所以此表各项目的“期末余额”是根据资产类账户、负债和所有者权益类账户的期末余额分析填列的。

1. 直接根据总账科目的余额填列，如“交易性金融资产”“短期借款”“应付职工薪酬”“应付票据”“应交税费”“实收资本”“资本公积”和“盈余公积”等；

2. 根据若干个总账科目的余额计算填列，如“货币资金”项目，根据“库存现金”“银行存款”“其他货币资金”科目的期末余额合计填列，比较典型的还有“存货”项目、“其他应收款”项目、“其他应付款”项目等；

存货项目填制方法

“存货”项目根据“原材料”“在途物资”“材料采购”“材料成本差异”“库存商品”“周转材料”“委托加工物资”“生产成本”等总账账户的余额计算填列。

3. 根据有关明细科目的余额计算填列，如“应收票据及应收账款”项目应根据“应收账款”和“预收账款”科目所属明细科目的期末借方余额及“应收票据”科目的期末余额合计填列；

应收应付类项目填制方法

“应收票据及应收账款”项目根据“应收票据”账户期末余额及“应收账款”明细账借方余额和“预收账款”明细账借方余额分析计算填列；

“预收账款”项目根据“应收账款”明细账贷方余额和“预收账款”明细账贷方余额分析结算填列；

“预付账款”项目根据“预付账款”明细账借方余额和“应付账款”明细账借方余额分析结算填列；

> “应付票据及应付账款”项目根据“应付票据”账户期末余额及“预付账款”明细账贷方余额和“应付账款”明细账贷方余额分析结算填列。

4. 根据总账科目和明细科目的余额分析计算填列，如“长期借款”项目，根据“长期借款”总账科目余额扣除“长期借款”科目所属的明细科目中所反映的将于1年内到期且企业不能自主地将清偿义务展期的长期借款的金额计算填列，类似的项目还有“应付债券”“长期应付款”等；

5. 根据有关科目余额减去其备抵科目余额后的净额填列，如“固定资产”项目，应当根据该科目的期末余额减去“累计折旧”、“固定资产减值准备”备抵科目余额后的净额填列。

【例9－1】宏达实业公司2018年12月31日全部总账和有关明细账余额如表9－2所示。

表9－2　　　　总账与明细账余额

2018年12月31日　　　　单位：元

总账账户	明细账户	借方余额	贷方余额	总账账户	明细账户	借方余额	贷方余额
库存现金		6 000		短期借款			360 000
银行存款		900 00		应付账款			60 000
交易性金融资产		84 000			F企业		42 000
应收账款		138 000			H企业	30 000	
	A企业	60 000			I企业		48 000
	B企业		12 000	预收账款			6 000
	C企业	90 000			J企业		24 000
预付账款		28 200			K企业	18 000	
	D企业	30 000		其他应付款			72 000
	E企业		1 800	应付职工薪酬			208 200
其他应收款		60 000		应交税费			360 000
原材料		162 000		应付利息			120 000
库存商品		120 000		长期借款			384 000
生产成本		48 000		实收资本			1 600 000
长期股权投资		1 362 000		资本公积			80 000
固定资产		2 400 000		盈余公积			132 480

续表

总账账户	明细账户	借方余额	贷方余额	总账账户	明细账户	借方余额	贷方余额
累计折旧			360 000	利润分配	未分配利润		959 520
无形资产		180 000					
长期待摊费用		24 000					

其他资料如下。

长期借款共2笔，均为到期一次还本付息。金额及期限如下：

（1）从农业银行借入200 000元（本利和），期限从2016年7月1日至2019年9月1日。

（2）从中国银行借入184 000元（本利和），期限从2016年9月1日至2020年9月1日。

宏达实业公司2018年12月31日的资产负债表（简表），如表9－3所示。

表9－3　　资产负债表（简表）　　会企01表

编制单位：宏达实业公司　　2018年12月31日　　单位：元

项目	期末余额	项目	期末余额
流动资产：		流动负债：	
货币资金	96 000	短期借款	360 000
交易性金融资产	84 000	应付票据及应付账款	91 800
应收票据及应收账款	168 000	预收账款	36 000
预付账款	60 000	应付职工薪酬	208 200
其他应收款	60 000	应交税费	360 000
存货	330 000	其他应付款	192 000
流动资产合计	798 000	一年内到期的非流动负债	200 000
非流动资产：		流动负债合计	1 448 000
长期股权投资	1 362 000	非流动负债：	
固定资产	2 040 000	长期借款	184 000
无形资产	180 000	非流动负债合计	184 000
长期待摊费用	24 000	负债合计	1 632 000
非流动资产合计	3 606 000	所有者权益（或股东权益）：	

续表

项目	期末余额	项目	期末余额
		实收资本（或股本）	1 600 000
		资本公积	80 000
		盈余公积	132 480
		未分配利润	959 520
		所有者权益（或股东权益）合计	2 772 000
资产总计	4 404 000	负债和所有者权益总计	4 404 000

法定代表人：××× 主管会计工作负责人：××× 会计机构负责人：××

第三节 利润表

一、利润表的结构与内容

利润表，是反映企业在一定会计期间经营成果的财务报表。它是一种动态报表，反映企业在一定会计期间内销售收入的取得、成本和费用的发生、利润或亏损的实现情况。其编制依据是“收入－费用=利润”（此处的“收入”和“费用”分别指的是广义上的“收入”和“费用”）这一会计等式，按照各项收入、费用以及构成利润的各个项目分类分项编制而成。

利润表一般有表首和正表两个部分。其中，表首包括报表名称、编制单位、编制日期、报表编号、货币名称和计量单位等；正表是利润表的主体，反映形成经营成果的各个项目及其计算过程。利润表的正表格式主要有两种：单步式利润表和多步式利润表。单步式利润表是指将当期所有的收入列在一起，将所有的费用列在一起，两者相减得出当期损益；多步式利润表是指按净利润形成的主要环节，将营业利润、利润总额和净利润等分步进行计算，从而得出最终成果。我国企业的利润表采用多步式。多步式利润表的计算步骤如下：

第一步，以营业收入为基础，减去营业成本、税金及附加、销售费用、管理费用、财务费用、资产减值损失，加公允价值变动收益和投资收益等，计算得出营业利润；

第二步，以营业利润为基础，加上营业外收入，减去营业外支出，计算得出利润总额（或亏损总额）；

第三步，以利润总额为基础，减去所得税费用，计算得出净利润。

多步利润表

与单步式利润表相比，多步式利润表通过对当期的收入、费用、支出项目按照性质加以归类，按利润形成的主要环节列示一些中间性利润指标，明确揭示出营业利润与其他利润对企业净利润的影响程度，提供了更为丰富的、多层次的利润信息，有利于财务报表使用者更加正确地评价和预测企业的经营成果和获利能力，更有利于考核企业经管责任履行情况。在我国，利润表一般采用多步式。

按照《企业会计准则》规定，利润表至少应当单独列示反映下列信息的项目，但其他会计准则另有规定的除外：营业收入、营业成本、税金及附加、管理费用、销售费用、财务费用、投资收益、公允价值变动损益、资产减值损失、非流动资产处置损益、所得税费用、净利润、其他综合收益的税后净额和综合收益总额，金融企业可以根据其特殊性列示利润表项目。多步式利润表的具体内容及格式如表9－4所示。

表9－4 **利润表** 会企02表

编制单位： ××年度 单位：

项目	本期金额	上期金额
一、营业收入		
减：营业成本		
税金及附加		
销售费用		
管理费用		
研发费用		
财务费用		
其中：利息费用		
利息收入		
资产减值损失		
信用减值损失		
加：其他收益		
投资收益（损失以“－”号填列）		

续表

项目	本期金额	上期金额
其中：对联营企业和合营企业的投资收益		
净敞口套期收益（损失以“－”号填列）		
公允价值变动收益（损失以“－”号填列）		
资产处置收益（损失以“－”号填列）		
二、营业利润（亏损以“－”号填列）		
加：营业外收入		
减：营业外支出		
三、利润总额（亏损以“－”号填列）		
减：所得税费用		
四、净利润（净亏损以“－”号填列）		
（一）持续经营净利润（净亏损以“－”号填列）		
（二）终止经营净利润（净亏损以“－”号填列）		
五、其他综合收益的税后净额：		
（一）不能重分类进损益的其他综合收益		
1. 重新计量设定受益计划变动额		
2. 权益法下不能转损益的其他综合收益		
3. 其他权益工具投资公允价值变动		
4. 企业自身信用风险公允价值变动		
……		
（二）将重分类进损益的其他综合收益		
1. 权益法下可转损益的其他综合收益		
2. 其他债权投资公允价值变动		
3. 金融资产重分类计入其他综合收益的金额		
4. 其他债权投资信用减值准备		
5. 现金流量套期准备		
6. 外币财务报表折算差额		
……		
六、综合收益总额		
七、每股收益：		
（一）基本每股收益		
（二）稀释每股收益		

法定代表人：×× 主管会计工作负责人：×× 会计机构负责人：××

二、利润表的信息和作用

具体来说，利润表的作用体现在以下几个方面：

1. 反映企业在一定会计期间的经营成果，为财务报表使用者做出经济决策提供依据。企业外部财务报表使用者可以通过对利润表的分析了解企业的损益情况以及收入、成本费用项目的构成，预测和评估企业的盈利水平，为投资、贷款等经济决策和评价管理层的受托责任情况提供依据。企业内部管理人员通过比较和分析利润表中的各项构成因素，知悉各项收入、成本、费用与损益之间的发展趋势，评价各级管理人员的工作绩效，发现企业各方面工作中存在的问题，做出合理的经营决策。

2. 反映企业在一定会计期间的获利能力和偿债能力。获利能力是指企业运用一定经济资源获取经营成果的能力，衡量获利能力的指标包括资产收益率、股东权益投资报酬率、销售利润率等，这些指标要综合利润表和资产负债表等其他财务报表和附注获得。偿债能力是指企业以资产清偿债务的能力，企业的偿债能力不仅取决于资产的流动性和资本结构，也取决于获利能力。获利能力不强甚至亏损的企业，通常其偿债能力也较弱。

3. 与资产负债表等财务报表相互影响。企业一定会计期间的经营成果会影响该期的财务状况，利润表反映企业在一定会计期间的损益，结合企业的股利分配政策等财务政策，可以获取企业资产负债表中“盈余公积”和“未分配利润”等项目的信息。企业的资产负债表也会影响企业在一定会计期间的经营成果，如对固定资产计提的折旧和减值准备会影响企业的费用，从而影响企业的经营业绩等。

三、利润表的编制方法

（一）“上期金额”的填制方法

利润表的“上期金额”栏内的数字，应根据上一会计年度同一期间利润表“本期金额”栏内所列的数字填列。在编制月度、季度和中期财务会计报告时，“上期金额”栏填列的是上一会计年度同期累计实际发生数；在编制年度财务会计报告时，“上期金额”栏填列的是上一会计年度全年累计实际发生数。如果上一会计年度利润表与本年度利润表的项目名称和内容不相一致，应对上一会计年度利润表项目的名称和数字按本年度的规定进行调整，填入“上期金额”栏。

（二）“本期金额”的填制方法

由于利润表是动态报表，因此各项目一般按照各损益类科目的本期发生额分析填列。利润表主要项目的具体填列方法如下：

1. “营业收入”项目，反映企业经营业务所取得的收入总额。本项目应根据“主营业务收入”“其他业务收入”等科目的发生额分析填列。

2. “营业成本”项目，反映企业经营业务发生的实际成本。本项目应根据“主营业务成本”“其他业务成本”等科目的发生额分析填列。

3. “税金及附加”项目，反映企业经营业务应负担的消费税、城市维护建设税、资源税、土地增值税和教育费附加等。本项目应根据“税金及附加”科目的发生额分析填列。

4. “管理费用”项目，反映企业行政管理部门为组织和管理生产经营活动而发生的各项费用。本项目应根据“管理费用”科目的发生额分析填列。

5. “销售费用”项目，反映企业在销售产品、自制半成品和提供劳务等过程中发生的各项费用。本项目应根据“销售费用”科目的发生额分析填列。

6. “财务费用”项目，反映企业在生产经营过程中为筹集资金而发生的各项费用。本项目应根据“财务费用”科目的发生额分析填列。

7. “资产减值损失”项目，反映企业因资产的账面价值高于其可收回金额而造成的损失。本项目应根据“资产减值损失”科目的发生额分析填列。

8. “公允价值变动收益”项目，反映企业的各项资产的公允价值变动形成的应计入当期损益的利得或损失，即公允价值与账面价值之间的差额。本项目应根据“公允价值变动损益”科目的发生额分析填列，如为公允价值变动损失，以“－”号填列。

9. “投资收益”项目，反映企业对外投资所得的利润、股利和债权利息等收入减去投资损失后的净收益。本项目应根据“投资收益”科目的发生额分析填列，如为投资损失，以“－”号填列。

10. “营业外收入”和“营业外支出”项目，反映企业发生的与其生产经营无直接关系的各项收入和支出。这两个项目应分别根据“营业外收入”和“营业外支出”科目的发生额分析填列。

11. “所得税费用”项目，反映企业按规定从本期损益中减去的应负担的所得税费用。本项目应根据“所得税费用”科目的发生额分析填列。

12.“营业利润”“利润总额”“净利润”和“综合收益总额”项目，根据利润表上的项目计算填列。

【例9－2】蓝天实业公司20××年的有关收入、费用类账户的发生额资料如下：

主营业务收入	6 500 万元
主营业务成本	4 500 万元
税金及附加	200 万元
管理费用	450 万元
财务费用	100 万元
销售费用	750 万元
投资收益	800 万元
营业外收入	300 万元
营业外支出	500 万元
其他业务收入	1 000 万元
其他业务成本	500 万元

所得税的税率为25%，无纳税调整事项。该公司20××年利润表的有关数据如表9－5所示。

表9－5　　**利润表**　　会企02表

编制单位：蓝天实业公司　　20××年度　　单位：万元

项目	本期金额	上期金额（略）
一、营业收入	7 500	
减：营业成本	5 000	
税金及附加	200	
销售费用	750	
管理费用	450	
财务费用	100	
资产减值损失		
加：公允价值变动收益（损失以“－”号填列）		
投资收益（损失以“－”号填列）	800	
二、营业利润（亏损以“－”号填列）	1 800	
加：营业外收入	300	
减：营业外支出	500	
三、利润总额（亏损总额以“－”号填列）	1 600	
减：所得税费用	400	

续表

项目	本期金额	上期金额（略）
四、净利润（净亏损以“－”号填列）	1 200	
五、其他综合收益的税后净额		
……		
六、综合收益总额		
七、每股收益		
每股基本收益		
每股稀释收益		

法定代表人：×× 主管会计工作负责人：×× 会计机构负责人：××

第四节 现金流量表

一、现金流量表的概念和作用

现金流量表，是反映企业在一定会计期间现金和现金等价物流入和流出的报表。现金，是指企业库存现金以及可以随时用于支付的存款。现金等价物，是指企业持有的期限短、流动性强、易于转换为已知金额现金、价值变动风险很小的投资，比如企业购买的、从购买日起3个月内到期的短期债券等。除特别指明外，以下所指的现金均含现金等价物。它和利润表一样，也属于动态报表。具体来说，现金流量表的作用体现在以下几个方面：

1. 反映企业在一定会计期间的现金流量信息。现金流量表按照收付实现制原则编制，将权责发生制下的盈利信息调整为收付实现制下的现金流量信息，消除了会计数据中人为因素的影响，揭示了企业各项现金流量的构成，真实地反映出企业的现金获利能力和现金流动情况，便于财务报表使用者正确地评价和预测企业的现金流量信息，为其决策提供有力的依据。

2. 反映企业的支付能力、偿债能力和周转能力。企业在一定会计期间内获得的利润并不完全代表其真正具有偿债或支付能力，在某些情况下，虽然企业利润表上反映的经营业绩很可观，但仍有可能处于财务困境，无法定期足额地偿还到期债务。通过对现金流量表的分析，财务报告使用者可以了解企业现金的充足程度和增减变动数额，评价企业的支付能力和应付短期债务的偿债能力，结合资产负债表等财务报表，评价企业财产物资的周转能力。

3. 有助于分析企业收益的质量及现金净流量的影响因素。企业的收益质量在很大程度上反映了现金与利润的匹配程度，财务报表使用者可以通过分析利润表中的利润数量和现金流量表中的现金流量净额评价企业的盈余质量。现金流量表分别反映了企业的经营活动、投资活动和筹资活动等的现金流量及其主要来源和运用方向，有助于财务报表使用者分析影响现金净流量的因素。

二、现金流量表的内容

在现金流量表中，企业应当按照经营活动、投资活动和筹资活动的现金流量分类分项列示。各类活动的现金流量应当按照现金流入和流出的性质分项列示。

（一）经营活动产生的现金流量

经营活动，是指企业投资活动和筹资活动以外的所有交易和事项。经营活动产生的现金流量至少应当单独列示反映下列信息的项目：销售商品、提供劳务收到的现金，收到的税费返还，收到其他与经营活动有关的现金，购买商品、接受劳务支付的现金，支付给职工以及为职工支付的现金，支付的各项税费和支付其他与经营活动有关的现金。金融企业可以根据行业特点和现金流量实际情况，合理确定经营活动现金流量项目的类别。

（二）投资活动产生的现金流量

投资活动，是指企业长期资产的构建和不包括在现金等价物范围内的投资及其处置活动。投资活动产生的现金流量至少应当单独列示反映下列信息的项目：收回投资收到的现金，取得投资收益收到的现金，处置固定资产、无形资产和其他长期资产收回的现金净额，处置子公司及其他营业单位收到的现金净额，收到其他与投资活动有关的现金，购建固定资产、无形资产和其他长期资产支付的现金，投资支付的现金，取得子公司及其他营业单位支付的现金净额和支付其他与投资活动有关的现金。

（三）筹资活动产生的现金流量

筹资活动，是指导致企业资本及债务规模和构成发生变化的活动。筹资活动产生的现金流量至少应当单独列示反映下列信息的项目：吸收投资收到的现金，取得借款收到的现金，收到其他与筹资活动有关的现金，偿还债务支付的现金，分配股利、利润或偿付利息支付的现金和支付其他与筹资活动有关的现金。

三、现金流量表的编制基础

提醒：现金流量表中的“现金”是广义上的现金，狭义的现金仅指库存现金。

现金流量表是以现金为基础编制的，这里的现金包括库存现金、可以随时用于支付的存款以及现金等价物。具体包括以下几方面。

（一）库存现金

库存现金是指企业持有可随时用于支付的现金，即与会计核算中“库存现金”科目所包括的内容一致。

（二）银行存款

银行存款是指企业存在金融企业随时可以用于支付的存款，即与会计核算中“银行存款”科目所包括的内容基本一致，区别在于：如果存在金融企业的款项中不能随时用于支付的存款，例如，不能随时支取的定期存款，不作为现金流量表中的现金，但提前通知金融企业便可支取的定期存款，则包括在现金流量表中的现金范围内。

（三）其他货币资金

其他货币资金是指企业存在金融企业有特定用途的资金，如外埠存款、银行汇票存款、银行本票存款、信用证保证金存款、信用卡存款等。

（四）现金等价物

现金等价物是指企业持有的期限短、流动性高、易于转换为已知金额的现金、价值变动风险很小的投资。期限短一般是指从购买日起3个月内到期。现金等价物，通常包括3个月内到期的债券投资等。权益性投资变现的金额通常不确定，因而不属于现金等价物。现金等价物虽然不是现金，但其支付能力与现金的差别不大，可视为现金。企业应当根据具体情况确定现金等价物的范围，一经确定不得随意变更。如企业于2015年12月1日购入2013年1月1日发行的期限为3年的国债，购买时还有1个月到期，则这项投资可视为现金等价物。

四、现金流量表的格式

我国企业的现金流量表包括正表和补充资料两个部分。

正表反映现金流量表的各项目内容。正表有五项：一是经营活动产生的现金流量；二是投资活动产生的现金流量；三是筹资活动产生的现金流量；四是汇率变动对现金及现金等价物的影响；五是现金及现金等价物的增减变动额及期初期末的结存数。补充资料也是一张表格，包括将净利润调节为经营活动现金流量、不涉及现金收支的重大投资和筹资活动和现金及现金等价物净变动情况等三个部分，重点突出将权责发生制原则下编制的净利润调节为收付实现制原则下的经营活动现金流量。现金流量表的一般格式，如表9－6和表9－7所示。

表9－6　　现金流量表　　会企03表

编制单位：××公司　　××年度　　单位：元

项目	行次	金额
一、经营活动产生的现金流量：		
销售商品、提供劳务收到的现金		
收到的税费返还		
收到的其他与经营活动有关的现金		
现金流入小计		
购买商品、接受劳务支付的现金		
支付给职工以及为职工支付的现金		
支付的各项税费		
支付的其他与经营活动有关的现金		
现金流出小计		
经营活动产生的现金流量净额		
二、投资活动产生的现金流量		
收回投资所收到的现金		
取得投资收益收到的现金		
处置固定资产、无形资产和其他长期资产收回的现金净额		
收到的其他与投资活动有关的现金		
现金流入小计		
购建固定资产、无形资产和其他长期资产所支付的现金		
投资所支付的现金		
支付的其他与投资活动有关的现金		
现金流出小计		
投资活动产生的现金流量净额		
三、筹资活动产生的现金流量		
吸收投资所收到的现金		

续表

项目	行次	金额
取得借款所收到的现金		
收到的其他与筹资活动有关的现金		
现金流入小计		
偿还债务所支付的现金		
分配股利、利润和偿付利息所支付的现金		
支付的其他与筹资活动有关的现金		
现金流出小计		
筹资活动产生的现金流量净额		
四、汇率变动对现金的影响额		
五、现金及现金等价物净增加额		

表 9－7　　现金流量表补充资料　　单位：元

补充资料	本期金额	上期金额
1. 将净利润调节为经营活动现金流量		
净利润		
加：资产减值准备		
固定资产折旧、油气资产折耗、生产性生物资产折旧		
无形资产摊销		
处置固定资产、无形资产和其他长期资产的损失（收益以“－”号填列）		
财务费用（收益以“－”号填列）		
投资损失（收益以“－”号填列）		
递延所得税资产减少（增加以“－”号填列）		
存货的减少（增加以“－”号填列）		
经营性应收项目的减少（增加以“－”号填列）		
经营性应付项目的增加（减少以“－”号填列）		
经营活动产生的现金流量净额		
2. 不涉及现金收支的重大投资和筹资活动		
3. 现金及现金等价物净变动情况		
现金的期末余额		
减：现金的期初余额		
现金及现金等价物净增加额		

第五节 所有者权益变动表

所有者权益变动表是反映构成所有者权益各组成部分当期增减变动情况的报表。所有者权益变动表全面反映了企业一定时期所有者权益的变动情况，包括所有者权益总量的增减变动信息以及所有者权益增减变动的结构性信息，特别是能够让财务报表使用者理解所有者权益增减变动的根源，如所有者权益的增减变动是来自实收资本项目的增加，还是企业所实现的利润——未分配利润项目的增加。

> 2007 年以前，企业所有者权益变动情况是作为资产负债表的附表予以体现的。2006 年 2 月 15 日颁布的《企业会计准则》要求我国上市公司从 2007 年起编报所有者权益变动表，所有者权益变动表成为与资产负债表、利润表和现金流量表并列披露的第四张财务报表。

《企业会计准则》规定，所有者权益变动表至少应当单独列示反映下列信息的项目：综合收益总额、会计政策变更和前期差错更正的累积影响金额、所有者投入资本和向所有者分配利润、按照规定提取的盈余公积、所有者权益各组成部分的期初和期末余额及其调节情况。在合并所有者权益变动表中，还应单独列示归属于母公司所有者的综合收益总额和归属于少数股东的综合收益总额。

所有者权益变动表采用矩阵式结构，这与资产负债表、利润表和现金流量表的格式不同。所有者权益变动表横栏列示导致所有者权益变动的交易或事项，“本期增减变动”栏按照净利润、直接计入所有者权益的利得和损失、所有者投入和减少资本、利润分配和所有者权益内部结转等，体现了层次性和逻辑性；纵向栏列示实收资本、资本公积、盈余公积、未分配利润等所有者权益项目的本期金额和上期金额，从而表明了有关交易或事项是通过影响所有者权益类的哪一项目进而导致所有者权益发生增减变动，有利于财务报表使用者发现导致所有者权益发生增减变动的根源所在，也表明了所有者权益构成部分的结构在相关会计年度的变动情况。所有者权益变动表的一般格式如表 9 - 8 所示。

表 9－8　　所有者权益变动表　　会企 04 表

编制单位：　　××年度　　单位：元

项目	本年金额					上年金额				
	实收资本	资本公积	盈余公积	未分配利润	所有者权益合计	实收资本	资本公积	盈余公积	未分配利润	所有者权益合计
一、上年年末余额										
加：会计政策变更										
前期差错更正										
二、本年年初余额										
三、本期增减变动金额（减少以“－”号填列）										
（一）净利润										
（二）直接计入所有者权益的利得和损失										
上述（一）和（二）小计										
（三）所有者投入和减少资本										
1. 所有者投入资本										
2. 股份支付计入所有者权益的金额										
3. 其他										
（四）利润分配										
1. 提取盈余公积										
2. 对所有者的分配										
3. 其他										
（五）所有者权益内部结转										
四、本期期末余额										

法定代表人：×××　　主管会计工作负责人：×××　　会计机构负责人：×××

第六节　附　注

附注是对资产负债表、利润表、现金流量表和所有者权益变动表等报表中列示项目的文字描述或明细资料，以及对未能在这些报表中列示项目的说明等。附注是财务报表的重要组成部分。

财务报表中的数字是经过分类与汇总后的结果，是对企业发生的经济业务的高度简化和浓缩的数字，如果没有形成这些数字所使用的会计政策、理解这些数字所必须的披露，财务报表就不可能充分发挥效用。报表使用者应当全面阅读附注，以了解企业的财务状况、经营成果和现金流量。附注应当按照如下顺序披露有关内容：

1. 企业的基本情况；

2. 财务报表的编制基础；

3. 遵循企业会计准则的声明；

4. 重要会计政策和会计估计；

5. 会计政策和会计估计变更以及差错更正的说明；

6. 重要报表项目的说明；

7. 或有和承诺事项、资产负债表日后非调整事项、关联方关系及其交易等；

8. 有助于财务报表使用者评价企业管理资本的目标、政策及程序的信息。

提醒： 附注与四张主表具有同等的重要性，是财务报表的重要组成部分。

延伸阅读

未来财务报告模式的发展趋势

随着现代网络技术的发展，财务报告已呈现从纸质形式向网络形式发展的趋势，从而能够为决策者提供更为及时、便捷的财务信息。未来财务会计报告的模式有以下几种：

1. 实时报告模式

实时报告模式是通过计算机网络实时将企业所发生的各种生产经营活动和事项反映在财务报告上，并将其存储在可供使用者查阅的数据库中，供使用者随时查阅企业的经营成果、财务状况及其他重要信息，从而使财务信息在满足使用者信息需求上真正实现了“多、快、好、省”。

2. 独立或个性化的财务报告模式

该模式下，会计信息的生产可以从企业的内部职能中分离出来，由专门的会计服务公司执行会计信息的生产职能，并收取一定的费用。而会计信息的产权仍归属于企业，企业可以将其出售给网络媒体或者自己通过网络披露。客户按照自己的偏好和支付能力订购所需要的信息，企业针对不同的客户需求提供个性化的会计信息，真正做到“以用户为导向”。

此外，其他比较有代表性的还有事项报告模式、数据库报告模式以及三层财务报告模式等。

本章小结

财务会计报告，是指企业对外提供的反映企业某一特定日期的财务状况和某一会计期间的经营成果、现金流量等会计信息的文件。由会计报表、会计报表附注和相关信息和其他资料构成。

资产负债表，是指反映企业在某一特定日期财务状况的财务报表。资产负债表是一种静态报表，反映的是企业处于某一特定时点上的资产、负债、所有者权益的总额、构成以及各项目之间的组合等，其编制依据是“资产 = 负债 + 所有者权益”这一基本会计等式。资产类项目按照变现能力分为流动资产和非流动资产；负债类项目根据偿还期限划分为流动负债和非流动负债；所有者权益类应根据永久性由大到小排列。

利润表，是指反映企业在一定会计期间经营成果的财务报表。它是一种动态报表，反映企业在一定会计期间内销售收入的取得、成本和费用的发生、利润或亏损的实现情况。其编制依据是“收入 - 费用 = 利润”（此处的“收入”和“费用”分别指的是广义上的“收入”和“费用”）这一会计等式，按照各项收入、费用以及构成利润的各个项目分类分项编制而成。

现金流量表，是指反映企业在一定会计期间现金和现金等价物流入和流出的报表。它属于动态报表。在现金流量表中，应当按照经营活动、投资活动和筹资活动的现金流量分类分项列示，各类活动的现金流量应当按照现金流入和流出的性质分项列示。

所有者权益变动表是反映构成所有者权益各组成部分当期增减变动情况的报表。所有者权益变动表至少应当单独列示反映下列信息的项目：综合收益总额、会计政策变更和前期差错更正的累积影响金额、所有者投入资本和向所有者分配利润、按照规定提取的盈余公积、所有者权益各组成部分的期初和期末余额及其调节情况。

附注是对资产负债表、利润表、现金流量表和所有者权益变动表等报表中列示项目的文字描述或明细资料，以及对未能在这些报表中列示项目的说明等。附注是财务报表的重要组成部分。

【本章重要术语】

财务报告；会计报表；资产负债表；利润表；现金流量表；所有者权益变动表；财务报表附注

思考与练习

一、思考题

1. 什么是财务会计报告？财务报表如何分类？
2. 什么是资产负债表？它有何重要作用？
3. 资产负债表至少应该包括哪些内容？其编制方法有哪些？
4. 什么是利润表？它有何重要作用？
5. 多步式利润表的主要计算步骤有哪些？
6. 利润表至少应当单独列示哪些信息？其编制方法有哪些？
7. 什么是现金流量表？它有何重要作用？
8. 现金流量表由哪几部分组成？
9. 什么是所有者权益变动表？其至少应当单独列示哪些信息？
10. 会计报表附注的作用是什么？应在附注中披露的内容有哪些？

二、案例题

李颖是一名大二的会计专业学生，寒假期间去父母开的公司财务部实习，正碰上会计老张编制2019年度的资产负债表，便想利用所学知识代老张编制会计报表。老张为检验李颖的学习成果，要求李颖根据公司2019年12月31日全部总账和有关明细账余额编制2019年度的资产负债表。相关资料如下表所示：

总账与明细账余额　　单位：元

总账账户	明细账户	借方余额	贷方余额	总账账户	明细账户	借方余额	贷方余额
库存现金		5 000		短期借款			50 000
银行存款		100 000		应付账款			145 000
交易性金融资产		64 000			G企业		75 000
应收账款		138 000			H企业		89 000
	A企业	60 000			I企业	19 000	
	B企业		12 000	预收账款			25 000
	C企业	90 000			J企业		17 000
预付账款		23 000			K企业		15 000
	D企业	30 000			L企业	7 000	
	E企业		2 000	其他应付款			98 500
	F企业		5 000	应付职工薪酬			35 000
其他应收款		50 000		应交税费			50 000
原材料		152 000		应付利息			7 500

续表

总账账户	明细账户	借方余额	贷方余额	总账账户	明细账户	借方余额	贷方余额
库存商品		40 000		长期借款			105 000
长期股权投资		135 000		实收资本			300 000
固定资产		240 000		资本公积			50 000
累计折旧			5 000	盈余公积			10 000
无形资产		10 000		利润分配			76 000

三、练习题

某企业是一般纳税人，产品适用的增值税税率为16%，其他业务的增值税暂不考虑，20××年12月发生下列经济业务：

（1）销售甲产品1 000件，每件售价80元，货款已通过银行转账收讫。

（2）销售乙产品900件，每件售价50元，但货款尚未收到。

（3）结转已售甲、乙产品的生产成本。其中：甲产品生产成本为65 400元；乙产品生产成本为36 000元。

（4）以转账支票支付本月产品的广告费1 520元。

（5）根据规定计算应缴纳消费税8 750元。

（6）行政人员王某外出归来报销因公务出差的差旅费350元（原已预支400元）。

（7）以现金1 000元支付厂部办公费。

（8）收到职工的违规罚款收入6 020元存入银行。

（9）收回丙公司前欠货款45 000元存入银行。

（10）用银行存款支付车间下一年度的财产保险费2 400元。

（11）摊销应由本月负担的车间财产保险费200元。

（12）预提本月的短期借款利息600元。

（13）收到本月的债券利息收入2 000元存入银行。

（14）将本月损益类账户的余额结转至“本年利润”账户，并计算本月的利润总额。

（15）根据本期实现的利润总额，按25%的税率计算应交所得税并将所得税费用结转至本年利润账户。计算本月的净利润。

要求：

（1）根据上述资料，编制会计分录。

（2）根据上述资料，编制该公司12月的利润表。

第十章

账务处理程序

问题导入

经济业务每天都在发生，一个企业，尤其是大型企业为了完成会计核算工作，需要设立由几十人，甚至几百人组成的会计队伍。从前面几章的内容中大家已经了解了企业凭证和账簿有多种。面对千千万万笔会计业务，会计团队如何通过分工协作，高效、有序地完成会计核算工作？这需要设置会计核算工作程序，将会计核算流程、账证组织、人员分工结合起来。

会计核算组织的核心是账务处理流程。账务处理流程需要考虑企业实际情况。老师以一个自身经历的案例引发了同学们的思考。

八年之前，老师的爱人在老家开办了一家小型的蔬菜加工厂，当时的注册资本只有50万元，主要的业务是接受大型蔬菜加工公司的委托代为加工蔬菜，老师兼做会计负责人。考虑到当时企业的规模和业务量，采用了记账凭证账务处理程序。经过辛苦打拼，如今公司已经发展成为一个集蔬菜种植、生猪及禽类养殖、蔬菜加工、食品冷藏及销售为一体的食品生产和加工集团。公司的注册资本为5 000万元，年销售额为3亿元。伴随着公司规模的扩大和业务量的增加，记账凭证的数量也大为增加，特别是总分类账的登记工作量异常繁重，由此导致会计核算工作效率低下，差错频出。老师请同学们帮助重新设计一下账务处理程序。

如何设计账务处理程序？账务处理程序的一般规律是什么？如何选择适合本企业的账务处理程序？本章将为您提供答案。

学习目标

本章的学习内容是账务处理程序。通过本章的学习，理解会计循环和账务处理程序的含义、特点及使用范围，掌握科目汇总表和汇总记账凭证的编制方法，并熟练掌握记账凭证账务处理程序、科目汇总表账务处理程序和汇总记账凭证账务处理程序的基本流程。

第一节 账务处理程序概述

一、会计循环与账务处理程序的概念

（一）会计循环

会计人员在每一个会计期间都要对发生的经济业务按照会计核算的方法进行程序化处理，这一过程有三个基本的核心环节：凭证的编制与审核、账簿的设置与登记和会计报表的编报。这一过程也是对会计主体的交易和事项进行确认、计量、记录和报告的过程。这是一个程序化的会计工作过程，通过包括以上三个基本环节的会计工作步骤，把复杂的经济业务分类、归集，最终概括出简明扼要的、为外界各方需要的会计报表。在持续经营的假设下，这一会计程序的各个步骤也是周而复始、不间断进行的，这个周而复始的账务处理过程，称为会计循环。

会计循环由下列基本步骤组成：

1. 编审凭证。根据审核无误的原始凭证，按照经济业务的内容，确定应借记和贷记的账户的名称，编制记账凭证，把经济业务的发生和完成情况，用会计特定的表现形式反映出来，并审核其合法性、合规性和正确性。

2. 过账。根据审核无误的记账凭证，将经济业务在各类账户中进行登记，这种登记称为“过账”。

3. 账项调整。日常发生的经济业务按照前两个程序均可计入账簿，但需要跨期摊提的事项却未处理。因此，期末，根据权责发生制的原则，编制调整账项的会计凭证并入账，借以处理需要递延和预提的收入和费用项目，从而正确反映各个会计期间的经营成果。通过账项调整，使已登账的收入恰当地归属于有关的会计期间，使已登账的支出恰当地归属于有关的会计期间；计提这一会计期间已发生但尚未支付的费用、成本，计提这一会计期间已赚取但尚未到账的收入。

4. 编制试算平衡表。为了检查和核对各种账簿记录，在结账前要编制试算平衡表，它既有助于对账，又可以作为正式会计报表编制的基础。

5. 结账。在试算平衡后，企业可以编制结账分录，进行结账。

即在每一会计期间终了时，计算并结转各种账户的本期发生额及期末余额。严格地说，损益类账户属于虚账户，应该在期末结清。资产、负债和所有者权益类账户属于实账户，需要结转到下期。

6. 编制财务报表。期末，根据账簿资料，参考其他有关资料，编制财务报表，并报送给有关的会计信息使用者。

7. 如果有必要，编制转回分录并登记入账。在某些情况下，在结账后，或下一个会计期间开始时，需要将期末的调整账项做冲回处理，即编制与原来方向相反、金额相同的会计分录并过账，以便使该项业务按常规手续进行会计处理。编制转回分录并不是一项必有的会计程序，需要根据具体情况确定。

在任何一个会计循环中，日常核算就是在经济业务发生以后，通过采用设置会计科目、复式记账、填制会计凭证、登记账簿、成本计算等一系列会计核算的专门方法，经过填制会计凭证、登记账簿，对经济业务进行不断的归类、加工整理、汇总综合，最后在账簿中形成比较系统的核算资料。期末，再将这些分散在账簿中的日常核算资料，按照预先规定的指标体系进一步归类、综合、汇总，并通过编制财务报表将其排列成系统的财务信息报告。在对经济业务的逐层加工、汇总、综合的过程中，填制会计凭证是核算资料的收集和初步分类，登记账簿是核算资料的分类整理，编制财务报表是核算资料的再加工。这一会计核算过程涉及会计凭证、会计账簿和会计报表的设计和各环节的衔接，需要严密的、科学的会计核算组织。合理安排会计程序，保证会计循环的顺畅和高效是会计组织工作的重要内容，这也是会计记账程序研究的内容。

（二）账务处理程序

所谓账务处理程序，又称会计记账程序或会计核算组织程序，是指在会计循环的过程中，将不同的凭证及账簿组织与不同的记账程序和方法有机地联系起来的组织形式。其中，“凭证及账簿组织”是指凭证、账簿种类及格式，各种凭证之间、各种账簿之间以及各种凭证与各种账簿之间的相互关系；“记账程序和方法”是指从凭证的整理、传递到账簿的登记以及根据账簿记录编制财务报表的顺序和方法。

各个会计主体进行会计核算所采用的具体方法虽然不同，但基本会计程序是相同的，且各环节在会计核算中的作用和历经的基本顺序是一致的。会计凭证所提供的是个别的财务数据，账簿提供的是分类的财务数据，报表提供的是综合的会计信息，三者各自独立，有各自的作用与获取的方法，但它们也不是彼此孤立的，前一个环节是后一个环节的基础。在会计工作中，必须按一定的形式来合理组织各个会计程序，构成一个完整的工作体系，这就是账务处理程序组织。不同的会计主体会计核算条件和会计核算任务不同，所需要的账务处理程序也会有所区别，因此形成各种账务处理程序。

二、设置账务处理程序的意义

账务处理程序是否科学合理，会对整个会计核算工作产生诸多方面的影响。确定科学合理的账务处理程序，是会计部门和会计人员的一项重要工作，对于提高会计工作的质量和效率，正确、及时地编制会计报表，从而提供系统、完整的会计信息，具有重要的意义。

1. 有利于规范会计核算工作。设置科学合理的账务处理程序，可以克服会计核算工作中的混乱、差错，保证各项日常会计工作得到最佳的协调配合。由此，会计机构和会计人员在核算过程中就能够做到有序可依，按照不同的责任分工，有条不紊地处理好会计核算过程中的每一个环节的工作。

2. 有利于提高会计核算工作效率。按照设置好的账务处理程序进行会计核算工作，将会大大提高会计核算工作的效率，保证会计信息整理、加工及对外输出的顺利进行，从而满足会计信息质量的及时性要求。

3. 有利于降低会计核算工作成本。组织会计核算的过程也是人力、物力和财力的消耗过程，因此，会计核算本身也应讲求经济效益，遵循成本效益原则设计账务处理程序。账务处理程序安排科学合理，会计凭证、会计账簿和会计报表种类适当，格式适用，数量适中，在一定程度上能够降低会计核算工作的成本，节约会计核算方面的支出。

4. 有利于保证会计核算工作质量。建立起科学合理的账务处理程序，能够形成加工、整理和输出会计信息的正常机制，是提高会计核算工作质量的重要保障，同时也有利于提高会计信息的质量。

三、设置账务处理程序的原则

一般说来，不同企业由于企业的性质、规模的大小、经济业务的繁简以及管理的要求不同，在会计循环过程中所采用的账务处理程序就会有所差异。为了科学地、合理地组织会计核算工作，顺利完成会计循环，任何企业都必须根据国家的有关规定，结合本身的实际情况和具体条件，确定适当的账务处理程序。设置科学、合理、适用的会计账务处理程序应符合以下原则：

1. 适应性原则。账务处理程序要适应本单位生产、经营管理的特点，规模大小和业务的繁简情况，使账务处理程序与本单位的会计核算工作的需要相适应。

2. 合理、合法的原则。账务处理程序设计要符合国家及单位有关法律的要求、符合科学的记账原理和分工合作的要求，能够适应本单位、主管部门以至国家宏观管理工作的需要，全面、系统、及时、正确地提供反映本单位经济活动情况的会计核算资料。

3. 成本效益原则。账务处理程序的设计要在保证核算指标正确、真实和系统完整的前提下，尽可能地简化不必要的核算手续，提高会计工作的效率，节约核算工作的人力、物力和财力。

4. 相互牵制原则。设计账务处理程序，应有利于会计部门和会计人员的分工与合作，有利于明确各会计人员工作岗位的职责，形成不同程序之间相互牵制的机制，从而使会计核算的各个环节分工明确、责任清晰、约束力强。

四、账务处理程序的种类

根据我国会计核算工作长期实践的总结，企业所采用的账务处理程序有以下几种：

1. 记账凭证账务处理程序；
2. 科目汇总表账务处理程序；
3. 汇总记账凭证账务处理程序；
4. 分录簿式账务处理程序；
5. 日记总账账务处理程序；
6. 多栏式日记账账务处理程序。

提醒：各种账务处理程序的主要区别是总账的登记依据和方法不同。

上述几种会计账务处理程序在基本程序方面是相同的，即都是在经济业务发生或完成后，先根据原始凭证（或原始凭证汇总表）填制记账凭证，再根据原始凭证和记账凭证登记日记账和明细分类账，根据账簿记录提供会计信息和会计报表。上述三个阶段不是孤立的，而是相互联系的：编制财务报表要以账簿的资料为基础，财务报表的内容对账簿的格式、种类和内容又有制约作用；会计凭证是账簿登记的依据，账簿的种类、格式和内容，又决定了会计凭证的格式、种类。在统一对外会计报表的前提下，由于各单位按需设计的总分类账的登记依据和登记方法不同，造成凭证和账簿格式的相互联系不同，因此，各单位会计账务处理程序又各有特点。考虑到以上账务处理程序中前三种应用比较多，本章重点介绍前三种账务处理程序的应用。

第二节 记账凭证账务处理程序

一、记账凭证账务处理程序概述

（一）记账凭证账务处理程序的定义

记账凭证账务处理程序是指根据经济业务发生以后所填制的各种记账凭证直接逐笔登记总分类账，并定期编制会计报表的一种账务处理程序。

（二）记账凭证账务处理程序的特点

记账凭证账务处理程序的主要特点是：直接根据记账凭证逐笔地登记总分类账户。这是该账务处理程序与其他账务处理程序截然不同的做法，是记账凭证账务处理程序的一个鲜明的特点。

记账凭证账务处理程序，是会计记账程序中最基本、最简单的一种，也是其他各种账务处理程序的基础。它包括了记账程序的一般内容，其他各种账务处理程序基本上是在这种账务处理程序的基础上发展和改变而形成的。

（三）记账凭证账务处理程序下记账凭证、账簿及会计报表的种类与格式

在记账凭证账务处理程序下，记账凭证可以采取一种通用的格式，也可以采用收款凭证、付款凭证和转账凭证三种格式；账簿一般要设置现金日记账、银行存款日记账、明细分类账和总分类账，总分类账按一级会计科目开设账户。总分类账和日记账一般采用借、贷、余三栏式格式，明细分类账则根据管理上的需要，可以采用三栏式、数量金额式或多栏式等格式。

在记账凭证账务处理程序下使用的会计报表主要有资产负债表、利润表和现金流量表等。报表的种类不同，格式也不尽相同。在企业会计准则中，对会计报表的种类和格式都有统一规定，因此，无论在何种账务处理程序下，会计报表的种类和格式都不会有大的变动。所以，在研究账务处理程序的过程中，不再对会计报表的种类和格式做进一步的探讨。

二、记账凭证账务处理程序的基本步骤

1. 审核原始凭证，并将部分原始凭证整理成汇总原始凭证；

2. 根据原始凭证、原始凭证汇总表填制记账凭证；

3. 根据收款、付款记账凭证逐笔序时地登记现金、银行存款日记账；

4. 根据原始凭证和记账凭证登记各类明细账；

5. 根据各种记账凭证，逐笔登记总分类；

6. 期末，将现金、银行存款日记账，各种明细分类账的余额与相应的总分类账户余额进行核对；

7. 期末，根据总分类账与明细分类账的资料编制财务会计报表。

记账凭证账务处理程序的基本步骤如图 10－1 所示。

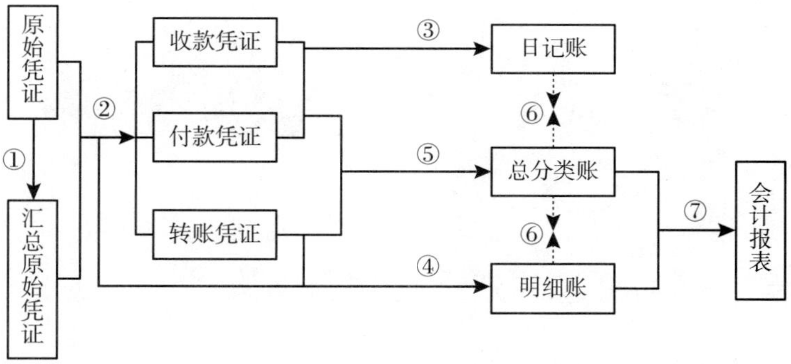

图 10－1　记账凭证账务处理程序图

三、对记账凭证账务处理程序的评价

（一）记账凭证账务处理程序的优点

1. 总账登记方法简单明了，易于理解。根据记账凭证直接登记总账，是该账务处理程序的特点，明细账的登记方法与总账的登记方法是相同的，因而这是一种易于掌握的账户登记方法。

2. 总账能够比较详细地反映经济业务的发生情况。在该账务处理程序下，明细账、日记账都采取逐笔登记的方法，总账的登记方法也是如此，因而总账能够清晰地反映所发生的经济业务的情况，便于用账、查账。

3. 在记账凭证上能够清晰地反映账户之间的对应关系。在该账务处理程序下，采用的是专用记账凭证或通用记账凭证，当经济业务

发生时，利用一张或多张记账凭证就可以编制出该笔经济业务的完整会计分录。因此，在每一张记账凭证上，账户之间的对应关系都能清晰地反映出来。

（二）记账凭证账务处理程序的缺点

总账登记的工作量过大，这是记账凭证账务处理程序最大的缺点。对发生的每一笔经济业务都要根据记账凭证逐笔在总账中进行登记，实际上与日记账和明细账登记的内容一样，是一种简单的重复登记，必然要加大登记总账的工作量，特别是对于业务量较大的单位来说更是如此。

（三）记账凭证账务处理程序的适用范围

记账凭证账务处理程序一般只适用于规模较小、经济业务量较少、编制记账凭证不是很多的会计主体。

第三节　科目汇总表账务处理程序

一、科目汇总表账务处理程序概述

（一）科目汇总表账务处理程序的定义

科目汇总表账务处理程序是定期先将所有记账凭证汇总编制成科目汇总表，然后根据科目汇总表登记总分类账，并定期编制会计报表的一种账务处理程序。

（二）科目汇总表账务处理程序的特点

科目汇总表账务处理程序的主要特点是：定期根据所有记账凭证汇总编制科目汇总表，根据科目汇总表登记总分类账户。

（三）科目汇总表账务处理程序下记账凭证、账簿及会计报表的种类与格式

在科目汇总表账务处理程序下，记账凭证除了可以采用专用记账凭证或通用记账凭证外，还设置了“科目汇总表”这种具有汇总性质的记账凭证，这也是该账务处理程序的独特做法。而使用的账簿与记账凭证账务处理程序基本相同。

（四）科目汇总表的编制方法

科目汇总表是根据专用记账凭证（或通用记账凭证）汇总编制而成的。基本的编制方法是：根据一定会计期间编制的全部记账凭证，按照相同的会计科目进行归类，定期（每 10 天、15 天或 1 个月）分别汇总每一个账户的借、贷双方的发生额，并将其填列在科目汇总表的相应栏内，借以反映全部账户的借、贷发生额的合计数，分次或月末一次记入相应总账的借方或贷方即可。

科目汇总表一般有以下两种形式，如表 10－1、表 10－2 所示。

表 10－1　　科目汇总表　　起止日期

会计科目	账页	本期发生额		记账凭证起讫号数
		借方	贷方	
合计				

表 10－2　　科目汇总表

会计科目	账页	1～10 日		11～20 日		21～30 日		本月合计	
		借方	贷方	借方	贷方	借方	贷方	借方	贷方
合计									

二、科目汇总表账务处理程序的基本步骤

1. 审核原始凭证，并对部分原始凭证整理编制汇总原始凭证；
2. 根据原始凭证、汇总原始凭证填制记账凭证；
3. 根据收款凭证、付款凭证登记现金日记账和银行存款日记账；
4. 根据原始凭证、汇总原始凭证和各种记账凭证登记各种明细分类账；
5. 根据各种记账凭证定期汇总编制科目汇总表。
6. 根据科目汇总表登记总分类账。
7. 月末，将现金日记账、银行存款日记账和各明细分类账的余额与总分类账的有关账户余额进行核对；
8. 月末，根据总分类账和明细分类账编制财务报表。

科目汇总表账务处理程序的基本步骤可用图 10－2 表示。

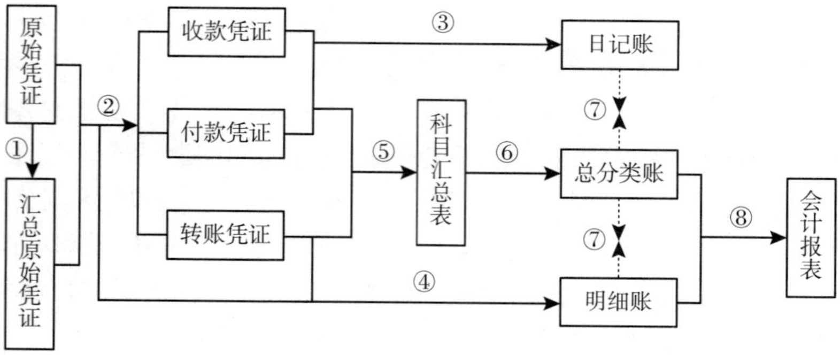

图 10－2　科目汇总表账务处理程序图

三、对科目汇总表账务处理程序的评价

（一）科目汇总表账务处理程序的优点

1. 可以大大减轻登记总分类账的工作量。在该账务处理程序下，可根据科目汇总表上有关账户的汇总发生额，在月中定期或月末一次性登记总分类账，可以使登记总账的工作量大为减轻。

2. 科目汇总表还起着试算平衡的作用。科目汇总表上的汇总结果体现了一定会计期间内所有账户借方发生额和贷方发生额之间的相等关系，利用其发生额的相等关系，可以进行全部账户记录的试算平衡，借以检验账户发生额的准确性。在所有账户发生额相等的基础上再记账，在一定程度上可以保证总账登记的正确性。

（二）科目汇总表账务处理程序的缺点

1. 科目汇总表不能反映账户之间的对应关系。以相同科目在一定时期归类编制科目汇总表，只能反映各科目的借方本期发生额和贷方本期发生额，不能详细反映各项经济业务的来龙去脉，不便于核查账目。在这一点上，科目汇总表不及专用的记账凭证和汇总的记账凭证。

2. 编制科目汇总表的工作量较大。在该账务处理程序下，对发生的经济业务首先要编制各种专用的记账凭证，然后还需要定期对这些专用记账凭证进行汇总，编制作为登记总账依据的科目汇总表，这样又会加大会计核算的工作量。

（三）科目汇总表账务处理程序的适用范围

由于科目汇总表账务处理程序清晰，既能够减轻登记总账的工作量，又能够进行账户发生额的试算平衡，因而，无论规模大小的会计主体都可以采用，尤其适用于规模大、业务量多、记账凭证多的会计主体。

第四节 汇总记账凭证账务处理程序

一、汇总记账凭证账务处理程序概述

（一）汇总记账凭证账务处理程序的定义

汇总记账凭证账务处理程序是定期将所有记账凭证汇总编制成汇总记账凭证，然后根据汇总记账凭证登记总分类账，并定期编制会计报表的账务处理程序。

（二）汇总记账凭证账务处理程序的特点

汇总记账凭证账务处理程序的特点是定期将全部记账凭证分别编制汇总收款凭证、汇总付款凭证和汇总转账凭证，根据各种汇总记账凭证上的汇总数字登记总分类账。

（三）汇总记账凭证账务处理程序下记账凭证、账簿及会计报表的种类与格式

在汇总记账凭证账务处理程序下，记账凭证除了可以采用专用记账凭证或通用记账凭证外，还使用各种汇总记账凭证，这是该账务处理程序的独特之处。使用的账簿与记账凭证账务处理程序基本相同，不再赘述。

（四）汇总记账凭证的编制方法

汇总记账凭证是按照一定的方法对各种专用记账凭证进行汇总编制而成的。汇总记账凭证的种类不同，汇总编制的方法也有所不同。

1. 汇总收款凭证。汇总收款凭证是根据一定时期的全部收款凭证，按月编制而成的。编制方法为：按收款凭证上的借方科目设置汇总收款凭证，按其相对应的贷方科目定期（如每 5 天或 10 天等）汇总，每月编制一张。月末时，结算出汇总收款凭证中各贷方科目的合计数，作为登记总分类账户的依据。

因为收款凭证的借方科目只有货币资金（如库存现金、银行存款及其他货币资金等），以借方科目为主体，按贷方科目归类编制汇总收款凭证的张数就减少了。按月编制汇总收款凭证时只需编制一张

库存现金汇总收款凭证、一张银行存款汇总收款凭证和一张其他货币资金汇总收款凭证就可以囊括全部收款凭证。表 10－3 所示的就是库存现金汇总收款凭证的格式。

表 10－3　　　　汇总收款凭证

借方科目：库存现金　　　　年　月　　　　汇收第　号

贷方科目	金额				总账页数	
	1 日至 10 日 收款凭证 第　号至第　号	11 日至 20 日 收款凭证 第　号至第　号	21 日至 30 日 收款凭证 第　号至第　号	合计	借方	贷方
合计						

2. 汇总付款凭证。汇总付款凭证是根据一定时期的全部付款凭证，按月汇总编制而成的。编制方法为：按付款凭证上的贷方科目设置汇总付款凭证，按其相对应的借方科目定期（如每 5 天或 10 天等）汇总，每月编制一张。月末时，结算出汇总凭证中各借方科目的合计数，作为登记总分类账户的依据。

因为付款凭证的贷方科目只有货币资金（如库存现金、银行存款及其他货币资金），以贷方科目为主体，按借方科目归类编制汇总付款凭证的张数就减少了。按月编制汇总付款凭证时，只需编制一张库存现金汇总付款凭证、一张银行存款汇总付款凭证和一张其他货币资金汇总付款凭证就可囊括所有的付款凭证。表 10－4 为银行存款汇总付款凭证的格式。

表 10－4　　　　汇总付款凭证

贷方科目：银行存款　　　　年　月　　　　汇付第　号

借方科目	金额				总账页数	
	1 日至 10 日 付款凭证 第　号至第　号	11 日至 20 日 付款凭证 第　号至第　号	21 日至 30 日 付款凭证 第　号至第　号	合计	借方	贷方
合计						

3. 汇总转账凭证。汇总转账凭证是根据一定时期的转账凭证，按月汇总编制而成的。转账凭证的借、贷方科目均无规律性，为避免混乱，规定汇总转账凭证一律按转账凭证的贷方科目分别设置，按与设置科目相对应的借方科目加以归类，定期汇总，按月编制。月末

时，结算出各汇总转账凭证中各借方科目的合计数，作为登记总分类账户的依据。表 10 - 5 为汇总转账凭证的格式。

表 10 - 5　　　　　　　　汇总转账凭证

贷方科目：　　　　　　　　　　年　月　　　　　　　　　　汇付第　号

借方科目	金额				总账页数	
	1 日至 10 日 转账凭证 第　号至第　号	11 日至 20 日 转账凭证 第　号至第　号	21 日至 30 日 转账凭证 第　号至第　号	合计	借方	贷方
合计						

二、汇总记账凭证账务处理程序的基本步骤

1. 对原始凭证进行审核，并根据部分原始凭证编制汇总原始凭证；
2. 根据原始凭证、汇总原始凭证填制记账凭证；
3. 根据收款凭证、付款凭证登记现金日记账和银行存款日记账；
4. 根据原始凭证、汇总原始凭证和各种记账凭证登记各种明细分类账；
5. 根据各种记账凭证定期编制汇总记账凭证；
6. 根据汇总记账凭证登记总分类账；
7. 月末，将现金日记账、银行存款日记账和各明细分类账的余额与总分类账的有关账户余额进行核对；
8. 月末，根据总分类账和明细分类账编制财务会计报表。

汇总记账凭证账务处理的基本步骤可用图 10 - 3 表示。

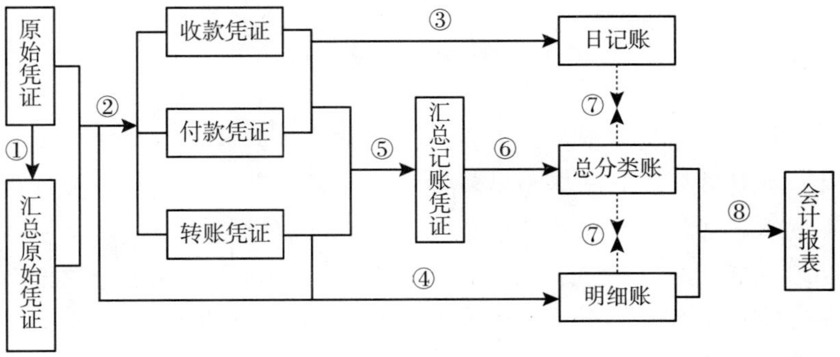

图 10 - 3　汇总记账凭证账务处理程序图

三、对汇总记账凭证账务处理程序的评价

（一）汇总记账凭证账务处理程序的优点

1. 可以大大减轻登记总账的工作量。在汇总记账凭证账务处理程序下，根据各种汇总记账凭证上的有关账户的汇总发生额，在月份当中定期或月末一次性登记总账，可以使登记总账的工作量大为减轻。

2. 汇总记账凭证能够清晰反映账户之间的对应关系。汇总记账凭证是按照科目对应关系归类、汇总编制的，能够明确地反映账户之间的对应关系，便于经常分析检查经济活动的发生情况。

（二）汇总记账凭证账务处理程序的缺点

1. 定期编制汇总记账凭证的工作量比较大。对发生的经济业务，首先要填制专用的记账凭证，然后还需要定期分类对这些专用记账凭证进行汇总。特别是汇总转账记账凭证要按每一个贷方科目归类汇总，在涉及科目较多的情况下，编制的工作量比较大。

2. 对汇总过程中可能存在的错误难以发现。编制汇总记账凭证是一项比较复杂的工作，容易产生错误。而且汇总记账凭证本身又不能体现出相关数字之间的平衡关系，发生的汇总错误难以发现。

（三）汇总记账凭证账务处理程序的适用范围

由于汇总记账凭证账务处理程序既能够减轻登记总账的工作量，又能够清晰反映账户之间的对应关系，所以这种账务处理程序适用于规模较大、业务量较多、专用凭证也较多的会计主体。

延伸阅读

传统账务处理程序，主要采用的是手工核算，为便于信息核对，特意设置流程一环套一环，以方便通过勾稽关系检查记账是否准确。这样做的弊端是环节多、处理流程重复、费时费力。当今“互联网+”时代，大数据、云计算、物联网、App等信息技术发展日新月异，企业通过专业的软件，比如ERP，可以大大简化这一流程。通常情况下的处理流程如下：取得原始数据，输入数据库，进入Web数据库，直接导出会计报表。这会使报表的生成在向非定时化、网络化、自动化的方向发展。

> 另外，在传统的账务处理程序中，各种原始凭证及记账凭证均是在财务部门或在财务部门指导下统一填写、统一审核、统一入账。在互联网环境下，通过现代信息技术手段，各种原始凭证将从书面形式变成电子数据，原始凭证的传递将从手工的或磁盘的方式变成网络的方式，原始凭证的搜集不再集中在财务部门，完全可以分散在客户、供应商、下属分支结构、政府部门、企业内部其他部门等。通过互联网直接采集原始数据，节省了原始数据搜集的成本和时间，提高了原始数据的准确性。原始数据搜集的快速性和准确性，实现了财务管理及数据处理集中化。
>
> 对于一个企业集团来说，互联网及先进的信息技术手段的使用，可以使集团下属的每个分支机构变成一个报账单位，从原始凭证到记账凭证再到账簿报表的生成工作，完全可以集中在集团总部进行，不仅实现了数据处理的集中化，降低了数据处理成本，而且可以集中管理所有的资金资源，提高企业竞争力。

本章小结

1. 账务处理程序是指在会计循环的过程中，将不同的凭证及账簿与不同的记账程序和方法有机地联系起来的组织形式。账务处理程序的设计要与本单位业务的特点、经营的规模、交易的多少及管理的要求相适应。在保证提供正确、及时、完整的会计信息的前提下，设计的账务处理程序应尽可能简化会计核算工作。

2. 根据登记总分类账的依据和方法不同，常见的账务处理程序有记账凭证账务处理程序、科目汇总表账务处理程序和汇总记账凭证账务处理程序。在手工记账的情况下，为均衡会计工作量与提高会计工作效率，以及业务性质不同、经营规模不同、交易量及管理要求不同等问题，企业应采用不同的账务处理程序。

3. 记账凭证账务处理程序的特点是直接根据记账凭证逐笔登记总账，适用于经营规模小、业务量少的企业；科目汇总表账务处理程序的特点是首先根据记账凭证定期编制科目汇总表，然后根据科目汇总表登记总账，适用于所有企业，尤其是经营规模大、业务量多的企业；汇总记账凭证账务处理程序的特点是首先根据记账凭证定期编制汇总记账凭证，然后根据汇总记账凭证登记总账，适用于经营规模大、业务量多的企业。

【本章重要术语】

会计循环；账务处理程序；记账凭证；科目汇总表；汇总记账凭证；记账凭证账务处理程序；科目汇总表账务处理程序；汇总记账凭证账务处理程序

思考与练习

一、思考题

1. 什么是记账凭证账务处理程序？其特点、优点和缺点有哪些？

2. 简述记账凭证账务处理程序的基本步骤。

3. 什么是科目汇总表账务处理程序？其特点、优点和缺点有哪些？

4. 简述科目汇总表账务处理程序的基本步骤。

5. 什么是汇总记账凭证账务处理程序？其特点、优点和缺点有哪些？

6. 简述汇总记账凭证账务处理程序的基本步骤。

二、案例题

小张同学学习完“账务处理程序”这一章内容后，基本掌握了记账凭证账务处理程序、科目汇总表账务处理程序及汇总记账凭证账务处理程序的内容。小张将这三种账务处理程序对比后发现，最容易理解和操作的是第一种账务处理程序。在这种程序下，直接根据填制好的记账凭证登记总账就可以了。而在其他两种程序下，首先对记账凭证进行汇总，编制科目汇总表或汇总记账凭证，然后再根据汇总数字登记总账，小张认为，这样进行账务处理不仅步骤烦琐，而且增加了不少工作量。

于是，小张就产生了想法：第一种账务处理程序既便于理解，又简单实用，如果我毕业后从事会计核算工作，一定选用记账凭证账务处理程序。

思考：请你利用所学的会计知识来分析小张的观点有道理吗？你认为一个企业应当怎样设计适合本企业的科学合理的账务处理程序？

三、练习题

某公司是一般纳税人，该公司只生产和销售单一产品。20××年12月1日有关账户的余额如下表所示。

账户名称	借方金额	账户名称	贷方金额
库存现金	10 000	短期借款	150 000
银行存款	631 000	应付票据	100 000
其他货币资金	62 150	应付账款	476 900
交易性金融资产	7 500	其他应付款	25 000
应收票据	123 000	应付职工薪酬	55 000
应收账款	149 550	应交税费	18 800
预付账款	50 000	应付利息	100 000
其他应收款	2 500	长期借款	800 000

续表

账户名称	借方金额	账户名称	贷方金额
在途物资	212 500	其中：一年内到期的长期负债	500 000
原材料	293 475	股本	2 500 000
周转材料	44 025	资本公积	1 000 000
库存商品	840 000	盈余公积	50 000
长期股权投资	125 000	利润分配——未分配利润	25 000
固定资产	1 750 000		
累计折旧	-200 000		
在建工程	750 000		
无形资产	300 000		
长期待摊费用	150 000		
合计	5 300 700	合计	5 300 700

该公司12月发生如下经济业务：

1. 购入原材料一批，货款75 000元，增值税额为12 000元，款项已通过银行转账支付。材料未收到。

2. 收到上述材料，已验收入库。

3. 销售产品一批，销售价格为150 000元，增值税额为24 000元，产品已发出，货款未收到。该批产品的实际生产成本为90 000元。

4. 购入不需要安装的设备40 000元，支付的增值税额为6 400元（假设按税法规定可以一次性抵扣）。支付的包装费、运杂费等为500元（不考虑进项税）。价款及包装费、运杂费等均以银行存款支付，设备已交付使用。

5. 从银行借入3年期借款200 000元，借款已存入银行账户。

6. 基本生产车间报废机床1台，原价100 000元，已提折旧90 000元，清理费用250元，残值收入400元，均通过银行存款收支。该项固定资产已经清理完毕。

7. 销售产品一批，销售价格350 000元，增值税额为5 600元，货款已通过银行转账收讫。该批产品的实际生产成本为210 000元。

8. 公司将即将到期的一张面值为100 000元的无息银行承兑汇票，连同解讫通知和进账单交银行办理转账。收到银行盖章退回的进账单一联。款项银行已收妥。

9. 用银行存款归还短期借款本金12 500元，支付利息6 250元（未预提）。

10. 提取现金50 000元备用。

11. 通过银行转账发放工资250 000元。

12. 分配职工薪酬总计150 000元，其中生产工人工资137 500

元，车间管理人员工资5 000元，行政管理部门人员工资7 500元。

13. 基本生产车间为生产产品领用原材料350 000元。

14. 计提固定资产折旧50 000元，其中车间用固定资产的折旧额为40 000元，行政管理部门用固定资产的折旧额为10 000元。

15. 收回应收账款25 500元存入银行。

16. 用现金支票支付产品展览费5 000元。

17. 计算并结转本月的制造费用。

18. 假设期初没有在产品，本期投入生产的产品全部完工。计算并结转完工产品的成本。

19. 摊销已预付应由本期承担的行政部门财产保险费5 000元（预付时计入了“长期待摊费用”账户）。

20. 公司本月销售产品应负担的教育费附加为1 000元。

21. 用银行存款缴纳当月的增值税50 000元，教育费附加为1 000元。

22. 将本月损益类账户余额结转至“本年利润”账户并计算出当月的利润总额。

23. 按利润总额的25%计算当月应交所得税并将所得税费用结转至本年利润账户。

24. 按净利润的10%计提法定盈余公积金。

要求：

1. 根据本月发生的经济业务填制专用记账凭证。
2. 开设并登记三栏式库存现金、银行存款日记账（包括期初余额）。
3. 根据记账凭证编制本月的科目汇总表。
4. 根据记账凭证编制汇总专用记账凭证。
5. 分别根据科目汇总表和汇总专用记账凭证登记总分类账。
6. 编制当月的资产负债表和利润表。